Marcus Franke

Russlands Zivilgesellschaft
Von Stalin zu Putin

D1663035

Marcus Franke

Russlands Zivilgesellschaft

Von Stalin zu Putin

Osteuropa Zentrum Berlin

Impressum

© 2014 by OEZ BERLIN-VERLAG
Hubertusstraße 14
D - 10365 Berlin
TEL: 030 993 93 16
FAX: 030 994 01888
eMail: verlag@osteuropa-zentrum.de
Verlagsleitung: Detlef W. Stein
www.oezb-verlag.de

Umschlaggestaltung: Stefan Zimmermann
Foto auf dem Umschlag: Sergey Kukota, 6. Mai 2012, Moskau

Alle Rechte vorbehalten. Kein Teil des Werkes darf in irgendeiner Form (Druck, Fotokopie, Mikrofilm oder in einem anderen Verfahren) ohne schriftliche Genehmigung des Verlages reproduziert oder unter Verwendung elektronischer Systeme verarbeitet, vervielfältigt oder verbreitet werden.

Dieses Buch verzichtet aufgrund subjektiver Wahrnehmung von Lese- und Schreiberfahrung auf das sprachliche Gendern vor dem zusätzlich maßgeblichen Hintergrund der Unmöglichkeit, einem vollständigen Genderanspruch Genüge tun zu können. Damit ist jedoch keinesfalls intendiert, irgendein Geschlecht zu exkludieren.

Inhaltsverzeichnis

**Zuerst muss man selbst leben lernen,
und dann erst kann man andere beschuldigen.**

Fjodor Dostojewski

Vorwort

Die Anatomie der Macht: Umbau der Machtgruppen, Struktur der kollektiven Führung und die aufbegehrenden Teile der russischen Zivilgesellschaft

Seit seiner Wiederwahl zum Präsidenten sind von Wladimir Putin eine Reihe von ambivalenten Maßnahmen eingeleitet worden. Einerseits suchte die Regierung durch eine Verschärfung der NGO-Gesetze, deren berüchtigter Höhepunkt vermutlich das Gesetz gegen den Einfluss ausländischer Agenten auf russische NGOs darstellte, durch Gängelung und administrative Kontrollen eine aufbrandende Opposition, die sich seit den manipulierten Dumawahlen vom Dezember 2011 in Massendemonstrationen formierte, einzuschüchtern und auch zu kriminalisieren. Andererseits sind die von seinem Amtsvorgänger Dmitri Medwedew noch eingeleiteten Erleichterungen bei der Registrierung politischer Parteien zur Teilnahme an den Dumawahlen sowie die erneute Einführung von Wahlen für die Gouverneure in den Regionen nicht rückgängig gemacht worden. Außerdem suchte die politische Führung des Landes im Vorlauf zu den Olympischen Winterspielen im Februar 2014 in Sotschi Vorhaltungen und Anwürfe westlicher Medien und Politikern durch eine großflächige Amnestie von Gefangenen den Wind aus den Segeln zu nehmen. Die Begnadigung des inhaftierten Oligarchen Michail Chodorkowski, die Freisetzung der beiden noch arretierten Mitglieder der Band Pussy Riot sowie die Abschiebung der Greenpeace-Aktivisten deuten zweifelsfrei in diese Richtung.

Diese Maßnahmen der russischen Regierung dienten offensichtlich dem Zweck, die letztlich errungenen Leistungen in der internationalen Politik – Führerschaft in der Syrienkrise – der weltweiten Öffentlichkeit zu unterbreiten, um unter Beweis zu stellen, dass solch ein Großereignis in Russland bestens organisiert und störungsfrei durchgeführt werden kann. Um dies abzurunden, wurde sogar für zu erwartende Proteste einiger Minderheiten in Sotschi ein Freiraum geschaffen: die Hyde Park Corner von Sotschi.

Letztlich belegt aber dieser Sinneswandel der russischen Regierung, dass sich erstens der Kreml nicht in eine selbstzufriedene nicht mehr anzusprechende Selbstisolation zurückgezogen hat, wie es mehrfach den Anschein hatte; zweitens kann kaum angenommen werden, dass die medialen und politischen Angriffe aus der EU und den USA diesen Sinneswandel in der russischen Politik bewirkt hätten. Eher hat sich Moskau seines öffentlichen und weltweiten Images erinnert, um gröberen Schaden abzuwenden. Hier muss vor einer maßlosen Selbstüberschätzung westlicher NGOs, Medien und politischer Kreise gewarnt werden. Auch kann kaum die vereinte Aktion von Staatsführern aus der EU und aus Washington, nicht nach Sotschi zu reisen, dafür maßgebend gemacht werden, dass die harte Haltung des Kremls aufgeweicht wurde. Das im Vorlauf zu Sotschi einsetzende späte Tauwetter im Umgang mit der russischen Zivilgesellschaft und besonders mit ihren politisch-oppositionellen Teilen ist innenpolitischen Entwicklungen geschuldet und hat vielleicht seine letztendliche Begründung in der Komposition der Macht- und Führungsgruppen der dritten Amtsperiode Putins.

Die beschriebenen Lockerungen deuten eher darauf, dass trotz abnehmender Zustimmungswerte für Wladimir Putin (die Werte schwanken ziemlich konstant zwischen 50 % und 60 %), die Sorge um zunehmende bzw. anhaltende Massendemonstrationen, die zur Destabilisierung des Systems führen könnten, geschwunden ist. Entweder zeigten die administrativen Verschärfungen ihre Wirkung oder setzte sich die Erkenntnis bei den neuen Machtgruppen durch, dass die bodenlos zerstritte politische Opposition der Straße, in verfehdete Fraktionen fragmentiert und kaum über vereinigende Ziele verfügt, wenig bewirken kann.

Freilich könnte sich auch die Erkenntnis in herrschenden Führungskreisen durchgesetzt haben, dass ein grundsätzlich anderer Ansatz, ein stärker auf Einbindung basierendes Vorgehen mit oppositionellen Gruppen angeraten sei – und das nicht nur vor der Olympiade in Sotschi. Denn die auf Pluralismus, Rechtstaatlichkeit und Transparenz abzielende Modernisierungsprogrammatik von Medwedew, obwohl in den letzten beiden Jahren durch die Aktualität der Straßenproteste in den Hintergrund gedrängt, bleibt als Forderung weiter auf der Agenda. Der Modernisierungsthematik kann und will die neue politische Führung unter Putin nicht ausweichen- und dazu benötigt sie die Mitwirkung der Zivilgesellschaft.

So nahm Präsident Putin in seiner jährlichen Ansprache an die Föderalversammlung vom 12. Dezember 2013 eben diesen Konnex auf und forderte mehr zivilgesellschaftliches Engagement in den Kommunen und auf den lokalen wie regionalen Ebenen der Föderation.[1] Putin kritisierte die bisherige Praktiken und den Zustand der Selbstverwaltung und verlangte, dass die Bürger eine „reale Chance" haben sollten, an der Leitung der Kommunen und Städte teilzunehmen. Wie bereits im Kontext der 2005 eingeführten Gesellschaftskammer plädierte er dafür, dass faktisch alle Gesetzesinitiativen etc., in denen die Belange der Bürger tangiert würden „einer ‚Null'-Lesung unter Beteiligung der NGOs und anderer Institute der Zivilgesellschaft" unterzogen werden sollten. Ein solcher Vorgang würde der ersten Lesung in der Duma vorgeschaltet. Damit würde eine Rätestruktur, besetzt mit konstruktiv-oppositionellen Experten, geschaffen, die Fehlentwicklungen auf den lokalen/regionalen Ebenen ebenso zurückdrängen wie im Kampf gegen die Korruption eingesetzt werden könnte.

Zweifellos dienen solche Lockerungsübungen wie auch die Einbindung des kritischen Potentials in Entscheidungen zur Beschwichtigung oppositioneller Kreise. Sie sind aber mehr als nur ein offensichtliches Herrschaftsinstrument. Das Vorgehen resultiert letztlich auch aus der Erkenntnis, dass gegen eine Gesellschaft mit den Mitteln andauernder Repression oder Gängelung kein moderner Staat erwachsen wird, der sich konkurrenzfähig und als anerkannter Partner im internationalen Staatensystem präsentieren kann.

In diesem Zusammenhang muss die Ebene der Antipoden, Staat/Kreml einerseits und zivilgesellschaftlicher Protest andererseits, der in seiner Genesis und Beschaffenheit vom Autor hervorragend beschrieben und analysiert wurde, näher durchleuchtet und vor allem die Frage nach der Qualität und den

---

[1] http://www.kremlin.ru/news/19825.

Gruppen gestellt werden, die die heutige Herrschaftsstruktur in Russland ausmachen.

Nochmals soll in diesem Kontext die These betont werden, dass in der vierjährigen Amtszeit von Medwedew eine gesellschafts- wie wirtschafts-und außenpolitische Agenda offeriert wurde, die von der Mehrheit der damaligen Entscheidungseliten getragen wurde und die nicht vollends mit dem Machtwechsel in der Präsidentschaft im Orkus der Geschichte verschwand.

Es gab Veränderungen, neue Machtgruppen formierten sich und erlangten Einfluss. Aber auch staatliche Organe verstärkten ihren Einfluss auf wirtschaftliche Gruppen.

Und wie in jedem halbwegs offenen Herrschaftssystem mussten jene Kräfte abtreten, die zu den normativ-ideologischen Vorreitern des Alten zählten. Als Verlierer ist in diesem Zusammenhang vor allem Wladislaw Surkow zu nennen. Sein Team, vorher verantwortlich für Innenpolitik und Beziehungen zur Duma, zu NGOs etc. wurde aus dem inneren Entscheidungszirkel des Kremls in eine „Warteposition" verschoben, um dort, falls nötig, wieder abrufbar zu sein.[2]

---

[2] Minchenko, Jewgenij: Consulting, Vladimir Putin's Big Government and the "Politburo 2.0", in: http://www.minchenko.ru/en/news/news-en_28.htm, zugegriffen am 3.10.2012, S. 1.

Mitte September 2011 wurde eine Analyse der Moskauer Holding „Minchenko Consulting" unter dem Titel „Die Große Regierung Putins und Politbüro 2.0" bekannt, die der Präsident der Holding, Jewgenij Minchenko, und der Leiter der Analytischen Abteilung des Internationalen Instituts für politische Expertise (MIPE), Kirill Petrow, verfassten. Zu Sowjetzeiten war das Politbüro das oberste Führungsorgan des Landes und bestand aus bis zu 12 Mitgliedern. Ihm gehörten die höchsten Parteifunktionäre an, aber auch der Regierungschef sowie der KGB-Chef und der Außenminister. Es gab keine Vorschriften, welche Inhaber wichtiger Partei- und Staatsämter im Politbüro vertreten sein müssen.

Der Generalsekretär konnte nicht völlig selbständig entscheiden, sondern war auf die Zustimmung der übrigen Politbüro-Mitglieder angewiesen. Formal war das Politbüro dem Zentralkomitee der „Kommunistischen Partei der UdSSR" (KPdSU) rechenschaftspflichtig.

Minchenko wählte bewusst den Begriff des *Politbüros 2.0*, um den neuen Führungszirkel Putins zu beschreiben und deutlich zu machen, dass Putin nicht allein handelt, sondern sozusagen als „kollektiver Putin" in die wichtigsten Elitegruppen eingebunden ist. Zu Jelzins Zeiten wurde diese damals kleine und auf Jelzin bezogene Gruppe „Familie" genannt, womit nicht nur die eigentlichen Familienmitglieder gemeint waren. Die Besonderheit des „Politbü-

Innerhalb der Kremladministration wurde eine „Kontrollein-heit" geschaffen, die sich aus Assistenten des Kremls und Lei-tern einiger Regierungsbehörden zusammensetzt. Außerdem sind auf dieser Ebene Kommissionen entstanden, die sich aus Mitgliedern der Kremladministration und der Re-gierung zusammensetzen. Das ermöglicht dem Präsidenten eine leichtere Kontrolle sowohl der Regierung als auch der eigenen Kremladministration.

Der Präsident kontrolliert zwar die „Vertikale der Macht", fun-giert allerdings mehr als Mediator zwischen rivalisierenden Interessengruppen. Seine Macht beruht

- erstens auf konstitutionelle Prärogative,
- zweitens auf die Präsidialadministration,
- drittens auf ein Netz von Loyalitäts-und Vertrauensbezie-hungen zu wichtigen Akteuren aus Wirtschaft, Parteien und Regierung,
- viertens auf direkten Einfluss/Kontrolle über quasi-staatliche Holdings wie Gazprom oder staatliche Konzerne wie Rosneft, VTB, Sberbank etc.
- fünftens und letztlich auf die gesellschaftliche Anerkennung seiner Person und seiner Politik durch die Bevölkerung.

Jene fünf Faktoren machen die Autorität des Amtes/ der Person aus und begründen die Legitimation der Führung auf der Grundlage eines *eng verwobenen Patronagesystems*, dass sich bereits in den ersten beiden Amtsperioden von W.W. Putin herauskristallisierte und auch unter Medwedew nicht zurückge-schnitten wurde.

---

ros 2.0" besteht – im Unterscheid zum sowjetischen – darin, dass es erstens nie zu einer gemeinsamen Sitzung zusammentritt. Der formale Status seiner Mitglieder bezieht sich zweitens nicht auf deren realen Einfluss bezüglich von Entscheidungen. Drittens formierten sich um das „Politbüro 2.0" einige Elite-gruppen, die „Silowiki", aber auch politische, technische Kader und Unter-nehmer. Sie unterstützen auf der einen Seite Putins Stellung im kollektiven Führungsteam bei dessen Machtausübung, andererseits konkurrieren sie un-tereinander um Einfluss im „Politbüro 2.0".

Denn die „Macht" hat beileibe keine „rigide zentralistische Struktur" oder wird von einer einzigen Führungspersönlichkeit ausgeübt. Eher muss man sie als „Konglomerat von Klans und Gruppen" begreifen, die miteinander um Zugang und Verfügung über Ressourcen, seien es Staatsrevenuen oder noch zu privatisierendes Staatseigentum konkurrieren.[3] Sie wetteifern aber auch um Positionen und Einfluss im Umkreis des Präsidenten und des von ihm geleiteten informellen kollektiven Führungszirkels.

Putin hat nach seiner Amtseinführung eine Balance zwischen alten und neuen Akteuren im Entscheidungsprozess geschaffen: so beispielsweise die Dichotomie zwischen den beiden Parteigruppierungen Edinaja Rossija und Narodni Front eingedämmt, zu der neuerdings auch die wiederbelebte Partei Rodina zählt. Das austarierte Machtgleichgewicht ist die Überlebensgleichung der Herrschaft und sie muss von den Beteiligten respektiert werden, so auch von politischen Gegnern. Die Auseinandersetzungen zwischen den Repräsentanten der Machteliten, gleich auf welcher Ebene und in welcher Funktion sie sich befinden, so beispielsweise zwischen Kudrin/Prochorow und Rogosin/Kholmanskikh/Yakemenko, wird durch diese Machtgleichung vorgegeben, erzeugt Konsens und bürgt für die Stabilität der kollektiven Führung.

Um die führenden Exponenten jener kollektiven Führung oder, mit Minchenko zu sprechen, des „Politbüros 2.0" gruppieren sich Machtkreise, die nach ihrer Funktion und Stellung im politischen wie wirtschaftlichen System untereinander qua Interessenkongruenz in Verbindung stehen und sich voneinander abgrenzen.

Minchenko illustriert solche Verästelungen der Machtgruppen und belegt am Beispiel von Dmitri Medwedew, dass dieser nach seinem Verzicht auf die Präsidentschaft durchaus in der Lage war, beträchtliche Teile seines Teams zu erhalten und Allianzen mit anderen Gruppierungen einzugehen.

Trotz verständlicher und möglicher Einwände gegen die suggestiv-spekulative Wirkung seiner sehr illustrativen Diagramme, fällt auf, dass sich in dieser Machtgruppierung ein

---

[3] Ebenda, S. 3.

breites Interessennetz von führenden Repräsentanten der alten Jelzin „Familie", von ehemaligen engen Gefährten Putins und von Führungspersonen aus wirtschaftlichen wie regionalen Strukturen zusammengefunden hat. Als Regierungschef kann Medwedew zudem auf Ministerien Einfluss ausüben und daran gehen, seine Machtbasis zu erweitern.

Darüber hinaus wurde Repräsentanten einiger Wirtschaftsholdings weitgehende Entscheidungsautonomie und der direkte Zugang zum Präsidenten offeriert (z.b. Sergej Kirienko/Rossija Bank Gruppe, Oleg Sienko/Uralwagonsawod). Hinzugefügt werden sollte, dass der Prozess, neue Mitglieder in Entscheidungspositionen der Machtelite zu befördern, nicht abgeschlossen ist. Umbesetzungen, das Ausscheiden einiger Mitglieder vollzog sich schon, aber im Kern bleibt die Führungsgruppe unangetastet.

Ziele des Umbaus der Entscheidungselite

Beherrschendes Ziel der Umstrukturierung der Machteliten ist wie immer, die Sicherung des Machterhalts. Zu diesem Zweck sind in der politischen Landschaft, im Parteien- und Wahlsystem bereits vor den Dumawahlen vom 11.12.2011 Vorentscheidungen eingeführt worden, die für die kommende Legislaturperiode von Parlament und Präsident relevant werden.

1. Die Registrierung und damit die Neuzulassung von Parteien zur Teilnahme an den Parlamentswahlen wurden erleichtert. Man kann davon ausgehen, dass sich an der nächsten Wahl der Staatsduma 2016 erheblich mehr Parteien, damit auch Oppositionsparteien aus dem liberalen Reformlager beteiligen werden. Ob diese allerdings eine Chance haben, Mandate zu erringen, ist angesichts der katastrophalen Erfahrungen ihres stetigen Niedergangs seit 1993 kaum zu erwarten. Die vereinfachte Registrierung von Parteien wird wahrscheinlich zur Zersplitterung der Parteienlandschaft führen und es ist kaum zu erwarten, dass eine liberale Oppositionspartei mehr als einige Anerkennungsmandate erstreiten wird.

2. Die abnehmende Attraktionswirkung-und Bindekraft der „Partei der Macht", Edinaja Rossija, ist vom Kreml erkannt und durch die Gründung der Gesamtrussischen Volksfront abgesichert worden. Mehr als 20% ihrer Parteikader sind in der neuen Duma durch jüngere Kräfte ausgetauscht worden. Außerdem reagierte der Kreml auf die anwachsende Welle nationalistischer Proteststörungen, die neben der Linken in den urbanen Protestbewegungen ab 2012 den Ton angaben und vielfach in ihrer Programmatik kaum voneinander zu unterscheiden sind. Im Spätsommer 2012 wurde die Partei Rodina wieder gegründet, eine Partei, die nach den Massenprotesten vom Frühjahr 2005 faktisch aufgelöst und in „Gerechtes Russland" integriert und damit mundtot gemacht wurde. Ihre damalige schillernde Führungsperson, Dmitri Rogosin hat nach einer „Auszeit" als russischer Botschafter bei der NATO, wieder in die Machtzirkel zurückgefunden. Als Vizepremierminister scheint er vom Kreml mehr oder minder durchdacht als zukünftige Führungsfigur aufgebaut zu werden. Mit diesen Maßnahmen, also der von außen erzwungenen Verjüngungskur für die unansehnlich gewordene Machtpartei Edinaja Rossija und durch die Neugründung von Rodina sucht der Kreml seine Position auf der nationalistischen und auf der linken Flanke zu sichern.

3. Die Umstrukturierung der engeren Machtgruppen geht einher mit der Auflösung und schrittweisen Rückdrängen der Machtkoalition, die Medwedew ab 2008 schrittweise als Gegenelite zu etablieren suchte. Hochrangige und prominente Polittechnokraten wie Gleb Pawlowski und Sergej Mironow büßten ihre Positionen schon im Wahljahr 2011 ein.

4. Die Loyalität der neuen Machtgruppen wird durch Eigentumsbeteiligungen sichergestellt. Anzeichen eines Patronagesystems zeigen sich bei der Besetzung von lukrativen Posten in russischen Großkonzernen, die entweder staatliche Beteiligungen aufweisen oder anderweitig (indirekt) vom Kreml überwacht werden. Große Infrastruktur – und

regionale Entwicklungsprojekte, sowie noch geplante Privatisierungen erfüllen genau diesen Zweck. Das politische Herrschaftssystem scheint in Russland mehr und mehr auf gigantische Patronage aufzubauen.

Minchenkos analytischer Bericht zeigte die Widersprüche solcher Entwicklungen auf, die sich fern ab jeglicher gesellschaftlicher Kontrolle in einer Atmosphäre von Korruption und Rivalität zwischen verfehdeten Machtfraktionen abspielen. Der Kampf um Privilegien, Machterhalt und Machtausweitung führt zu irrationalen Entscheidungen und kann letztlich in die Immobilität des Systems münden. Dass sich das politische System in diese Falle begeben könnte, wird von einer angesehenen Politologin des Moskauer Carnegie Instituts, Lilia Schewzowa, immer wieder hervorgehoben. Nach Schewzowa ist die Modernisierung Russlands gescheitert und das Land steuert entweder in die Stagnation und eine damit einhergehende Repression oder es droht eine Revolution[4].

Nach Schewzowa ist aber nicht nur der umfassende, auch gesellschaftpolitische Faktoren einbeziehende Modernisierungsansatz gescheitert, sondern auch die Modelle der Demokratieprojektion und der Demokratieförderung in autoritären Staaten sind obsolet geworden. „In Russland jedenfalls ist die Förderung der Demokratie unmöglich geworden", erklärt sie kategorisch, seitdem 2012 die entsprechenden Gesetze von Putin unterschrieben wurden.[5]

Diese Lage hätte ergeben, dass demokratische Gruppen in den Augen der russischen Bevölkerung allgemein als „fünfte Kolonne" des Westens verunglimpft würden. Daher gilt ihre Hoffnung nicht mehr den Oppositionsgruppen, den Massenprotesten, sondern sie setzt auf den Zerfall der Machtgruppen und solch ein Hebel kann nur von außen gesteuert werden[6].

---

[4] Schewzowa, Lilia: Das System. Wie das Tandem Putin-Medwedjew einigen wenigen Macht und Reichtum sichert und die Zukunft Russlands verspielt, in: FAZ, Frankfurt am Main, 25.09.2009.
[5] Schewzowa, Lilja: Kreml oder Demokratie – Wladimir Putins Russland, der Westen und die neue deutsche Ostpolitik, in: http://www.monde-diplomatique.de/pm/2013/02/08.mondeText.artikel,a0049.idx,12.
[6] Interview to Channel One and Associated Press news agency, 04.09.2013, in: http://eng.kremlin.ru/news/5935.

Erstaunlich ist nur, dass sie sich jedoch kaum Illusionen macht, dass diese Spaltung der Machtgruppen etwa die Demokratie in Russland etablieren könnte. Ebenso wenig traut sie der Opposition zu, die Dinge fundamental verändern zu können. Denn auch „die Anhänger einer größeren Offenheit und Freiheit in der russischen Elite folgen den Interessen einer monopolistischen Händlerbourgeoisie, die den Erhalt ihres Eigentums und ihre Macht garantiert haben will. Sie sind mithin genauso weit entfernt von den Idealen einer freiheitlichen Demokratie wie das Putin-Regime, das russische Militär und die Geheimdienstbürokratie. Sie könnten versuchen, dem Beispiel Jelzins zu folgen und die Macht einfach einer neuen Garde übergeben."[7]

Im Kontext dieser Analyse wird nun relevant, welche Rolle die sich entfaltende russische Zivilgesellschaft spielen kann, die sich wie ihre westeuropäischen und angelsächsischen Varianten primär in den urbanen Wissenschafts-, Dienstleistungs- und Kulturkomplexen des Landes herausgebildet hat.

Zweifellos, die Gesellschaft hat sich differenziert. Neue Interessenkonstellationen und Gruppen sind entstanden, und weil deren Grundbedürfnisse nahezu befriedet sind, müssen die Entsprechungsformeln zwischen Politik und Wirtschaft verändert werden. Darin liegt keine Dramatik, aber die Politik muss reagieren. Anstatt mit dominierenden Zweidrittelmehrheiten in der Duma zu operieren, muss der Kreml nun mit Koalitionen arbeiten. Die *Macht* muss erkennen, dass sie sich vergesellschaften muss, um sich den Anliegen der gut vernetzten *außerparlamentarischen Opposition* anzudienen. Es ist quasi eine rudimentäre russische APO entstanden, die Rückhalt in der russischen Mittelklasse genießt. Es wird jedoch seine Zeit brauchen, bis die oppositionellen Ziele ins politische Bewusstsein der Mittelklasse eindringen und zu eigenen Forderungen werden. Durch die Internationalisierung von Wirtschaft und Bildung wird es zu einem „Marsch durch die Institutionen" kommen.

Kreml und Regierung können sich der Resonanz dieser Bewegung kaum entziehen, sonst bricht die Basis der regierenden

---

[7] Schewzowa, Lilja: Kreml oder Demokratie – Wladimir Putins Russland, der Westen und die neue deutsche Ostpolitik, in: http://www.monde-diplomatique.de/pm/2013/02/08.mondeText.artikel,a0049.idx,12.

Partei und damit die zentrale Stütze des politischen Systems weg. Folgen die kollektiven Entscheidungszirkel des Kreml dieser Einsicht, dann wird die Öffnung der Politik für neue Impulse unausweichlich, muss der Dialog mit denen gesucht werden, die eine Entwicklung sui generis im Kontext soziokultureller und politischer Traditionen des Landes wollen. Das schließt Fremdbestimmung aus und setzt westlichen Interventionen sowie Illusionen der Einflussnahme von außen eine Schranke. Gelingt diese Öffnung nicht, wird es kaum ein Weiterkommen auf dem Weg der politischen und technologischen Modernisierung des Landes geben. Aber die Gegenseite muss ebenfalls in die Pflicht genommen werden. Eine Haltung des *Weg mit* wird kaum etwas bewirken und sich früher oder später erschöpfen. Hierfür liefern die westeuropäischen und US-amerikanischen Erfahrungen der letzten drei Dekaden des vergangenen Jahrhunderts den Beweis. Der Protest der Straße muss in die politische Arena getragen werden, muss Eingang finden bei den systemnotwendigen Vermittlungsinstitutionen, Parteien, Gewerkschaften, Kirche, NGOs etc., um sich praktisch auszuwirken. In diesem Kontext kann man nur Nawalny zuzustimmen, dass die korrupt-liberalen Gespenster der Vergangenheit dabei wenig hilfreich sein können.

Gelingt diese Öffnung, so eröffnet sich eine gänzlich andere Option als die düstere Konstruktion von Stagnation und Untergang. Dann könnte die dritte Amtszeit Putins dazu führen, die Grundidee des Föderalismus wieder zu beleben und mit rechtsstaatlichen Reformen zu verknüpfen. Medwedew hatte bereits diesen Vorschlag unterbreitet. Im Sinne der beschworenen Traditionen eines Stolypin könnte daraus ein achtenswerter Beitrag zur Modernisierung, zur Identitätsfindung und zum *Nation-Building*, vor allem aber zum Rechtsstaat entspringen, obwohl nicht gänzlich im demokratischen Gewand. Aber westliche Blaupausen der demokratischen Projektion und Umgestaltung sind eh gescheitert.

Sicher, in Russland herrscht weder eine vorrevolutionäre Situation, wie beispielsweise die Moskauer Carnegie-Politologin

Lilia Schewzowa[8] nicht müde wird zu propagieren, noch machen sich die Schleifspuren von Stagnation bemerkbar. Die Forderungen einer sich zu Wort meldenden Mittelklasse bleiben auf der Tagesordnung.

Versuchen wir hinter den Turbulenzen der letzten anderthalb Jahre ein Erklärungsmuster zu finden, so kann man nur zum Schluss kommen, dass Russland am Ende eines zwanzigjährigen Transformationsprozesses in eine neue Phase oder Etappe der gesellschaftlichen wie politischen Neuorientierung hinüberwechselt.

Und dieser Prozess scheint unumkehrbar, weil er durch Veränderungen in der Sozialstruktur und durch die partielle Internationalisierung russischer Kapitalgruppen seit 2000 eingeleitet wurde.

Vorausgesetzt, es ereignen sich keine gravierenden wirtschaftlichen Katastrophen, so wird die arrivierte, internationalisierte urbane Mittelklasse von gegenwärtig ca. 24 % auf 40 % bis zum Jahre 2020 anwachsen. Diese Mittelklasse will mehr als nur die Bewahrung des Status Quo. Sie will zwar keine unberechenbaren Brüche, die als Regime Change von „westlichen Ideologen" angemahnt werden, aber sie will die Zukunft des Landes mitgestalten. Damit wird die Mittelklasse zum Träger kommender Veränderungen, gleichgültig wie sie sich politisch geriert, d.h. willentlich an der Mitgestaltung des politischen Systems und der gesellschaftlichen Ordnung sich beteiligt. Folgende Überlegungen und Indikatoren sprechen für diese These.

Erstens haben zahlreiche Untersuchungen seit 2002 gezeigt, dass die russische Mittelklasse keineswegs antidemokratisch eingestellt ist. Nur eine kleine Minderheit spricht sich gegen Demokratie oder einen Kurs auf größere Mitsprache der Zivilgesellschaften aus. Noch eindrucksvoller sind die Zustimmungsraten, wenn der Begriff Demokratie in seine Bestandteile wie Reise-, Glaubens-, und Versammlungsfreiheit untergliedert wird.[9] Solange diese Rechte nicht eingeschränkt oder gar aus-

---

[8] Schewzowa, Lilia: Das System. Wie das Tandem Putin-Medwedjew einigen wenigen Macht und Reichtum sichert und die Zukunft Russlands verspielt, in: FAZ, Frankfurt am Main, 25.09.2009.
[9] Vgl. dazu: Russisches Unabhängiges Institut für Soziale und Nationale Probleme/Institut für komplexe Sozialforschung an der Russischen Akademie

gehebelt werden, zudem eine realistische politische Alternative nicht in Sicht ist, bleibt die Fixierung auf den Staat, auf den Kreml und den Präsidenten erhalten. Und der Kreml wird sich hüten, diese bürgerlichen Freiheiten einzuschränken.

Aber mit zunehmender Befriedigung materieller Bedürfnisse wachsen andere Werte und Zielvorstellungen. Die Qualität des Staates, vor allem die Wahl und der Einsatz seiner Instrumente, wird hinterfragt. Die Kritik an der inkompetent-korrupten Machtpartei nimmt zu und wird öffentlich geäußert. Damit deutet sich an, dass ein neuer Gesellschaftsvertrag angestrebt wird, der die Vorstellungen der Mittelklasse respektieren muss.

Zweitens wird jene Entwicklung von der Wirtschaft getragen. Das erklärte Ziel des Kremls, Russland aus seiner Rolle als Energie- und Rohstoffanhängsel der industriell-hochtechnologischen Welt herauszulösen, ist Kernziel des Modernisierungsprojektes und basiert auf einem Herrschaftskonsens aller Kremlfraktionen. Dieses Ziel wird von der Mittelklasse mitgetragen, darf aber nicht zu gravierenden sozialen und materiellen Verwerfungen im Lebensstandard führen.

Wir haben es also grosso modo mit zwei ineinandergreifenden, sich gegenseitig bedingenden Entwicklungen zu tun.

Einerseits indiziert die Annäherung von Wachstumsraten des russischen BIP an westeuropäische Standards, dass die fetten Jahre exorbitanten Wachstums vorbei sind. Als Folge passt sich Russland in den europäischen Normalfall inkrementellen niedrigen Wachstums ein. Diese Entwicklung schlägt schon auf die Politik durch und wird sich in den kommenden Jahren, das sagen Prognosen über die Entwicklung des BIP, noch verstärken.

Daraus resultiert die Ambivalenz der gesellschaftlichen Proteste. Sie sind daher andererseits zugleich Folge der Wohlstandsentwicklung wie aber auch der Auftakt für partizipatorisches Mitwirken aktiver Teilgruppen am politischen Entscheidungsprozess. Diese Proteste implizieren weder einen gesellschaftlichen Bruch mit dem System noch kann daraus eine vorrevolutionäre Situation abgelesen werden. Russlands aktive Teile der Mittelklasse artikulieren ihre Interessen, eine Erschei-

---

der Wissenschaften: 10 Jahre russische Reformen, in: Gorzka, Gabriele/Schulze, Peter W. (Hrsg.): Russlands Perspektive – ein starker Staat als Garant von Stabilität und offener Gesellschaft?, Bremen 2002, S. 331.

nung, wie sie aus der Politik aller entwickelten Industriegesellschaften der Westlichen Welt seit Dekaden bekannt ist. Der Protest richtet sich gegen Deformationen im System, gegen Verkrustungserscheinungen, gegen die Arroganz und Selbstisolation herrschender Kreise und deren Unwillen, sich drängenden Problemen anzunehmen. Seinem Inhalt und Telos nach ist somit der Protest eine Spielart der noch fehlenden Modernisierung.

Wie andere historische Beispiele aus der jüngeren europäischen Entwicklung belegen, kann sich der Kreml weder den oppositionellen Forderungen verweigern noch sie durch administrative-repressive Mittel aufhalten. Die Pulverisierung der stützenden Machtpartei Edinaja Rossija und schließlich der eigene Machtverlust wären die Folgen. Außerdem bedeutete das auch das Ende des Modernisierungsprojektes und aller Ambitionen Putins, als Reformer und Wegbereiter der Moderne in die Geschichtsbücher einzugehen. Der Kreml muss die Mittelklasse für sich gewinnen, ihr die Überzeugung vermitteln, dass es um „ihren Staat" geht. Denn weder die Oligarchie noch regionale Machtgruppen sind in der Lage kompetente und loyale Kader für die Modernisierung bereitzustellen. Und Belehrungen von „außen" sind wenig hilfreich.

Proteste und moderates wirtschaftliches Wachstum gehören zum europäischen Alltag. Insofern laufen die wirtschaftlichen wie die politischen Tendenzen parallel: Russland reiht sich ein, wird zu einem *normalen Land in Europa*, aber das heißt auch: mit all den Problemen und Besonderheiten, die dazu gehören.

Peter W. Schulze   *Januar 2014*

Zusammenfassender Ausblick

Im Zentrum meines Erkenntnisinteresses lag es, herauszufinden, inwiefern prägende Voraussetzungen für Zivilgesellschaft in der Geschichte Russlands vorzufinden sind und welche Auswirkungen damit verbunden sein könnten. Dabei ging es mir darum, aktuelle Verhältnisse zwischen Staat und Gesellschaft sowie die Konstitution der russischen Zivilgesellschaft auch über staatliche Machtkonservierung u. Ä. hinaus zu erklären.

Diese historisch-deskriptiv angelegte Analyse basiert auf einem Abstraktionsmodell ausgehend von Zivilgesellschaftstheorien, welches unter den Determinanten der Voraussetzungen, Aufbau und Funktion von Zivilgesellschaft als Grundlage dient, die einzelnen Epochen der russischen Historie bzgl. zivilgesellschaftlicher Ausformung einordnen zu können. Die Epochen sind entlang der Entwicklung der Machthaber während der Sowjetunion, beginnend mit Stalin, gewählt und ergänzen sich durch die Perestroika und die folgenden Neunziger Jahre als Ausgangsbasis historischer Entwicklung zum aktuellen bzw. durch Putin geprägten Russland.

Die Skizzierung der Entwicklungslinie der russischen Zivilgesellschaft beginnt mit der Einordnung des sich unter Stalin etablierenden Totalitarismus, der per se als Ausschlusskriterium für Voraussetzungen zur Zivilgesellschaft in der Sowjetzeit verbleibt. Allerdings mag zwar die Herrschaftsform beibehalten worden sein, der Grad des Totalitarismus variierte aber insbesondere in der dem Stalinismus nachfolgenden Periode unter Chruschtschow. Die Entstalinisierung (der Elite) sowie eine sog. „Redefreiheit in der Küche" negierten nicht den totalen Herrschaftsumfang, aber mit der Reduktion von Massenrepressionen und Terror ergab sich ein gefühltes Klima der Erholung. Dieses Klima wurde allerdings in der Stagnationsphase unter Breschnew wieder aufgelöst, bevor es im Rahmen der Perestroika und Glasnost zur Aufgabe der Bevölkerung erklärt wurde. Nur war Gorbatschows Perestroika keinesfalls systemüberwindend gedacht, sondern war als „Reformversuch von oben" ein Versuch zur politischen Stabilisierung und wirtschaftlichen Konkurrenzfähigkeit. Letztlich entwickelte sich aber eine Eigendynamik der Perestroika u.a. durch die Beteiligung der russischen Öffentlichkeit, welche die totalitäre Herrschaftsstruktur überwinden konnte. Es folgte allerdings nicht wie angenommen die Befreiung durch eine demokratische Herrschaftsform und den damit assoziierten Wohlstand. Die Neunziger Jahre waren durch einen erneuten Wohlstandsverlust sowie eine durch außerparlamentarische Oligarchie und regionale Eliten verursachte Handlungsunfähigkeit des russischen Staates gekennzeichnet.

Diese Ausgangsbasis am Milleniumsende kann attestiert werden, dass den ersten zivilgesellschaftlichen Handlungen im Rahmen der Perestroika erneut Frustration folgte. Wie schon im Zusammenhang der Chruschtschow-Periode vermittelte diesmal die Perestroika umso mehr eine Besserung der gesellschaftlichen Verhältnisse endend in Verlust von Wohlstand und Partizipation.

Zieht man diese Umstände in Betracht, erscheint die Akzeptanz des autoritären Kurses Putins von Seiten der Bevölkerung nachvollziehbarer, insbesondere wenn man bedenkt, dass mit Putin auf Grundlage der Energieressourcen auch eine Verbesserung des Wohlstandes einherging. Die Bereitschaft zu politischem Engagement, zur Infragestellung politischer Verhältnisse hatte sich minimiert, da sich die ohnehin wenigen Erfahrungsaspekte zivilgesellschaftlichen Handelns in der Wahrnehmung der russischen Bevölkerung zu ihrem Nachteil entwickelt hatten. Auf der anderen Seite schlagen sich aber die historischen Erfahrungen des Staates in dessen ideologischem Fundament, der „Souveränen Demokratie", nieder. Hier wird versucht, einen Pluralismus zu unterbinden oder zumindest nicht unbeeinflusst zu lassen. Zum einen gilt es, die Handlungsunfähigkeit der Neunziger Jahre endgültig zu überwinden, und zum anderen, rückwärtsgewandte Akteure aus dem politischen Prozess zu exkludieren. Zivilgesellschaft soll daher kremlloyal initiiert werden, ausländische und oppositionelle Kräfte der Zivilgesellschaft werden als Bedrohung des eigenen, für einzig richtig befundenen Kurses wahrgenommen. Dabei lassen die Ähnlichkeiten von Perestroika und Souveräner Demokratie auf eine gewisse Lernresistenz schließen, denn letztlich steht bei beiden wirtschaftliche Konkurrenzfähigkeit im Vordergrund, während gesellschaftliche Entwicklung unter der Verwendung von Phrasen hintangestellt wird.

Summary

My research evolved out of an investigation of interactive points in Russian history and in which manner these historical events shaped and influenced the functioning of today's civil society in Russia. I wanted to explain current settings between state and society as well as the constitution of Russian civil society in the wake of the state maintaining power.

The methodology is a historical-descriptive analysis based on a model of abstraction originating from theories concerning civil societies. In this model factors like the precondition, composition and function of a civil society serve as categories to classify and examine individual eras of Russian history in regard to the implementation of civil society.

The eras are selected following the political development of Soviet rulers starting with Joseph Stalin and concluding with the Perestroika and the following 1990s as starting point for the development of current Russia and the impact of Vladimir Putin.

The development of the Russian civil society is traced back to the system of totalitarianism as established under Stalin, which remains a criterion of exclusion for necessary preconditions of civil society during Soviet control. While forms of political authority and control might have been retained in the period following Stalinism, the intensity of totalitarianist rule diversified under Nikita Khrushchev. The destalinization (of elites) and the so called "freedom of speech in the kitchen" did not capsize the previous dimension of control although the reduced mass repression and use of violence and terror resulted in a felt atmosphere of recovery. These collective feelings of recovery were dissolved during a period of stagnation under Brezhnev before they were revived as public responsibility of citizens in the context of Perestroika and Glasnost.

Gorbachev's Perestroika was not at all intended to overcome the system itself but rather as a top-down process of reforms trying to accomplish political stability and economical competitiveness. Ultimately the organized Russian public contributed to an inherent momentum of the Perestroika which was able to overcome political structures of authority and totalitarianism. Contrary to beliefs of contemporaries no relief followed the change towards democratic state organization and the desired welfare rise associated with it. The 1990s were marked by another economic crisis with the government incapable to act on it because of restrictions and political pressure posed by non-parliamentarian players such as the oligarchy and regional elites.

Towards the end of the millennium, the political climate can therefore be described as characterized by frustration following the first actual actions of Russian civil society during the Perestroika. Similar to the developments during the Khrushchev' era, Perestroika once again promised an overall improvement of social conditions while resulting in the loss of wealth and political participation.

Following these developments, the public acceptance of Putin's political direction and his authoritarian tendencies become comprehensible especially when considering the economic improvement resulting from his policies on energy resources. The public willingness of political participation – in the sense of a willingness to question political authorities and conditions – has decreased further because of major political drawbacks that followed the very few experiences of the civil society. On the other hand these historical experiences did reflect in the ideological fundament of the state itself, the "sovereign democracy". It is there that attempts to prevent pluralism, to overcome the previous, political incapability of the 1990s, and at the same time to exclude old Soviet players from the political process, become visible. Therefore, civil society is intended to be initiated loyal to the kreml, and all foreign or oppositional influences on the civil society are perceived as a threat to the own political course which is considered and marketed as the sole, true Russian way.

In conclusion, the similarities of Perestroika and the "Sovereign Democracy" almost seem to suggest a resistance to learn from previous political errors on the part of the kreml as evident in the shared emphasis on economic competitiveness at the expense of social development which are covered up politically via the use of buzzwords instead of real strategies.

1. Einleitung

Das Russland des neuen Millenniums ist vor allem geprägt durch eine politische Figur, Wladimir Putin. Der deutsche Bundeskanzler Gerhard Schröder nannte ihn einst einen „lupenreinen Demokraten"[10], andere, wie seine Nachfolgerin, Kanzlerin Angela Merkel, rügten seinen Umgang mit Opposition und Menschenrechten.[11] Was aber steckt hinter dieser neuen russischen Politik? Wie demokratisch ist sie wirklich und welchen Einfluss hat die Vergangenheit auf die aktuelle Ausgestaltung russischer Politikpraxis? Das Russland seit Putin ist in seiner Entwicklung noch jung, die Auflösung der Sowjetunion ist gerade einmal 20 Jahre her, die Manifestation einer demokratischen Verfassung 17 Jahre. Dass die Vergangenheit auf die Politik Wladimir Putins ohne Einfluss gewesen sein soll, wäre aus wissenschaftlicher Perspektive eine unvollständige Herangehensweise.

Wladimir Putins Aufstieg begann mit dem Amt zum Ministerpräsidenten 1999 und gipfelte schnell in der Übernahme des Präsidentenamtes 2000. Mit dieser Übernahme wurde eine Politik etabliert, die insbesondere im westlichen Ausland als antidemokratisch wahrgenommen wird. Sein Vorgänger Boris Jelzin, unter dem Russland seine ersten demokratischen Schritte unternahm, war hingegen vom Zweifel an seinem demokratischen Engagement weitestgehend verschont geblieben. Beschäftigt man sich mit dem postsowjetischen Russland intensiver, sind diese Urteile weniger eindeutig zu fällen. So rechnet auch Putins Nachfolger im Präsidentenamt Dmitri Medwedew in seinem Bericht zur Lage der Nation mit seinem Vorgänger Putin ab und kritisiert vor allem die Stagnation der Wirtschaft und ihren Mangel an Diversifizität.[12] Medwedew folgert aus

---

[10] Redaktion Hamburger Abendblatt Online: Schröder: „Putin lupenreiner Demokrat", 23.11.2004.
http://www.abendblatt.de/politik/deutschland/article290532/Schroeder-Putin-ist-lupenreiner-Demokrat.html, zugegriffen am 12.07.2012.
[11] http://www.sueddeutsche.de/politik/streit-um-die-menschenrechte-merkel-und-putin-liefern-sich-schlagabtausch-1.652365, zugegriffen am 12.07.2012.
[12] Vgl. Schröder, Hans Hennig: Modernisierung „von oben". Medwedews zweiter Bericht zur Lage der Nation. In: Russland-Analysen 192/2006, S. 4.

dieser Situation, eine allseitige Modernisierung sei nötig – und das werde „in unserer Geschichte die erste Erfahrung einer Modernisierung, die auf den Werten und Institutionen von Demokratie gegründet" sei.[13] Dieser Satz enthält mehrere entscheidende Aspekte. Zum einen scheint eine Modernisierung der Wirtschaft notwendig. Zum anderen soll diese erstmals auf einer demokratischen Basis stattfinden.

Dieser Satz stammt aus dem Jahr 2009, er ist somit 16 Jahre nach der Institutionalisierung der ersten russischen Demokratie zu verorten und wirft die zentrale Frage auf, inwiefern Demokratie bis zu diesem Zeitpunkt keine Basis russischer Politik gewesen war.

Diesem Bericht der Lage der Nation und dem vorausgegangenen Artikel „Russland, vorwärts"[14] liegt eine Ideologie zu Grunde, die sich „Souveräne Demokratie" nennt und bereits zu Amtszeiten Putins die Grundlage der Kremlpolitik darstellte. Als Architekt dieser Ideologie gilt der Chefideologe des Kremls, Wladimir Surkow. Surkow selber geht davon aus, dass die Demokratie in Verbindung mit einer Zivilgesellschaft die stabilste Herrschaftsform darstelle und damit die anzustrebende Staatsform sei.[15] Warum aber die Beschreibung der angestrebten Demokratie als „Souverän" und was bedeutet dies eigentlich? Mit der Charakterisierung als souveränen Demokratietypus versucht der Kreml seinen eigenen Weg zur Demokratie zu unterstreichen und verbittet sich jede Einmischung durch dritte Akteure. Dies gilt dann sowohl für das (westliche) Ausland als auch für inländische Gegner der Kremlpolitik.[16] Der „Souveränen Demokratie" liegt – im Sinne von Surkows „Demokratiebekenntnis" – ein weiterer Begriff zu Grunde, der der „kontrollierten Zivilgesellschaft". Kontrolliert ist diese Form der Zivil-

---

[13] Siehe: Schröder, Hans Hennig: Modernisierung „von oben". Medwedews zweiter Bericht zur Lage der Nation. In: Russland-Analysen 192/2006, S. 4.

[14] Anhand dieses Artikels bereitete Medwedew den Bericht der Lage zur Nation in seinem Tenor in der Öffentlichkeit vor. Vgl. Schröder, Hans Hennig: Modernisierung „von oben". Medwedews zweiter Bericht zur Lage der Nation. In: Russland-Analysen 192/2006, S. 3.

[15] Vgl. Schneider-Deters, Winfried und Schulze, Peter W. und Timmermann, Heinz: Die Europäische Union, Russland und Eurasien. Die Rückkehr der Geopolitik, Berlin 2008, S. 91 f.

[16] Ebenda.

gesellschaft, da sie gezielt initiiert und anhand loyaler Kader-bildung geschaffen werden soll.[17] Gerade an diesem Punkt stellt sich die Frage, warum das russische Eingeständnis zur Notwendigkeit einer Zivilgesellschaft im Verständnis eines Top-Down Charakters als einziger und notwendiger Weg einer Initialisierung von zivilgesellschaftlichen Kräften angesehen wird.

Diese Arbeit setzt sich mit genau dieser Frage auseinander. In diesem Zusammenhang soll geklärt werden, inwiefern historische Entwicklungen Voraussetzungen geschaffen haben, die zu den aktuellen Vorstellungen von Demokratie und vor allem Zivilgesellschaft im Rahmen der „Souveränen Demokratie" führen konnten. Es ist nicht davon auszugehen, dass die Ideologie der „Souveränen Demokratie" im luftleeren Raum entstand, sondern dass sie im Gegenteil von historischen Determinanten russischer Entwicklung abhängig war und ist. Die aus dieser These als notwendig resultierende Untersuchung der Entwicklung russischer Historie soll ihr Hauptaugenmerk auf den Möglichkeiten der russischen Gesellschaft zur Herausbildung einer Zivilgesellschaft haben.

Daher soll die russische Historie auf ihre Zugangsmöglichkeiten[18] zivilgesellschaftlichen Handelns untersucht werden. Die Entwicklung zivilgesellschaftlicher Möglichkeiten hinsichtlich ihrer Konstituierung und tatsächlichen Wirkung wird dabei eine Schlüsselrolle spielen, da sich in dieser Entwicklung widerspiegelt, inwiefern die russische Gesellschaft aus heutiger Perspektive auf historische Erfahrung zivilgesellschaftlichen Handelns zurückgreifen könnte.

Darüber hinaus soll aber auch aufgezeigt werden, wie sich die Ausrichtung staatlichen Handelns im Verhältnis zur Gesellschaft entwickelte. Daher sollen die staatlichen Rahmenbedingungen der einzelnen Zeitperioden von Sowjetunion und Russland skizziert werden. Auf deren Grundlage sollen anschließend

---

[17] Loyal in Bezug auf die nationale Identität bzw. die Politik des Kremls. Vgl. Schneider-Deters, Winfried und Schulze, Peter W. und Timmermann, Heinz: Die Europäische Union, Russland und Eurasien. Die Rückkehr der Geopolitik, Berlin 2008, S. 92.

[18] Unter Zugangsmöglichkeiten soll die Rahmenbedingung, primär durch den Staat definiert, verstanden werden, anhand welcher die Zivilgesellschaft Möglichkeiten besitzt, zu funktionieren bzw. zu wirken. Diese Rahmenbedingung kann allerdings auch den Zugang zur Funktion oder Wirkung verwehren.

die Möglichkeiten von Zivilgesellschaft eingeordnet werden, um somit den Verlauf des zivilgesellschaftlichen Entwicklungsgrades darzustellen. Dafür soll aus den entsprechenden Theorien zur Zivilgesellschaft ein Hilfsinstrument entworfen werden, anhand dessen die Möglichkeiten zur Bildung einer Zivilgesellschaft eingeordnet werden können. Dieses Hilfsinstrument soll als Gerüst einer Zivilgesellschaft erstens anhand von hinreichenden und notwendigen Voraussetzungen bestimmt, zweitens durch die optimale und theoretisch erreichbare Ausgestaltung einer Zivilgesellschaft festgelegt und drittens mit Hilfe der möglichen Aufgaben und gegebenen Grenzen von Zivilgesellschaft charakterisiert werden.

Die historischen Rahmenbedingungen für die russische Gesellschaft werden entsprechend ihrer prägenden Episoden nachgezeichnet. Hierbei wird anhand der jeweiligen Herrschaftssituation ein historischer Abriss, wie es zur jeweiligen Situation gekommen war, einleiten, um anschließend die aufgezeigten Rahmenbedingungen in ihr Verhältnis mit damaligen zivilgesellschaftlichen Möglichkeiten bzw. dem zuvor entworfenen zivilgesellschaftlichen Gerüst zu setzen. Hierbei wird es essentiell sein, die Charakteristika der staatlichen Institutionen im Kontext ihres Umganges mit der russischen Öffentlichkeit und sukzessiv mit „oppositioneller" Kritik zu analysieren, um herauszustellen, welchen Klimata die russische bzw. sowjetische Bevölkerung ausgesetzt war. Die historische Analyse wird mit dem Stalinismus beginnen und mit Chruschtschow und Breschnew zwei weitere Eckpfeiler sowjetischer Geschichte untersuchen. Der erste Schlüsselpunkt dieser Arbeit wird sich im Rahmen der Auflösung der Sowjetunion und dem damit verbundenen Übergang zu einer marktwirtschaftlich ausgerichteten Demokratie ergeben.

Diese Transformation der Sowjetunion als Ein-Parteien-Diktatur zu einem demokratischen Russland wird von Michail Gorbatschows Gedanken der Perestroika (russisch: Umgestaltung) eingeleitet, der in der ausgehenden Sowjetunion die bestandenen Verhältnisse in Frage stellte.

Welche Rolle könnten aber in dieser Zeit des Umbruchs mögliche zivilgesellschaftliche Kräfte gespielt haben? Versucht Gorbatschow die Verhältnisse zusammen oder gegen die russische Gesellschaft zu ändern, und wie konnte es in diesem Kontext zur Auflösung der Sowjetunion kommen? Es wird von zentraler Bedeutung sein, die mögliche Beteiligung der Zivilgesellschaft an diesem historischen und systembedeutenden Umbruch zu beleuchten. Denn sollte die Perestroika ohne Beteiligung der Zivilgesellschaft gewirkt haben, würde ein entscheidender Faktor hinsichtlich der Erfahrung zivilgesellschaftlichen Handelns fehlen: die Beteiligung am Umbruch und die Überwindung der nicht-demokratischen Verhältnisse. Sollten andererseits zumindest Teile der Zivilgesellschaft an diesem Umbruch beteiligt gewesen sein, wird die der Sowjetunion nachfolgende Periode insofern entscheidend sein, als dass diese auch das erreichte Resultat zivilgesellschaftlichen Handelns darstellt.

Diese nachfolgende Periode ist zugleich in ihrem Ende die direkte Ausgangsposition für die spätere Politik Wladimir Putins. Die Periode der Neunziger Jahre ist geprägt von Boris Jelzins Versuch der Demokratisierung des neuen Russlands. Die anfangs aufgeworfene Frage, warum Medwedew allerding erst 2009 von den ersten anstehenden Erfahrungen auf demokratischer Basis spricht, wird zu klären sein. Welche Probleme haben sich in der Transformation von der Sowjetunion zum neuen Russland ergeben? Anhand des oben genannten Zitats Medwedews lässt sich vermuten, dass die russische Transformation im Laufe der Neunziger Jahre nicht abgeschlossen werden konnte, was bzgl. des Überganges von der Planwirtschaft zur freien Marktwirtschaft sowie des systemüberwindenden Versuches der Manifestation demokratischer Verhältnisse möglich zu sein scheint. In welchem Ausmaß dieser Vermutung zuzustimmen ist, definiert die Ausgangssituation, mit der sich Wladimir Putin zu Beginn seiner Amtszeit als Präsident konfrontiert sah und welche die Rahmenbedingung darstellt, die den weiteren Weg der Demokratisierung mitbestimmte. Auch die Ideologie der „Souveränen Demokratie" als Handlungsmaxime des Kremls kann von dieser Ausgangssituation nicht autark betrachtet werden.

Im Rahmen der Entwicklung der russischen Zivilgesellschaft ist die Bedeutung der Neunziger Jahre gegeben als die ersten Schritte mit demokratischen und marktwirtschaftlichen Rahmenbedingungen. Welche Chancen oder Potentiale die neue

Demokratie mit sich bringt oder ob die Einschätzung Medwedews aus dem Jahr 2009 von größerer Bedeutung auch für die
Funktionsfähigkeit der Zivilgesellschaft in den Neunziger Jahren sein kann, gilt es herauszustellen, um auch an dieser Stelle
die Ausgangsposition der Zivilgesellschaft mit ihren Erfahrungen aus Sowjetunion, Perestroika und den Neunzigern skizzieren zu können. Diese Ausgangsposition soll anschließend ins
Verhältnis zur aktuellen Politik in Russland und insbesondere
zu der dahinterstehenden Ideologie der „Souveränen Demokratie" mit dem Kern einer loyalen Zivilgesellschaft gesetzt werden, um diese inklusive ihre historischen Prägung einordnen zu
können.

2. Was ist eine Zivilgesellschaft?

Was ist unter dem Begriff Zivilgesellschaft zu verstehen und inwiefern kann eine solche Definition sinnvoll zur Überprüfung der russischen Zeitperioden genutzt werden? Auf Basis der Theorien zur Zivilgesellschaft soll ein Basismodell abstrahiert werden, welches die systemkonforme Rolle der Gesellschaft als vorinstitutionellem Vetospieler umfasst. Zunächst muss festgestellt werden, dass sich die Theorien zur Zivilgesellschaft weitestgehend auf demokratische Systeme beziehen, in denen es möglich ist, eine heterogene Struktur von Öffentlichkeit wiederzufinden. Die Abstraktion zum Basismodell ist in diesem Fall, dass einzig ein pluralistisches Meinungsbild und der damit verbundene gesellschaftliche Diskurs die hinreichende Grundlagenbedingung bieten kann, von einer gesamtgesellschaftlichen Zivilgesellschaft sprechen zu können. Die Zivilgesellschaftstheorien auf ein demokratiefremdes System zu übertragen, im Falle der Sowjetunion auf ein totalitäres System, birgt verschiedene Schwierigkeiten. Die zentrale Problematik ergibt sich aus der Zusammensetzung der Gesellschaft bzw. der gesellschaftlichen Möglichkeiten im Kontext eines Staates, welcher per definitionem versucht, seinen Einfluss in allen Sphären der Gesellschaft geltend zu machen.[19] Dies bedeutet dann, dass der Begriff der Zivilgesellschaft im Rahmen dieser Arbeit aus seinem theoretischen und historischen Entstehungsrahmen künstlich herausgetrennt werden muss, um ihn schließlich als ein theoretisch erreichbares Basismodell anzuwenden.

Dabei entsteht die Problematik, dass aufgrund fehlender Voraussetzungen zu diesem abstrahierten Basismodell einer Zivilgesellschaft deren Existenz in nicht-demokratischen Systemen definitorisch negiert werden muss. Die eventuell dennoch vorhandenen kritischen Elemente einer solchen Gesellschaft werden durch die Abgrenzung von Zivilgesellschaft zu Widerstand im letzten Teilkapitel dieses Abschnitts berücksichtigt.

---

[19] Siehe Definition des Totalitarismus in Kapitel 3.1.

Der historischen Herleitung des Zivilgesellschaftsbegriffes im Sinne der Polis[20] soll insofern keine Rechnung getragen werden, als im Rahmen des Untersuchungsgegenstandes dieser Arbeit die gesellschaftliche Konstitution der Antike irrelevant ist. Viel mehr gilt es zu überprüfen, in welchem Verhältnis Zivilgesellschaft zum Staat und umgekehrt steht. In dieser Hinsicht wird immer wieder auf Jürgen Habermas' Diskurstheorie verwiesen, die den Rahmen dafür bildet, wie sich öffentliche Meinung, Demokratie sowie Herrschaft zueinander positionieren sollten und Zivilgesellschaft als eine Selbstregierung ergänzend zu den staatlichen Institutionen[21] mit dem Mittel publizistischen Druckes auf Grundlage von Meinungskonsensen aus der Öffentlichkeit funktioniert. Als Schwerpunkte innerhalb der Zivilgesellschaftstheorie sollen daher Habermas' diskurstheoretische Ansätze bzgl. der Zivilgesellschaft aus „Faktizität und Geltung" sowie die u. a. darauf aufbauenden Definitionen von Iris Marion Young herangezogen werden, da diese die Zivilgesellschaft idealtypisch – ohne herrschaftsüberwindend[22] sein zu müssen – beschreiben. Anhand der Defizite zum entworfenen Abstraktionsmodell kann die russische Zivilgesellschaft in der jeweiligen Zeitperiode hinsichtlich ihres Entwicklungsgrades eingeordnet werden. Um sich den Begriff der Zivilgesellschaft zu erarbeiten, gilt es, verschiedene Bereiche, die zur Klärung der Definition beitragen, zu unterscheiden.

Die Abstraktion des Zivilgesellschaftsbegriffes soll durch drei übergeordnete Schwerpunktbereiche definiert werden: erstens durch die Voraussetzungen, die als hinreichende Bedingungen Zivilgesellschaft überhaupt erst ermöglichen, zweitens durch den Aufbau der Zivilgesellschaft, der definieren soll, wann es sich um eine Zivilgesellschaft handelt, und drittens

---

[20] Vgl. Adloff, Frank: Zivilgesellschaft: Theorie und politische Praxis, Frankfurt am Main 2005, S. 17 ff.

[21] Vgl. Demirovic, Alex: Demokratie und Herrschaft. Aspekte kritischer Gesellschaftstheorie, Münster 1997, S. 152 ff.

[22] In Abgrenzung zu Gramsci, der Zivilgesellschaft ausgehend von der Betrachtung revolutionärer Bewegungen als freiwillige Unterwerfung gegenüber dem hegemonialen Herrschaftsapparat versteht und dies auch auf demokratische Systeme anwendet. Vgl. Demirovic, Alex: Demokratie und Herrschaft. Aspekte kritischer Gesellschaftstheorie. Münster 1997, S. 148 ff. / Gramsci, Antonio: Gefängnishefte 6.–7. Heft, Hamburg, Berlin 1992, S. 783.

durch die Funktion, die die Zivilgesellschaft erfüllen soll, um überprüfen zu können, ob es sich bei vermeintlich gesellschaftlicher Aktivität um zivilgesellschaftliches Handeln oder um gesteuerte Prozesse handelt.

Die Determinanten hinsichtlich zivilgesellschaftlicher Voraussetzungen sind insbesondere im Hinblick auf die Untersuchung des sowjetischen Systems relevant, da durch diesen Hintergrund die Barrieren zur Etablierung von Zivilgesellschaft aufgezeigt werden können. Die Zusammensetzungs- oder Aufbaudefinition von Zivilgesellschaft bildet die weitergehende Grundlage, da diese Arbeit versucht, in der russischen Historie zivilgesellschaftliche Indizien herauszuarbeiten. Die Identifikation von Akteuren ist im Rahmen einer Zivilgesellschaft unabdingbar und kann vom theoretischen Aufbau einer Gesellschaft abgleitet werden. Die Funktion und die Bedeutung einer Zivilgesellschaft soll klären, welche Aufgaben einer Zivilgesellschaft zugesprochen werden und welche Konsequenzen sich aus zivilgesellschaftlichem Handeln ergeben können. Die Relevanz der Funktion einer Zivilgesellschaft wird speziell im Rahmen der Einordnung der Perestroika gegeben sein, um bestimmen zu können, ob die Perestroika von zivilgesellschaftlichem Handeln beeinflusst wurde. Im Rahmen der „Souveränen Demokratie" wird diese Frage nicht an Relevanz verlieren, da die entsprechenden Vorstellungen hinsichtlich einer „kontrollierten Zivilgesellschaft" ebenfalls am folgend dargestellten Abstraktionsmodell eingeordnet werden sollen.

2.1. Die Voraussetzungen für eine Zivilgesellschaft

Welche Voraussetzungen müssen gegeben sein, damit sich eine funktionsfähige Zivilgesellschaft etablieren kann? Bereits in diesem Stadium der Betrachtung der Zivilgesellschaft ergibt sich die eingangs erwähnte Schwierigkeit, unter welchen Rahmenbedingungen Zivilgesellschaft zu untersuchen ist. So beziehen sich die Vorstellungen in der politischen Theorie wie die der deliberativen Demokratie Habermas' ausschließlich auf demokratische Systeme und entwickeln diese in Abgrenzung zu anderen Modellen, wie im Falle der deliberativen Demokratie gegenüber dem liberal-rechtsstaatlichen Modell sowie dem bürgerrepublikanischen Modell.[23] Iris Marion Young sieht die Zivilgesellschaft weitergehend als eine Zwischenebene zwischen den starren Vorstellungen von Demokratie, nämlich den Modellen der Demokratie durch Institutionen oder aber der Demokratie „ruled by the people".[24]

Im Grunde genommen werden durch diese Abgrenzungen von Demokratiemodellen Determinanten überprüft, um Voraussetzungen für den Grad an Funktionsfähigkeit einer (Zivil-)Gesellschaft einzuordnen.

Allen voran steht hier aber immer eine freiheitlich demokratische Grundordnung, welche vom Charakter einer Diskurszulässigkeit im Sinne von Meinungsfreiheit geprägt ist.[25] Diese Perspektive auf die Zivilgesellschaft unter der Bedingung der Demokratie lässt sich nicht eins zu eins übernehmen und auf demokratiefremde Systeme übertragen, da sich im Rahmen der Theorie ein undemokratischer Staat und eine Zivilgesellschaft per se ausschließen würden, da Diskurse in undemokratischen Systemen tendenziell als unterdrückt angesehen werden können. Reese-Schäfer bemerkt in Bezug auf den Zivilgesellschaftsbegriff von Habermas: „In totalitären staatssozialistischen Gesellschaften hat sie [die Zivilgesellschaft] nicht existiert, weil eine unversehrte Privatsphäre und die entsprechenden Grundrechtsgarantien als ihre Grundlage fehlten."[26] Eine Legitimationsproblematik des Herrschaftssystem sieht Habermas allerdings auch nicht auf undemokratische Systeme beschränkt und stellt die Notwendigkeit freier Diskurse losgelöst vom Herrschaftssystem ins Zentrum seiner Gesellschaftsanalyse.[27] Ein Maßstabsinstrument auf Basis zivilgesellschaftstheoretischer Abstraktion kann im Kontext dieser Arbeit folglich nur zu

---

[23] Vgl. Reese-Schäfer, Walter: Politisches Denken heute. Zivilgesellschaft, Globalisierung und Menschenrechte, 2. Auflage, München 2007, S. 9 ff.

[24] Vgl. Iris Marion Young: Inclusion and Democracy, New York 2000, S. 173.

[25] Vgl. Habermas, Jürgen: Faktizität und Geltung. Beiträge zur Diskurstheorie des Rechts und des demokratischen Rechtsstaates, 4. Auflage, Sinsheim 1994, S. 361 f.

[26] Siehe: Reese-Schäfer, Walter: Politische Theorie der Gegenwart in fünfzehn Modellen, München 2006, S. 93.

[27] Vgl. Habermas, Jürgen: Faktizität und Geltung, S. 352 f.

einer Indizienbestimmungen genutzt werden, daher sollen innerhalb der Theorien zur Zivilgesellschaft zwar die Kernpunkte aufgezeigt werden, allerdings wird es aus besagtem Grund nicht möglich sein, die Theorien auf die Thematik dieser Arbeit vollständig zu übertragen.

So besteht, der Theorie folgend, als Voraussetzung für Zivilgesellschaft eine demokratische Grundordnung. Dies wird für den ersten Abschnitt dieser Arbeit eine permanent fehlende Voraussetzung darstellen, da im Kontext der sowjetischen Historie nicht von einer Demokratie ausgegangen werden kann. Für die postsowjetische Zeit wird der Demokratisierungsgrad als Voraussetzung für die Zivilgesellschaft aber von einer elementaren Rolle sein. Weiterführende Voraussetzungen für die Funktionsfähigkeit einer Zivilgesellschaft leiten sich zwar aus den demokratischen Bedingungen ab, können aber im Rahmen dieser Arbeit durchaus im Sinne einer Überprüfung auch der undemokratischen Zeitperioden Russlands im Sinne des jeweiligen gesellschaftlichen Entwicklungsstandes genutzt werden.

Eine weiterführende Bedingung, damit Zivilgesellschaft funktionieren kann, ist die Möglichkeit zu einem diskursiven Meinungs- und Willensbildungsprozess[28], welcher die Voraussetzung für einen innerstaatlichen pluralistischen Diskurs bildet. Dieser kann allerdings nur funktionieren, wenn gewisse private und politische Freiheiten garantiert sind. Grundsätzlich impliziert dies eine Verfassung, in der ein umfassender Katalog an Grundrechten festgeschrieben ist und damit eine theoretische Sicherung dieser gegeben ist.[29] Diese Grundrechte bilden somit die Basis für notwendige Räume, welche von der Gesellschaft genutzt werden können, um ihre politische Meinung und ihren Willen überhaupt zu ergründen und ihn schließlich in die Öffentlichkeit und dann in den politischen Prozess hineintragen zu können.

Wie sind diese notwendigen Räume innerhalb eines Staates gekennzeichnet? Sie sind dadurch gekennzeichnet, dass sie jedem Bürger zugänglich sein sollten[30] – und dies kann im Sin-

---

[28] Vgl. Habermas, Jürgen: Faktizität und Geltung, S. 365.
[29] Vgl. Habermas, Jürgen: Faktizität und Geltung, S. 361 f.
[30] Vgl. Reese-Schäfer, Walter: Politisches Denken heute. Zivilgesellschaft, Globalisierung und Menschenrechte, 2. Auflage, München 2007, S. 13.

ne einer Garantie nur durch den Staat bzw. durch das Recht umgesetzt werden. Vor dem Hintergrund von Grundrechten[31], aber auch des weiterführenden Rechts[32] ist es nur in einem solchen Rechtsrahmen möglich, eine Grundbedingung zu erfüllen: die unversehrte Privatsphäre für jeden Staatsbürger. Die Unversehrtheit des Privaten ist insofern Voraussetzung für eine funktionierende Zivilgesellschaft, als dass den Individuen einer Gesellschaft die Möglichkeit eines Rückzugspunktes gegeben wird,[33] aber auch ein unbeeinflusster Raum zur Meinungs- und Willensbildung verfügbar ist. Weiterhin ist eine freiheitliche politische Kultur zur Entfaltung eines öffentlichen Diskurses von großer Bedeutung, sie kann in Verbund mit einer politischen aufgeklärten Sozialisation und vor allem anhand von Initiativen meinungsbildender Assoziationen überhaupt erst einen inklusiven, fairen oder offenen Diskurs in der Gesellschaft ermöglichen.[34]

Dabei ist der Charakter einer Gesellschaft von hemmenden oder forcierenden Faktoren geprägt. So bietet eine möglichst klassenlose Gesellschaft mit annähernd gleich verteilter sozialer Macht eine wesentlich bessere Voraussetzung bezüglich der Funktionsfähigkeit einer Zivilgesellschaft als eine deutlich hierarchisch strukturiertere Gesellschaft.[35] Dies äußert sich schließlich auch im Umgang mit Konflikten: Werden diese auf eine kommunikative Art und Weise statt einer gewalttätigen bewältigt, zeugt dies bereits von einem gewissen Grad an zivilgesellschaftlicher Operationalisierung[36]. Die (theoretischen) Voraussetzungen für eine Zivilgesellschaft sind, wie zu Beginn formuliert, demokratiebezogen. Dies kommt nicht von ungefähr, da die Funktionsfähigkeit einer Zivilgesellschaft sowie die Bereitschaft zum zivilgesellschaftlichen Handeln, wie beschrieben,

---

[31] Vgl. Habermas, Jürgen: Faktizität und Geltung, S. 445.
[32] Gemeint ist in diesem Fall das Bürgerliche Recht und das Strafrecht, welche die Beziehungen der Bürger untereinander sowie zum Staat regeln.
[33]Vgl. Habermas, Jürgen: Faktizität und Geltung, S. 449 / Reese-Schäfer, Walter: Politische Theorie der Gegenwart, S. 94 f.
[34] Vgl. Habermas, Jürgen: Faktizität und Geltung, S. 366.
[35] Vgl. Habermas, Jürgen: Faktizität und Geltung, S. 355.
[36] Unter zivilgesellschaftlicher Operationalisierung soll die Anerkennung eines öffentlichen Diskurses als Grundlage zivilgesellschaftlicher Funktion seitens der Bevölkerung verstanden werden.

grundlegend von freiheitlichen Werten abhängt. So erfüllen Demokratien nach Habermas zumindest das notwendige prozeduralistische Minimum.[37]

Ab wann kann man aber von einer Zivilgesellschaft ausgehen oder konkreter, wie umfangreich müssen die Bedingungen erfüllt sein, damit eine Gesellschaft reflexions- und handlungsfähig ist? Die Abwesenheit demokratischer Strukturen würde vor diesem Hintergrund als ein Ausschlussprinzip hinsichtlich der Existenz von Zivilgesellschaft wirken. Diskutiert man diesen Sachverhalt im Kontext hinreichender Notwendigkeiten, sind die in diesem Kapitel aufgezeigten Voraussetzungen im Sinne einer vollständig funktionierenden Zivilgesellschaft zwar unüberwindbar, allerdings ist nicht von vornherein auszuschließen, dass sich Zivilgesellschaft zumindest partiell auch in einer freiheitsfeindlichen Atmosphäre manifestieren kann. Reese-Schäfer bemerkt bzgl. der Nicht-Erfüllung von Voraussetzungen wie unversehrter Privatsphäre, schon rationalisierter Lebenswelt und freiheitlicher politischer Kultur: „Werden diese Bedingungen nicht beachtet, kann es geschehen, dass die Basis eher populistische Bewegungen hervorbringt, welche verhärtete Traditionsbestände und Besitzstände ressentimentgeladen, blind und aggressiv verteidigen.“[38] So scheint die unzureichende Erfüllung gewisser Voraussetzungen zwar nicht zu einem Ausschluss der Zivilgesellschaft per se führen, aber zumindest den Prozess zu korrumpieren.

Dieser Aspekt wird zum einen noch in dem folgenden Kapitel über die Bedeutung der Zivilgesellschaft weiter erläutert, zum anderen kann im Kontext von fehlenden Voraussetzungen vielleicht der vollständige Anspruch an eine Zivilgesellschaft nicht erfüllt werden, ein Diskurs hinter vorgehaltener Hand oder nicht-öffentliche Assoziationen dürfen dennoch nicht unter Wert eingeschätzt werden. Dem soll in Abgrenzung zum Begriff des Widerstandes in Kapitel 2.4 nachgegangen werden.

---

[37] Vgl. Habermas, Jürgen: Faktizität und Geltung, S. 368.
[38] Siehe: Reese-Schäfer, Walter: Politische Theorie der Gegenwart, S. 95.

2.2. Wie ist Zivilgesellschaft aufgebaut?

Wer bildet die Zivilgesellschaft? Zu welchen anderen Bereichen ist die Zivilgesellschaft abzugrenzen? Im Rahmen der deliberativen Demokratie Habermas' wird eine Nation zunächst grundlegend in drei Bereiche unterschieden: den Staat, den Markt und schließlich die Zivilgesellschaft.[39] Die Zivilgesellschaft ist allerdings keine homogene Masse, die als ein Akteur agiert. Sie ist nach Habermas anarchisch strukturiert[40] und setzt sich aus verschiedenen, sich oft überlappenden Öffentlichkeiten zusammen. Unter Öffentlichkeiten versteht Habermas mehr oder weniger spontan entstandene Vereinigungen, Organisationen und Bewegungen, die letztendlich als Zusammenschlüsse von Individuen die Zivilgesellschaft abbilden.[41]

Iris Marion Young unterteilt die Ebene der Zivilgesellschaft in weitere drei Teilbereiche, eine private, eine zivile und eine politische Ebene, innerhalb derer jedoch keine absoluten Grenzen gelten. Öffentlichkeiten oder öffentliche (Meinungs-)Assoziationen können nach Young durchaus zwischen diesen Ebenen wechseln,[42] was sich in der angesprochenen anarchischen Charakterstruktur in der Vorstellung Habermas' wiederfindet. Grundsätzlich agiert im Sinne einer Zivilgesellschaft jedes Individuum für sich, wobei sich anhand von inhaltlichen Konsensen und Konflikten Zusammenschlüsse und kollektive Meinungspositionen ergeben können. So ist die Zivilgesellschaft zwar als institutionslos anzusehen, doch kann sie im Sinne einer Professionalisierung der Meinungskonsense, wie erwähnt etwa durch Vereinigungen bzw. soziale Bewegungen und Organisationen, gekennzeichnet sein. Zu Grunde liegt dieser Struktur aber immer ein undefinierter kommunikativer Raum (oder auch: „Public Sphere"), welcher von einem Netzwerk von individuellen, sukzessiv auch kollektiven Meinungen geprägt ist.[43]

---

[39] Vgl. Reese-Schäfer, Walter: Politische Theorie der Gegenwart, S. 92.
[40] Vgl. Habermas, Jürgen: Faktizität und Geltung, S. 374.
[41] Vgl. Habermas, Jürgen: Faktizität und Geltung, S. 443.
[42] Vgl. Young, Iris Marion: Inclusion and Democracy, New York 2000, S.156.
[43] Vgl. Habermas, Jürgen: Faktizität und Geltung, S. 436.

Young beschreibt die Public Sphere als Öffentlichkeit, die jedem zugänglich ist,[44] und grenzt sie dadurch sowohl von parlamentarischer Öffentlichkeit als auch von der geschützten Privatsphäre ab. Die Public Sphere ist ein unbestimmter, aber auch weitestgehend unbeeinflusster Raum, innerhalb dessen ein ständiger Meinungsaustausch mit wechselnden Individuen existiert und der somit als ein essentieller Ort zur Meinungsbildung zu verstehen ist.

Die Teilnahme am Diskurs ist dabei freiwillig und soll im idealen Falle einen inklusiven Charakter haben. In diesem Kontext kann allerdings davon ausgegangen werden, dass die verschiedenen sozialen Ausgangspositionen entscheidend auf die Teilnahme am Diskurs wirken. So ist eben in keiner Gesellschaft einer freier, allgemeiner und ungehinderter Zugang zum kommunikativen Raum gegeben, da selbst die „demokratischste Nation" in der Praxis von unterschiedlichen sozialen Milieus sowie einer Wissensdiffusion gekennzeichnet ist, welche die Diskursfähigkeit der teilnehmenden Individuen beeinflussen. Geht man in diesem Zusammenhang davon aus, dass Zeit, Bereitschaft und Fähigkeit (Bildung, Artikulationsfähigkeit u. Ä.), die Hauptfaktoren zu einer Diskursteilnahme abbilden, sind eben diese Faktoren im Rahmen verschiedener ökonomischer und sozialer Ausgangspositionen in einer Gesellschaft niemals auch nur annähernd gleich verteilt. Die Zusammensetzung einer Zivilgesellschaft ist also durch die gesellschaftlichen Möglichkeiten bzw. Determinanten ebenso geprägt wie durch Motivation und die Möglichkeiten seiner individuellen Teilnehmer, wodurch die bewusste Teilnahme an einer Zivilgesellschaft tendenziell einer sozialökonomischen Elite vorbehalten ist.

Die Public Sphere bildet dabei als ein unbestimmtes Meinungsnetzwerk die Ausgangsbasis ab. In diesem Rahmen werden aus zunächst individuellen Meinungen sukzessiv kollektive Meinungszentren. Dieser Entstehungsprozess hin zu Meinungszentren wird strukturell im Sinne einer zunehmenden Prozessualisierung von Meinungen umgesetzt. Dies bedeutet letztendlich, dass die anarchische Gesellschaftsstruktur Organisationen ausbildet, welche individuelle Meinungen bezüglich ihrer Über-

---

[44] Vgl. Young, Iris Marion: Inclusion and Democracy, New York 2000, S. 168.

einstimmungen katalysieren, um sie dann als kollektive Meinungszentren professionell zu vertreten. Dies bedeutet die Zunahme des Organisationsgrades ausgehend von losen Meinungskonsensen in Richtung organisierter stellvertretender Akteure der politischen Ebene der Zivilgesellschaft und letztendlich der parlamentarischen Ebene, der des Staates.[45] Die private Ebene der Zivilgesellschaft ist dabei nach Young von einem tendenziell exklusiven Charakter gekennzeichnet und zeigt eine hohe Identitätsabhängigkeit auf.[46]

Hier muss allerdings von der Ebene des Privaten unterschieden werden: Dieser Bereich der Gesellschaft dient als Rückzugspunkt des Individuums und befindet sich außerhalb des Diskurses. Die angesprochene Voraussetzung eines Grundrechtskataloges dient in diesem Sinne primär dem Rechtsschutz der Privatsphäre. Die zivile Ebene der Zivilgesellschaft ist schließlich jener Bereich, welcher vor allem thematisch geprägt ist und in Bezug auf alle anderen Ebenen eine Durchlässigkeit im Sinne von Inklusivität aufweisen sollte.[47] Im Kontext der Zivilgesellschaft stellt die zivile Ebene den zentralen Raum für den Prozess der Meinungs- und Willensbildung dar.

Die „Ergebnisse" dieses Prozesses sollen im Idealfall die Grundlage für die politische Ebene der Zivilgesellschaft bilden. Die politische Ebene, welche sich institutionsnah konstituiert, greift die Schwerpunkte des in der zivilen Ebene entwickelten Meinungsprozesses auf und verarbeitet diese unter einem gesamtgesellschaftlichen Fokus. Habermas beschreibt diesen Prozess wie folgt: „Zivilgesellschaft setzt sich aus jenen mehr oder weniger spontan entstandenen Vereinigungen, Organisationen und Bewegungen zusammen, welche die Resonanz, die die gesellschaftlichen Problemlagen in den privaten Lebensbereichen finden, aufnehmen, kondensieren und lautverstärkend an die politische Öffentlichkeit weiterleiten."[48] Die zivile sowie die politische Ebene der Zivilgesellschaft können dabei eindeutig

---

[45] Vgl. Habermas, Jürgen: Faktizität und Geltung, S. 451 ff.

[46] Vgl. Young, Iris Marion: Inclusion and Democracy, New York 2000, S. 160 ff.

[47] Vgl. Young, Iris Marion: Inclusion and Democracy, New York 2000, S. 168 ff.

[48] Siehe: Habermas, Jürgen: Faktizität und Geltung, S. 443.

der „Public Sphere" zugerechnet werden; die private Ebene der Zivilgesellschaft kann sicherlich nicht vollständig von der „Public Sphere" getrennt werden, überlappt sich in Teilen aber dennoch mit der Ebene des Privaten aufgrund des exklusiven Charakters. So kann man schließlich von einer öffentlichen und einer privaten Zivilgesellschaft ausgehen, die beide durch das Individuum geprägt sind, aber sich erst im öffentlichen Part kollektiv konsolidieren können und vor dem Hintergrund von gesellschaftlichen Schwerpunkten oder Konsensen auch sollen.

Eingerahmt werden diese Ebenen der Zivilgesellschaft durch staatliche Institutionen und die Ökonomie bzw. den Markt. An dieser Stelle zeigt sich erneut der Demokratiefokus innerhalb der Theorie, denn unter dem Staat wird eine parlamentarische Ebene verstanden und die Ökonomie wird im Sinne einer kapitalistischen Marktwirtschaft definiert. In diesem Rahmen verhalten sich nach Young die Ebenen der Zivilgesellschaft, des Staates und der Ökonomie als gegenseitig unterstützend und limitierend.[49]

Schließt dies die Existenz einer Zivilgesellschaft aus, wenn die Ökonomie nach den Prinzipien der Planwirtschaft definiert ist und dem Staat eine parlamentarische Dimension abgesprochen werden muss? Dieser Frage genügend nachzugehen kann innerhalb des thematischen Rahmens dieser Arbeit nicht geleistet werden, da es dazu einer Aufarbeitung sozialistischer Theorie in puncto Partizipationsmöglichkeiten bedürfte. Im Rahmen dieser Arbeit wird allerdings die mit dem Stalinismus verbundene Totalitarismusdefinition (siehe Kapitel 3.1.) als Rahmenbedingung zu Grunde gelegt, der die aufgezeigten zivilgesellschaftlichen Voraussetzungen, die in der Zivilgesellschaftstheorie erarbeitet wurden, in seiner anti-demokratischen Konstitution negiert.

---

[49] Vgl. Young, Iris Marion: Inclusion and Democracy, New York 2000, S. 156.

2.3. Die Bedeutung und Funktion einer Zivilgesellschaft

Warum ist Zivilgesellschaft aber überhaupt wichtig? Welchem Anspruch muss eine Zivilgesellschaft nachgehen und wie kann sie dies tun? Die Zivilgesellschaft hat zunächst zwei grundlegende Aufgaben: erstens die Identifikation von gesellschaftlich relevanten Missständen und Problemen, dies primär im Sinne von Machtdiskrepanzen[50], sowie zweitens eine Kontrollfunktion ausgehend von einer gesellschaftlichen Perspektive, ähnlich der parlamentarischen Opposition auf der Staatsebene.[51] Für Habermas ist in diesem Kontext Öffentlichkeit: „Insoweit […] ein Warnsystem mit unspezialisierten, aber gesellschaftsweit empfindlichen Sensoren." Und außerdem: „[…] eine dezentrierte Gesellschaft, die allerdings mit der politischen Öffentlichkeit eine Arena für die Wahrnehmung, Identifizierung und Behandlung gesamtgesellschaftlicher Probleme ausdifferenziert."[52]

Diese Aufgaben schweben allerdings nicht allgegenwärtig über dem zivilgesellschaftlichen Diskurs. Es gibt keine übergeordneten Ziele des Diskurses, der Diskurs zielt nicht auf bewusste kollektive Entscheidungen unter der Prämisse einer Ergebnisorientierung ab und sollte daher auch herrschaftsfrei konstituiert sein. Abhängig von der anarchischen Struktur der Zivilgesellschaft, spiegelt auch der öffentliche Diskurs das Prinzip einer Unbestimmtheit und Spontanität wieder. So soll ein gesellschaftlicher Diskurs nach Habermas dem Grundsatz des zwanglosen Zwanges des besseren Argumentes folgen.[53] Hieraus ergibt sich eine „faire und rationale Gesprächskultur", die nach dem Prinzip der Überzeugung zu Konsensen führen kann, aber nicht muss. Dieser Diskurscharakter impliziert, dass ein gesellschaftlicher Diskurs nicht steuer- oder kontrollierbar sein kann.

---

[50] Unter Machtdiskrepanz soll die Ungleichverteilung von Macht sowie deren Missbrauch verstanden werden.

[51] Vgl. Young, Iris Marion: Inclusion and Democracy, New York 2000, S. 155.

[52] Siehe: Habermas, Jürgen: Faktizität und Geltung, S. 365.

[53] Vgl. Habermas, Jürgen: Faktizität und Geltung, S. 370.

Aus dem inneren Dialog einer Gesellschaft können sich schließlich kollektive Themenschwerpunkte entwickeln, daraus ergibt sich eine weitere Aufgabe der Zivilgesellschaft – oder konkreter der professionalisierten politischen Ebene der Zivilgesellschaft: der Transfer und die Übersetzung der gefundenen Themenschwerpunkte hin zur parlamentarischen Ebene.[54] Die Interaktion zwischen Zivilgesellschaft und Staat soll auf verschiedenen Ebenen funktionieren. So soll die Zivilgesellschaft einerseits Missstände für den Staat aufzeigen bzw. veröffentlichen, damit dieser dementsprechend handeln kann. Entscheidungen allerdings sind demnach kein Aufgabenbereich der Zivilgesellschaft, sondern des politisches Prozesses.[55] Auf der anderen Seite soll die Zivilgesellschaft vor allem die Problematiken identifizieren, welche zu einer ungleichen Verteilung von Macht und damit zu einer illegitimen Machtkonzentration geführt haben. Solche Möglichkeiten des Machtmissbrauches liegen vor allem in den Bereichen der Ökonomie sowie des Staates selber. Iris Marion Young spricht in diesem Fall von einem „Moral Pressure to shame powerful Actors"[56] – damit ist genau die Veröffentlichung der Identifikation von Machtdiskrepanzen gemeint. Die Zivilgesellschaft soll somit einen öffentlichen Druck initiieren, welcher den identifizierten Machtmissbrauch möglichst gesamtgesellschaftlich transparent macht.[57] Dabei kann sich auch eine Art Stellvertreterfunktion entwickeln, in welcher für eine marginale Gruppe gesprochen wird, welche selber nicht in der Lage ist, ihre Position öffentlich zu machen.[58]

Welchen Wirkungsgrad kann die Zivilgesellschaft dabei erreichen? Iris Marion Young unterteilt den Wirkungsrahmen von Zivilgesellschaft in zwei Konfliktbereiche, den der „Opression"

---

[54] Vgl. Habermas, Jürgen: Faktizität und Geltung, S. 437.
[55] Ebenda.
[56] Vgl. Young, Iris Marion: Inclusion and Democracy, New York 2000, S. 174.
[57] Vgl. Young, Iris Marion: Inclusion and Democracy, New York 2000, S. 155, 174.
[58] Vgl. Young, Iris Marion: Inclusion and Democracy, New York 2000, S. 165.

und den der „Domination".[59] Mit Domination meint Young die Hürden zur Teilnahme am politischen Prozess bzw. die politische Partizipation. Die Domination wirkt sich nach Young im Sinne eines sozialen Ungerechtigkeitsaspektes auf die Selbstbestimmung (self-determination) des Individuums aus,[60] d. h. der Einzelne wird daran gehindert, sein politisches Selbstverständnis zu finden. Dies kann auf partiell mangelnde Informationen und damit eine Monopolisierung des Wissens zurückgeführt werden.

Die Opression hingegen umfasst nach Young diejenigen Ungerechtigkeiten, welche im Kontext von Sozialisierung an Fähigkeiten ausgebildet werden. Das Individuum wird also daran gehindert, Anlagen auszubilden, welche dazu befähigen, an einem kommunikativen Prozess genügend teilnehmen zu können. Die Entwicklung des Einzelnen ist also von seinem sozialen Kontext determiniert und somit milieuabhängig, welches zu einer Ungleichverteilung von Fähigkeitspotentialen innerhalb einer Gesellschaft führt. Young fasst dies unter dem Begriff des „self-development" zusammen und führt die Unterdrückung selbiger auf systematisch institutionelle Prozesse zurück. Diese Verhinderung des „self-development" hat seine Ursachen allerdings im ökonomischen Prozess.[61] Ungerechtigkeiten basieren im Sinne der Opression folglich auf einem durch Kapitalismus erzeugten Gesellschaftsgefälle, welches dem Individuum und weitergehend den sozial benachteiligten Gruppen eine vollständige oder optimale Entwicklung von sozialen und bildungsabhängigen Fähigkeiten verwehrt.

Diesem Prozess kann nach der Auffassung Youngs nur durch staatliche Institutionen entgegengetreten werden,[62] da nur diese den notwendigen Einfluss auf den ökonomischen Prozess geltend machen können. Daraus ergibt sich nicht nur ein reduzierter Wirkungsbereich der Zivilgesellschaft, sondern gleichzeitig auch die Grenze zivilgesellschaftlichen Handelns. Die Grenze der Zivilgesellschaft wird anhand der durch die Opres-

---

[59] Vgl. Young, Iris Marion: Inclusion and Democracy, New York 2000, S. 156.
[60] Ebenda.
[61] Ebenda.
[62] Ebenda.

sion verursachten Ungleichheiten determiniert, da diese außerhalb des Einflusses der Zivilgesellschaft zu verorten sind. Die Prävention der Selbstbestimmung hingegen, also die Ungleichheiten bezüglich der Teilnahme am politischen Prozess, ist nach Young der Bereich, in dem zivilgesellschaftliches Handeln einwirken kann. So können die gesellschaftlichen Assoziationen die Selbstbestimmung fördern.[63] Die Bedeutung, die der Zivilgesellschaft zugesprochen werden könnte, ist die Politisierung der Gesellschaft im Sinne der zu Beginn des Kapitels angesprochenen Aufgabe der Identifizierung von gesellschaftlich relevanten Problematiken.

Es ergibt sich allerdings in der Youngschen Argumentation ein Stringenzproblem. Young spricht der Zivilgesellschaft bezüglich der Opression eine minimale Möglichkeit zur Verbesserung des „self-development" zu und begründet dies mit einem resistenten ökonomischen Prozess, welcher nur mit den Möglichkeiten staatlicher Institutionen entkräftet werden könne.[64] So ist die Identifikation von Machtdiskrepanzen jedoch nicht auf politische bzw. staatliche Ebenen begrenzt, sondern muss sogar im Kontext ökonomisch forcierter Ungerechtigkeiten gesehen werden.[65] Die Grenze zwischen der Domination und der Opression kann daher nicht so deutlich gezogen werden, wie dies Iris Marion Young tut. Die Ausbildung von Fähigkeiten, welcher Art auch immer, bildet die Basis einer Mehrheit der Hürden der Domination, somit ist eine Kritik an den der Domination geschuldeten Gesellschaftsverhältnissen zugleich auch immer eine Kritik an der Opression. Dass der Wirkungsgrad der Zivilgesellschaft im Bereich der Opression eingeschränkt ist, vielleicht sogar auf die bloße Identifikation von Missständen beschränkt ist, ist nicht zu bestreiten. In diesem Zusammenhang ist eine gewisse Eingeschränktheit des Handlungsrahmens gemäß der „Natur der Zivilgesellschaft"[66] zu berücksichtigen und wirkt

---

[63] Ebenda.

[64] Ebenda.

[65] So sind die von Young angesprochenen „powerful actors" neben den staatlichen Institutionen vor allem auch in der Ökonomie wiederzufinden.

[66] Unter der „Natur der Zivilgesellschaft" ist gem. Habermas zu verstehen, dass die Öffentlichkeit aus ihrer außerinstitutionellen Position nicht direkt handlungs- bzw. entschlussfähig sein kann und in diesem Sinne auf externe Akteure angewiesen ist.

entsprechend ebenso auf die Problematik der Domination. So kann zwar ein direkter Einfluss innerhalb oder zwischen Öffentlichkeiten im Sinne einer „Politisierung der Entpolitisierten" zugesprochen werden, doch bleiben die Möglichkeiten zivilgesellschaftlichen Handelns ohne einen beeinflussbaren Staat auch bezüglich der Domination auf ein Minimum begrenzt, da die Zivilgesellschaft ihre diskursiv erlangten Meinungsschwerpunkte gerade im Bereich von identifizierten Machtkonzentrationen zur „Verarbeitung" in den politischen Prozess einbringen muss, damit eine solche Diskrepanz entschärft oder aufgelöst werden kann. Ansgar Klein spricht unter Bezug auf die Diskurstheorie Habermas' in diesem Zusammenhang von einer kommunikativen Erzeugung von Macht als Aufgabe und Grenze der Zivilgesellschaft.[67] Die Bedeutung der Zivilgesellschaft ist demnach primär die eines Raumes für eine pluralistische Meinungsbildung, aus welchem heraus Machtkonzentrationen identifiziert und kritisiert werden sollen, so dass sich eine Aufgabe der Kontrolle primär gegenüber dem Staat, aber auch gegenüber der Ökonomie ergeben kann.

Im Rahmen des vorliegenden Themas ergibt sich für die Bedeutung der Zivilgesellschaft eine Relevanz bezüglich der Motivation von quasi-zivilgesellschaftlichen Akteuren in der russischen Historie oder, mit anderen Worten, soll die (subjektive) Wahrnehmung der russischen Bevölkerung bzgl. des Potentials einer Zivilgesellschaft untersucht werden. Beichelt und Kraatz attestieren der russischen Historie traditionell eine „anämische Zivilgesellschaft", die sich aufgrund der absolutistischen Zarenzeit sowie der folgenden Zeit der totalitären Sowjetunion niemals gegenüber der autoritären Herrschaft ausformen konnte,[68] was eine Unterdrückung der angesprochenen Wahrnehmung zivilgesellschaftlicher Möglichkeiten gleichkäme. Es kann davon ausgegangen werden, dass insbesondere in der Sowjetzeit sich zwar keine gesellschaftliche Wirkungskraft durch zivilgesellschaftliche Kräfte ergeben hat, die Problembereiche, die

---

[67] Vgl. Klein, Ansgar: Der Diskurs der Zivilgesellschaft. Politische Hintergründe und demokratietheoretische Folgerungen, Opladen 2001, S. 88.
[68] Vgl. Beichelt, Timm und Kraatz, Susanne: Zivilgesellschaft und Systemwechsel in Rußland. In: Merkel, Wolfgang: Systemwechsel 5. Zivilgesellschaft und Transformation, Opladen 2000, S. 117.

durch zivilgesellschaftliches Handeln identifiziert und beeinflusst werden können, aber vorhanden waren und sich daraus eine Motivation ergeben haben könnte, sich zivilgesellschaftlich zu konstituieren. Da die totalitären Rahmenbedingungen eine zivilgesellschaftliche Konstitution allerdings verhinderten, müssen eventuelle nicht-öffentliche staatskritische Akteure erfasst werden, wozu im folgenden Kapitel eine Abgrenzung der Zivilgesellschaft zum Begriff des Widerstandes erfolgt.

Die Funktion der Zivilgesellschaft wird ihre Analyserelevanz am geschichtlichen Knotenpunkt Perestroika entfalten, da sich bzgl. der Perestroika, wie einleitend erwähnt, die Schlüsselfrage stellt, ob eine eventuelle russische Zivilgesellschaft auf die Perestroika Einfluss hatte. Hierzu wird es nicht nur essentiell sein zu schauen, inwiefern die damalige russische Öffentlichkeit in ihrer Zusammensetzung dem entworfenen Idealtypus entsprach, sondern zusätzlich, welche Aufgaben diese verfolgte. In der zu analysierenden russischen Gegenwart kommt der Bedeutung von Zivilgesellschaft insbesondere hinsichtlich der der „Souveränen Demokratie" immanenten Vorstellung einer top-down initialisierten und kontrollierten Zivilgesellschaft weitere Relevanz zu, da sich der Kontrollcharakter des Idealtypus aus der Zivilgesellschaft ergibt, während die Kontrolle im Ideal der „Souveränen Demokratie" eine äußere Kontrolle auf die Zivilgesellschaft zu sein scheint.

2.4. Die Abgrenzung von Widerstand zu Zivilgesellschaft

Gemäß dem Politik-Lexikon von Everhard Holtmann versteht man unter dem Begriff Widerstand die gewaltsame oder gewaltlose Abwehr einer Bedrohung. Im politischen Kontext gilt dies insbesondere gegen staatliche Tyrannei, Willkür- und Unrechtsherrschaft. Dabei entsteht das Recht auf Widerstand aus der normativ begründeten Herleitung der Illegitimität von Herrschaft.[69] Münkler bezieht sich dabei aufgrund des inflationären

---

[69] Vgl. Holtmann, Everhard unter Mitarbeit von Brinkmann, Heinz Ulrich und Pehle, Heinrich: Politik Lexikon, 2. Auflage München, Wien 1994, S. 719 f.

Gebrauches des Begriffes Widerstand im Sinne einer präzisierenden Rekonstruktion auf die Widerstandslehre. Widerstand kann zunächst einmal in verschiedensten Formen zu Tage treten. Er kann sich gegen äußere und innere Bedrohung richten, wie angesprochen gewaltfrei oder gewaltsam sein, aktive oder passive, zivile oder militärische Formen annehmen. So ist aber nicht jede Handlung eine Widerstandshandlung, dazu wird sie erst, wenn der Widerstand Leistende die Gefahr einer Benachteiligung oder Bestrafung bewusst in Kauf nimmt und sich in seiner Handlung mit Gründen entweder auf sein Gewissen oder ein höheres Recht berufen kann.[70]

Schwierig wird es, die Kriterien hinsichtlich eines legitimen Widerstandes zu präzisieren, da die Entscheidung über einen „casus resistendi" grundsätzlich im Urteilsvermögen des Herrschaftsunterworfenen verbleibt. So war die klassische Vorstellung von Widerstand in der Widerstandslehre eine konservative Handlung, die alte Verhältnisse bzw. frühere Konstellationen wiederherzustellen versuchte, doch keineswegs eine revolutionär gedachte Handlung, welche die geschichtliche Entwicklung beschleunigen sollte, um neue Verhältnisse zu schaffen. Diese Auffassung änderte sich mit der französischen Erklärung der Menschen- und Bürgerrechte, die in Art. 2 das Recht auf Widerstand als unveräußerliches Menschenrecht bezeichnete.[71] In dieser Hinsicht sieht auch Thomas von Aquin dem positiven Recht der politischen Gemeinschaft ein göttliches und natürliches Recht (ius divinum, ius naturale) vorgeordnet. Steht das positive Recht also im Widerspruch zum vorgeordneten ius divinum oder ius naturale, entsteht eine Situation des gerechtfertigten Widerstandes.[72] Anhand der Vertragstheorien lässt sich folglich eine Beziehung aus einem Anrecht auf allgemeines Recht zur Legitimität von Widerstand im Rahmen der Verweigerung des Rechtsanspruches konkretisieren.

Gemäß den Vertragstheorien, ausgehend von Thomas Hobbes, John Locke und Jean-Jaques Rousseau, kann sich ein Recht

---

[70] Vgl. Münkler, Herfried: Widerstandslehren. In: Nohlen, Dieter und Schultze, Rainer-Olaf: Lexikon der Politik. Band I: Politische Theorien, München 1995, S. 691 ff.
[71] Ebenda.
[72] Ebenda.

auf Widerstand im Sinne des Erlöschens der Gehorsamsverpflichtung gegenüber dem Souverän legitimieren, wenn der Vertrag gebrochen bzw. nicht erfüllt wird und der Souverän somit seiner Aufgabenpflicht nicht nachkommt. Während Hobbes im Sinne eines Vertrages zwischen Individuum und Staat nur einen Schutz des Lebens formuliert, erweitert sich der Vertragsbegriff bei Locke um den Schutz des Eigentums und bei Rousseau um den Schutz der Freiheit. Die Grundlage für den casus resistendi verbreitert und konkretisiert sich somit und erdet das Recht auf Widerstand auf die universellen Menschenrechte. Dabei wird im Rahmen der Vertragstheorien davon ausgegangen, dass der Vertrag von jedem mit jedem geschlossen worden ist, was im Umkehrschluss auch im Falle des Vertragsbruches, der Widerstand zu einem „Jedermann-Recht" macht[73], wie es als unveräußerliches Menschenrecht gemäß dem angesprochenen Art. 2 der französischen Erklärung der Menschen- und Bürgerrechte gedacht worden ist.

Während also der Widerstand sich explizit gegen die Willkürlichkeit und Illegitimität von Herrschaftssystemen richtet, ist im Gegenzug die Zivilgesellschaft, wie von mir im zweiten Kapitel beschrieben, als Teil eines offenen und demokratischen Systems zu verstehen. Da eine Widerstandshandlung sich erst durch die in Kauf genommene Repressionswahrscheinlichkeit definiert, wirkt der Grad der Repression in zivilgesellschaftlicher Hinsicht in seiner zunehmenden Intensität als steigendes Hemmnis bis hin zum Ausschlussprinzip.

---

[73] Vgl. Nohlen, Dieter: Lexikon der Politik, S. 694.

3. Zivilgesellschaftliche Aspekte in der sowjetischen Historie

Der Umgang mit der russischen Zivilgesellschaft seitens des Kremls kann nicht unabhängig von verschiedenen Entwicklungen in der russischen Historie betrachtet und analysiert werden. So ist eine Einordnung der russischen Historie in den Kontext von Zivilgesellschaft unabdingbar, um eine Ausgangsposition vollständig zu skizzieren und die Ansichten des Kremls unter der Einbeziehung verschiedener gewachsener Perspektiven zu verstehen.

Wann setzt man aber den Anfang der historischen Analyse? Im Sinne eines direkten und indirekten Einflusses der letzten vier Generationen auf das aktuelle russische Meinungsbild lassen sich die gesuchten Determinanten (Voraussetzungen, Zusammensetzung und Bedeutung/Wirkung von Zivilgesellschaft) bis in die Zeit des Stalinismus nachvollziehen.

Die Entwicklungen im Zarenreich sowie die Veränderungen im Zeichen der Oktoberrevolution werden in dieser Arbeit nicht weiter untersucht, da dies den Rahmen der Arbeit übersteigen würde. Damit soll nicht ihr Einfluss auf die heutige russische Gesellschaft negiert werden, doch deckt der gesteckte historische Zeitrahmen mit fast neunzig Jahren die beeinflussenden Entwicklungen in Russland genügend ab, um ein hinreichendes Bild der Ausgangsposition zu zeichnen.

3.1. Zivilgesellschaft im Stalinismus

Das politische und gesellschaftliche Klima in der stalinistischen Sowjetunion ist in aller erster Linie durch ihren totalitären Charakter geprägt. Der Totalitarismus als Herrschaftsform zeichnet sich durch den Anspruch aus, jedes gesellschaftliche Individuum zu erfassen, und legitimiert dies mit einer Ideologie, welche einen Absolutheitsanspruch geltend macht und durch einen Personenkult weiter forciert wird. Friedrich und Brzezinski bringen dies in der Aussage, dass die Theorie davon ausgeht,

„[...] dass das Wesen des Totalitarismus in der totalen Herrschaft eines solchen Regimes über das Alltagsleben seiner Bürger, vor allem aber in der Kontrolle sowohl ihrer Gedanken und Meinungen als auch ihrer Handlungen besteht",[74] auf den Punkt. Nach Friedrich und Brzezinski ist eine solche Staatscharakteristik durch die spezifische Kombination von sechs Merkmalen gegeben: einer offiziellen Ideologie, einer hierarchisch/oligarchisch aufgebauten Massenpartei, einer terroristischen Geheimpolizei und den Monopolen auf Waffen, Medien und Wirtschaft.[75] Georg Brunner konzentriert eine solche Totalitarismus-Definition auf drei grundlegend notwendige Bereiche. Dies ist zum einen eine „monistische Herrschaftsstruktur", nach welchem die Entscheidungsmacht in einem Herrschaftszentrum[76] konzentriert wird, des Weiteren ein „totaler Herrschaftsumfang", durch den die Notwendigkeit des Einflusses auf alle Sphären der Gesellschaft umgesetzt werden kann. Dieser impliziert die Aufhebung der Trennung von Staat und Gesellschaft, es folgt eine Aufhebung der Privatsphäre zu Gunsten der totalen Identität. Der dritte Bereich ist schließlich die „totale Herrschaftsausübung", der durch die Grenzenlosigkeit der Mittel gekennzeichnet ist, mit welchem die Herrschaft durchgesetzt und erhalten wird.

Diese Definition wendet Brunner auf den Stalinismus, aber auch auf die folgenden Epochen der Sowjetunion mit übereinstimmendem Ergebnis an.[77] Vor diesem Hintergrund des Totalitarismus ist die Existenz von zivilgesellschaftlichem Handeln oder Akteuren fast auszuschließen. Die zuvor ausgeführten Voraussetzungen einer Zivilgesellschaft, wie die Möglichkeit zu öffentlichem Diskurs ausgehend von einem pluralistischen

---

[74] Siehe: Friedrich, Carl Joachim und Brzezinski, Zbigniew: Die allgemeinen Merkmale der totalitären Diktatur. In: Jesse, Eckhard: Totalitarismus im 20. Jahrhundert. Eine Bilanz der internationalen Forschung, Baden-Baden 1999, S. 226.

[75] Vgl. Friedrich, Carl Joachim unter Mitarbeit von Brzezinski, Zbigniew: Totalitäre Diktatur, Stuttgart 1957, S. 56.

[76] Dies kann ein Diktator sein, aber auch eine Institution oligarchischen Charakters. Vgl. Brunner, Georg: Politische Soziologie der UdSSR, Wiesbaden 1977, S. 182 ff.

[77] Vgl. Brunner, Georg: Politische Soziologie der UdSSR, Wiesbaden 1977, S. 190 ff.

Meinungsbild, sind im stalinistischen Russland nicht nur nicht gegeben, sie werden mit repressiven Methoden verhindert. Zivilgesellschaft im Sinne eines öffentlichen Raumes der Meinungsbildung darf in einem totalitären Staat nicht existieren, gibt es ihn dennoch, kann nicht mehr uneingeschränkt von einem totalitären Staat die Rede sein.

Hannah Arendt geht einen Schritt weiter in ihrer Definition des Totalitarismus. Totalitarismus hat in ihrem Verständnis immer einen Weltherrschaftsanspruch, d. h. eine totalitäre Bewegung hat ihr Ziel erst verwirklicht, wenn die ganze Erde unter totalitärer Herrschaft steht, da erst in diesem Stadium davon ausgegangen werden kann, dass selbst das einzelne Individuum absolut und total beherrscht werden kann.[78] Die Unterwerfung eines Staates ist in diesem Kontext folglich nur ein „Zwischenschritt". Daraus ergebe sich ein Paradoxon in der Aufgabe totalitärer Machthaber. Auf der einen Seite müsse die ideologisch fiktive Welt im nationalstaatlichen Kontext sich als handfeste Wirklichkeit etablieren, da sie sich im Alltag zu bewähren habe, um diesen dann in seiner Gänze zu beherrschen. Auf der anderen Seite müsse eine Stabilisierung der „neuen revolutionären" Welt im Alltag verhindert werden, da sonst der Charakter der Bewegung verloren gehen und sich die totale Bewegung somit selbst vernichten würde. Sie würde im Zustand der Stagnation ihren Inhalt bezüglich der Absicht der Weltherrschaft aufgeben.[79] Arendt sieht in diesem Sinne eine ständige Erneuerung der totalitären Herrschaft ähnlich dem Prinzip von Trotzkis „permanenter Revolution" für unabdingbar.[80] In diesem Widerspruch muss auch Stalins „Sozialismus in einem Lande" verstanden werden, auf den ich im nächsten Kapitel eingehen werde, da dieser zur Fixierung des Alltags genutzt wird, obwohl er die internationale Dimension der Ideologie negiert.

Hannah Arendt setzt die Ideologie darüber hinaus noch in die Kontexte der Propaganda im Verhältnis zur Indoktrination und stellt das Mittel des Terrors ins Zentrum. So sei die Propa-

---

[78] Vgl. Arendt, Hannah: Elemente und Ursprünge totaler Herrschaft. Antisemitismus, Imperialismus, totale Herrschaft, 10. Auflage, München 2005, S. 821.
[79] Vgl. Arendt, Hannah: Elemente und Ursprünge totaler Herrschaft, S. 819.
[80] Ebenda.

ganda ein elementarer Bestandteil der „psychologischen Kriegs-
führung", gerade auf dem Weg zur Machtergreifung, wenn eine
zuverlässige Beherrschung noch nicht möglich sei. Doch ist es
der Terror, der zur spezifischen totalen Regierungsform wird,
da dieser grundsätzlich wird, selbst wenn die psychologischen
Ziele längst erreicht sind. Dabei wird der Terror genutzt, die
Indoktrination zu verwirklichen, um eine vollkommen unter-
worfene Bevölkerung zu beherrschen. Der Terror richtet sich
dann gegen alle und nicht nur gegen diejenigen, die sich nicht
indoktrinieren lassen oder aus irgendeinem Grunde zur Indoktrination nicht zugelassen sind.[81] Der Stalinismus erfüllt in
dieser Hinsicht beide weitergehenden Definitionsmerkmale
Arendts und verdeutlicht die „Inkompatibilität" von Zivilgesellschaft und Totalitarismus.

Die Zeit des Stalinismus prägte die Sowjetunion noch über
Stalins Tod hinaus. So war Stalins Entwurf der Sowjetunion
jener, von dem es sich in der poststalinistischen Sowjetunion zu
entfernen oder den es zu bekennen galt. Der bereits zu Lebzei-
ten entstandene Personenkult legitimierte aufgrund der zumindest partiellen Zustimmung der sowjetischen Bevölkerung – im
poststalinistischen Sinne nicht zuletzt ausgehend vom Sieg des
Zweiten Weltkrieges – den Absolutheitsanspruch Stalins und
war eine Grundlage im Umgang mit der Kritik an der Aufrechterhaltung der Kriegswirtschaft und der damit verbundenen weiterhin hohen Arbeitsdisziplin[82] sowie des hohen Repressions-
grades. In den folgenden Kapiteln wird die systematische Verfolgung und Vernichtung von bestimmten Bevölkerungsgruppen – wie Kulaken und Juden – nur am Rande bearbeitet, da der
Fokus dieses Teils der Arbeit auf den Möglichkeiten der Zivilgesellschaft liegt, was wiederum die Verfolgungen unter Stalin
nicht in irgendeiner Weise relativieren soll.

---

[81] Vgl. Arendt, Hannah: Elemente und Ursprünge totaler Herrschaft, S. 727 ff.
[82] Vgl. Saslawskaja, Tatjana: Die Gorbatschow-Strategie. Wirtschafts- und
Sozialpolitik in der UdSSR, Wien 1989, S. 40.

3.1.1. Historischer Hintergrund des Stalinismus

Gilt es den historischen Kontext der Sowjetunion Stalins zu erfassen, kann auf eine Skizze des Aufstiegs Stalins nicht verzichtet werden. Der Stalinismus ist als totalitärer Staatsentwurf untrennbar mit dem Personenkult um Josef Wissarionowitsch Stalin verbunden. Die Entstehung der Machtkonzentration sowie die Entwicklung hin zum Personenkult ist daher von zentraler Bedeutung, um den Stalinismus in seiner historischen Bedeutung einzuordnen und darüber hinaus ein Abbild der sowjetischen Gesellschaft aufzuzeigen, welches den Hintergrund schafft, um die Möglichkeiten von Zivilgesellschaft für diesen Zeitraum beurteilen zu können.

Stalins Aufstieg zum Führer der Sowjetunion kann nicht auf ein Datum oder ein Ereignis festgelegt werden. So sind sicherlich der Posten des Generalsekretärs des Zentralkomitees der Partei und die Mitgliedschaft in Politbüro und Organisationsbüro als eine institutionelle Grundlage für die spätere Alleinherrschaft zu sehen.[83] Doch heißt dies nicht, dass Stalin mit diesen Ämtern bereits als offizieller Nachfolger Lenins gesehen werden kann. Lenins Nachfolge ist vor allem am Posten des Vorsitzenden des Rates der Volkskommissare festzumachen, welcher durch Alexei Rykow nach Lenins Tod besetzt wurde. Als eine weitere Grundlage der stalinistischen Herrschaft ist das Mittel des Fraktionsverbotes vom 10. Parteitag zu sehen, welches Stalin im Laufe der zwanziger Jahre immer wieder gegenüber oppositionellen Kräften nutzte, indem er ihnen Fraktionsbildung und Verstöße gegen die Leninschen Grundsätze vorwarf.[84] Auf diese Art und Weise versuchte Stalin seine Kontrahenten als Revolutionsverräter zu diffamieren und sich selbst als legitimen Nachfolger der Revolution zu inszenieren. Stalin stellte in dieser Konstellation einen sogenannten Mittelblock, der zwischen Trotzki und Bucharin bestehen sollte. Trotzki vertrat dabei weiterhin die Idee des proletarischen Internationalismus. Diesen

---

[83] Das Sekretariat ernennt und evaluiert die politischen Posten. Vgl. Plaggenborg, Stefan: Der Aufstieg Stalins bis 1928/29. In: Peter, Antonio und Maier, Robert: Die Sowjetunion im Zeichen des Stalinismus, Köln 1991, S. 54.
[84] Vgl. Plaggenborg, Stefan: Der Aufstieg Stalins bis 1928/29, S. 49, 50.

„linken Kräften" gegenüber stellte Stalin seine Idee des „Sozialismus in einem Lande", welche auch den bildungsferneren Schichten besser zu vermitteln war.[85] So verstand es Stalin, sich als ein Mann des Volkes zu inszenieren und einen Anti-Intellektualismus salonfähig zu machen, durch den es ihm gelang, ein wesentlich ausgeprägteres Anknüpfungspotential zu initiieren, als es den Gefolgschaften um Trotzki oder Bucharin je gelingen konnte.[86] Gerade die von Trotzki vertretenen Positionen waren für das „einfache" (Arbeiter-)Volk oft nicht zu verstehen, was Stalin nutzte, um Trotzki und seine Anhänger als abgehoben und volksfern darzustellen. In diesem Sinne gelang es Stalin sogar, seine späteren Kontrahenten um Bucharin einzuspannen,[87] mit denen es Stalin letztendlich gelang, Trotzki 1929 ins Exil zu verbannen.[88] Nach Kamenew ging Stalin dabei vor wie „Dschingis Khan [der] darauf wartet, daß wir eine Diskussion beginnen, um uns dann die Hälse abzuschneiden".[89] Auf diese Weise gelang es Stalin, seinen Mittelblock einfach zugänglich zu gestalten. Unter dieser Prämisse ist auch das sogenannte Lenin-Aufgebot aus dem Jahr 1924 zu deuten: Hierbei handelte es sich um den Massenzulauf in die Partei von Seiten einer beeinflussbaren Menge, die Stalin vielleicht sogar von Anfang an loyal gesonnen war, ganz sicher aber Ende der zwanziger Jahre große Teile seiner loyalen Basis stellte.[90]

Stalin schaffte es also, sich eine institutionelle Grundlage in Verbindung mit einer ideologischen Gefolgschaft in der Partei, aber auch der Gesellschaft zu schaffen, die er im Laufe der zweiten Hälfte der zwanziger Jahre insofern instrumentalisieren konnte, Abtrünnige entgegen seiner marxistisch-leninistischen Generallinie aus dem politischen Prozess zu entfernen.[91] Dabei stilisierte sich Stalin zu einem neuen Revolutionär und konnte

---

[85] Vgl. Ennker, Benno: Politische Herrschaft und Stalinkult 1929–1939. In: Plaggenborg, Stefan: Stalinismus. Neue Forschungen und Konzepte, Berlin 1998, S. 153.
[86] Vgl. Plaggenborg, Stefan: Der Aufstieg Stalins bis 1928/29, S. 60.
[87] Vgl. Plaggenborg, Stefan: Der Aufstieg Stalins bis 1928/29, S. 49.
[88] Vgl. Carr, Edward Hallet: Die Russische Revolution. Lenin und Stalin 1917–1929, Stuttgart 1980, S. 158.
[89] Siehe: Carr, Edward Hallet: Die Russische Revolution, S. 159.
[90] Vgl. Plaggenborg, Stefan: Der Aufstieg Stalins bis 1928/29, S. 55 ff.
[91] Ebenda.

damit Teile der Bevölkerung, insbesondere der Jugend, hinter sich vereinen. Somit schaffte sich Stalin eine Basis, aufgrund derer es ihm möglich war, sein gewaltsames Vorgehen gegen sogenannte Volksfeinde zu legitimieren,[92] was z. B. zum Ausschluss der Kulaken vom Wahlrecht führte, der bereits im Jahr 1927 durchgesetzt wurde.[93] Gleiches gilt für die Forcierung der Industrialisierung und damit der gleichzeitigen Kollektivierung der Landwirtschaft, die Stalin ebenfalls vor 1929 begonnen hatte. An dieser Stelle ergab sich schließlich auch der Konflikt mit Bucharin, Rykow und Tomski, welche die Forcierung der Industrialisierung kritisierten. Diese „rechte Opposition" zu Stalins Mittelblock verlor daraufhin ihre einflussreichen Posten und war somit ebenfalls nicht mehr in der Lage, Stalin Paroli bieten zu können.

Diese Entwicklungen bis 1929 erklären schließlich, wie es möglich war, dass Stalin seinen 50. Geburtstag erstmals in den Sphären eines Personenkultes inszenieren konnte. Er hatte eben nicht nur eine Verankerung in der Bevölkerung geschaffen, er hatte sich zusätzlich seiner politischen Gegner entledigt, welche in irgendeiner Art und Weise eine Alternative zu ihm und seiner Ideologie hätten darstellen können. Zwar ließ Stalin den Führerkult nach seinem 50. Geburtstag bis ins Jahr 1933 wieder ruhen, doch konnte Stalin ab diesem Zeitpunkt seine Vorstellungen von der Sowjetunion ohne inneren Widerstand umsetzen. So rief er im Dezember 1929 eigenmächtig zur Liquidierung der Kulaken als Klasse auf.[94]

Zu diesem Zeitpunkt kann bereits der totalitäre Charakter des Stalinismus festgemacht werden. Stalin hatte die Sowjetunion im Laufe der zwanziger Jahre seiner marxistisch-leninistischen Generallinie unterworfen. In den Institutionen waren die Wahlen den Ernennungen geopfert worden, die Wortfreiheit der Einschüchterung gewichen und der Wettbewerb der Ideen war durch die Herrschaft des Apparates ersetzt worden.[95]

---

[92] Vgl. Plaggenborg, Stefan: Der Aufstieg Stalins bis 1928/29, S. 60.

[93] Vgl. Ennker, Benno: Politische Herrschaft und Stalinkult 1929–1939, S. 372

[94] Vgl. Ennker, Benno: Politische Herrschaft und Stalinkult 1929–1939, S. 167.

[95] Vgl. Plaggenborg, Stefan: Der Aufstieg Stalins bis 1928/29, S. 57.

Dieser Apparat wiederum war durchsetzt mit den Getreuen Stalins. Stalin hatte sich zum Führer in die Zukunft stilisiert.

Es begannen die Entrechtung und Verfolgung bestimmter Klassen, vor allem der Bauern, aber auch jeglicher politischer Feinde. Stalin forcierte die Industrialisierung als Mittel, den Wettbewerb mit dem kapitalistischen Westen zu gewinnen. Die dreißiger Jahre standen dann unter diesem Einfluss des Terrors, den Stalin gegenüber seiner Bevölkerung als zu ihrem eigenen Wohle dienlich darstellte. Dabei wurde 1936 eine durchaus vorbildliche Verfassung ratifiziert, in der verschiedene Grundrechte formuliert wurden. In dieser Verfassung war die Unversehrtheit des Privaten (Art. 127, 128) und eine freiheitliche politische Kultur (Art. 125) verankert, doch war nicht nur die Umsetzung der theoretisch rechtlich gesicherten Freiheiten problematisch. So konnte auch in der Verfassung die Trennung der Gewalten in Frage gestellt (Art. 105 zu Art. 112) und darüber hinaus von der weiterführenden Gesetzgebung ausgehebelt werden, wie es am Beispiel des Gesetzes zur Verurteilung der Konterrevolutionäre und Terroristen festgemacht werden kann und sich weiterhin in den Moskauer Prozessen zeigte. Nach diesem Gesetz war es schließlich im rechtlichen Rahmen legitim, Menschen unter Ausschluss der Öffentlichkeit und binnen 10 Tagen zu verurteilen, was schließlich gegen sog. Volksfeinde ein elementares Instrument darstellte.[96]

Dieses Gesetz wurde im Kontext des Mordes an Sergei Kirow ratifiziert und sollte offiziell im Kampf gegen die „Konterrevolutionäre" und „Terroristen" dienen, die hinter diesem Mord gesteckt haben sollen. Faktisch war dieses Gesetz letztendlich eine Grundlage für die Stalinschen Säuberungen in der zweiten Hälfte der dreißiger Jahre. Dies in Kombination mit der effektiven Zensur Moskaus,[97] der manipulierten Justiz sowie des stalinistischen Personenkultes verdeutlicht die totalitäre Struktur des stalinistischen Russlands.

Stalins Autorität erreichte durch den Stolz über den gewonnenen Zweiten Weltkrieg schließlich einen fast grenzenlosen

---

[96] Vgl. Wehner, Markus: Stalinismus und Terror. In: Plaggenborg, Stefan: Stalinismus. Neue Forschungen und Konzepte, Berlin 1998, S. 379.
[97] Vgl. Carr, Edward Hallet: Die Russische Revolution, S. 163.

Status.[98] So war es ihm möglich, die im Kontext des Zweiten Weltkriegs etablierte „Kriegsdisziplin" auch nach 1945 aufrechtzuerhalten. Dies bedeutete für die Bevölkerung extrem lange Arbeitszeiten von 48 Std. in einer Sechstagewoche, und in der Praxis wurde diese oft noch überschritten.[99] Grund der Aufrechterhaltung der Kriegsdisziplin sollte ein schneller wirtschaftlicher Wiederaufbau sein, der allerdings zu Lasten der Bevölkerung vorangetrieben wurde, welche in einem äußerst niedrigen Lebensstandard verharrte. Die Bevölkerung trug die Maßnahmen auf der einen Seite durch die Akzeptanz des notwendigen Wiederaufbaus und auf der anderen Seite aufgrund der Angst vor Bestrafung beim Abweichen von vorgeschriebenen Normen.[100] Zwei Jahre nach Kriegsende wurde eine Währungsreform vollzogen, in deren Zuge die Lebensmittelkarten abgeschafft wurden. Dies führte zwar durchaus zu einer Erhöhung der Preise, die neue Flexibilität bezüglich der Mengen und Sorten im Einkauf wurde von der Bevölkerung jedoch positiv angenommen und die mehrfach in den späteren Jahren folgenden Preissenkungen wie ein Geschenk empfunden.[101]

Es ist also festzuhalten, dass die Zeit des Stalinismus in Russland davon geprägt war, jegliche politische Oppositionen zu entfernen und darüber hinaus einen personellen und ideologischen Rahmen zu schaffen, der in seiner Legitimität als unantastbar geschützt wurde. Dies wurde zum Teil unter Einverständnis bestimmter Bevölkerungsgruppen erreicht, aber vor allem durch einen repressiven Apparat etabliert und aufrechterhalten. Dabei war neben der subjektiven Machtsicherung die wirtschaftliche Konkurrenzfähigkeit gegenüber dem Westen eine der Motivationen für das Handeln Stalins.

---

[98] Vgl. Saslawskaja, Tatjana: Die Gorbatschow-Strategie, S. 39.
[99] Vgl. Saslawskaja, Tatjana: Die Gorbatschow-Strategie, S. 40.
[100] Ebenda.
[101] Vgl. Saslawskaja, Tatjana: Die Gorbatschow-Strategie, S. 42 f.

3.1.2. Ansätze von Zivilgesellschaft im Stalinismus

Inwiefern kann im stalinistischen Russland von zivilgesell-schaftlichen Ansätzen gesprochen werden? Zunächst ist festzu-stellen, dass die notwendigen Voraussetzungen minimal bis gar nicht in der Zeit des Stalinismus wiederzufinden sind. Neben dem Ausschlussprinzip durch den spätestens in den dreißiger Jahren etablierten Totalitarismus als elementaren „Gegenent-wurf" zur Demokratie ist primär der Umgang mit parteilicher und gesellschaftlicher Opposition ein grundlegendes Merkmal, durch welches eine zivilgesellschaftliche Ebene unterdrückt und zur sukzessiven Etablierung des stalinschen Totalitarismus be-wusst in seiner Grundkonstitution verhindert wurde. Die stali-nistische Generallinie eines marxistisch-leninistischen Ideolo-giekonstruktes bildete dabei den Parameter für die Definition der erlaubten Meinung. Die Abweichung von dieser Generalli-nie wurde im Stalinismus durch einen repressiven Umgang – wie die Zensur, Parteiausschluss und juristische Verfolgung – verhindert.

Es kann folglich nicht die Rede von einem freien politischen Meinungs- und Willensbildungsprozess sein. Auch ist im Kon-text dieser repressiven Rahmenbedingungen zivilgesellschaftli-ches Handeln im Sinne der Identifikation von Machtdiskrepan-zen undenkbar, da ein solches Handeln unter Strafe gestellt werden konnte, wovon auch Gebrauch gemacht wurde. Unter dem Vorwurf „bourgeoiser Einflüsse" war die Gedankenfreiheit abseits von den Dogmen und Traditionen eingeschränkt, und abweichendes Verhalten wurde strengstens bekämpft. Dies ging u. a. soweit, dass auch der „normale" Wissenschaftsbereich seine Forschung nicht frei erfüllen konnte, da insbesondere in den Bereichen der Parteigeschichte, der Philosophie und der Politökonomie jegliche Forschung als provokantes Verhalten eingestuft wurde und zum Ausschluss aus der Hochschule oder zu Inhaftierung führen konnte.[102]

---

[102] Vgl. Saslawskaja, Tatjana: Die Gorbatschow-Strategie, S. 43 f. / Meissner, Boris: Die Sowjetunion im Umbruch: Historische Hintergründe, Ziele und Grenzen der Reformpolitik, Stuttgart 1988, S. 76 ff.

So wurde zwar 1936 eine Verfassung verabschiedet, die gewisse Grundrechte garantieren sollte, doch wurden diese durch die politische Praxis sowie durch weiterführendes Recht ausgehebelt; diese Verfassung war somit von keiner grundlegenden Bedeutung. Es kann also im stalinistischen Russland nicht von einem freien politischen Klima die Rede sein. Auch ist die Existenz einer Intelligenzija als Katalysator für eine Zivilgesellschaft im Sinne der Übersetzung zur staatlichen Ebene notwendig; Stalin jedoch verhinderte eine kritisch denkende Intelligenzija nicht nur, er diffamierte und entfernte zudem insbesondere die trotzkistischen Kritiker und etablierte eine Stimmung des Anti-Intellektualismus in weiten Teilen der Gesellschaft. So findet sich auch in der russischen Literatur das stalinistische Alltagsklima wieder und verdeutlicht die Wirkung totalitaristischer Verhältnisse. Jurij Bondarew beschreibt in seinem Roman „Vergiss wer du bist" ein Gespräch eines Sohnes mit seinem Vater, nachdem dieser dem linientreuen Bykow keine Paroli geboten hatte: „Nun sag mir einmal, du alter Kommunist – eigentlich bist du ja noch vielmehr, nämlich ein alter Tschekist: Warum duldest du Bykow? Glaubst du etwa, daß wir alle Knülche schmieren müssen, [...] nur damit sie uns Frieden lassen und das Maul halten? Lächeln wir ihnen zu, schweigen wir, grüßen wir sie, obgleich wir alles wissen?"[103] – und verdeutlicht damit die nicht vorhandene (öffentliche) Infragestellung der stalinistischen Generallinie.

In der ökonomischen Dimension der Stalinschen Sowjetunion sind weitere Hemmnisse für zivilgesellschaftliche Strukturen zu erkennen. So ermöglicht der staatlich gesteuerte Alltag im Rahmen der hohen Arbeitsdisziplin kaum bis keine Möglichkeiten für das russische Individuum, überhaupt Freizeit zu haben bzw. zu nutzen, um sich weitergehend kritisch mit seiner Umwelt auseinandersetzen zu können. Somit erfüllt er die Definition einer staatlich forcierten Opression, wie sie Young gegenüber ökonomischen Akteuren festgemacht hat. Da dies auch nicht „stellvertretend" durch eine Intelligenzija getan werden konnte, aus der der Bürger hätte schöpfen können, und da in Verbindung mit einem niedrigen Lebensstandard der Fokus auf dem Überleben lag, kann davon ausgegangen werden, dass eine

---

[103] Siehe: Bondarew, Jurij: Vergiss wer du bist, München 1962, S. 112.

Public Sphere im Sinne eines freien kommunikativen Raumes quasi nicht existent war. In diesem Zusammenhang stehen auch die kontrollierten Informationsmöglichkeiten sowie jegliche Zensur des stalinistischen Staatsapparates.[104]

Zusätzlich ist eine fortschreitende soziale Ungleichheit zu attestieren, durch welche sich deutliche Klassen zueinander abgrenzten. So ist den Nachkriegsjahren die bereits vorhandene gesellschaftliche Elite weiter ausgeprägt worden und die Abhebung zum Rest der Gesellschaft stark angewachsen, so dass bei weitem nicht von einer klassenlosen Gesellschaft mit annähernd verteilter Macht gesprochen werden kann, sondern von einer gesellschaftlichen wie auch institutionellen Machtkonzentration auszugehen ist.[105]

In einer Atmosphäre der absoluten Kontrolle sowie der Aufhebung des Privaten konnte sich in der stalinistischen Sowjetunion keine Zivilgesellschaft etablieren. War es in den zwanziger Jahren noch möglich, innerhalb der Partei eine Gegenposition zu stellen, so ist es spätestens in den dreißiger Jahren im Zuge der Liquidierung der politischen Gegner Stalins unmöglich geworden, ohne Risiko für das eigene Leben eine staats- oder stalinkritische Linie im politischen oder gesellschaftlichen Alltag zu vertreten. In diesem Kontext wird möglicherweise die bekämpfte politische Gegnerschaft der ausgehenden zwanziger Jahre noch von der Widerstandsdefinition erfasst, die dann fortschreitend nur noch auf die Opfer des stalinistischen Terrors anzuwenden ist. Dieses totalitäre Herrschaftsgefüge negiert die Existenz der Voraussetzungen für Zivilgesellschaft. Somit war bereits der Raum für zivilgesellschaftliches Denken auf ein Minimum reduziert, so dass ein öffentlicher Diskurs undenkbar und zivilgesellschaftliches Handeln damit ohnehin ausgeschlossen war.

---

[104] Vgl. Saslawskaja, Tatjana: Die Gorbatschow-Strategie, S. 43.
[105] Vgl. Saslawskaja, Tatjana: Die Gorbatschow-Strategie, S. 42.

3.2. Zivilgesellschaft unter Chruschtschow

Stalins Tod im Jahre 1953 hinterließ ein Machtvakuum. Dieses Machtvakuum wurde letztendlich von Nikita Sergejewitsch Chruschtschow genutzt. Die Ära unter Chruschtschow ist primär durch die Auseinandersetzung mit der stalinistischen Ära und von der Entwicklung der Personalkonstellationen bzgl. der Vorherrschaft im Kreml gekennzeichnet. Chruschtschow betrieb zunächst eine „stille Entstalinisierung", die schließlich durch seine „Geheimrede" auf dem XX. Parteitag ein Gesicht und vor allem eine offizielle Öffentlichkeit bekam. Die Entstalinisierung unter Chruschtschow war geprägt durch die Reduktion des Repressionsapparates, eine Entschärfung der juristischen Willkür sowie eine Neuausrichtung der vorhandenen Machtstrukturen. Dies, in Kombination mit der Aufarbeitung des Stalinschen Personenkultes und seiner Verbrechen, lockerte dass um die Gesellschaft geschnürte Joch der sowjetischen Herrschaftsstrukturen.

Man spricht von der sog. „Tauwetterperiode", die in puncto gesellschaftlicher und individueller Freiheiten durch den Terminus der „Redefreiheit in der Küche" am klarsten veranschaulicht werden kann.[106] Diese „Redefreiheit in der Küche" zeigt die partielle Abkehr von repressiven Methoden im Verbund mit immer noch eingeschränkten Diskursmöglichkeiten und die Öffnung gegenüber dem kapitalistischen Ausland[107] genauso wie den grundlegenden Erhalt der totalitären Ausrichtung, da von öffentlicher Meinungsbildung nach wie vor nicht die Rede sein konnte. Zwar wird mit der alten Willkür Stalins z. T. aufgeräumt, und dies sicherlich auch gegen innere Widerstände, doch bleibt die Herrschaftsstruktur der Sowjetunion auch unter Chruschtschow eine (tendenziell) totalitäre Diktatur.[108] Die Zivilgesellschaft kann in dieser (Tauwetter-)Periode allerdings ihren ersten Atemzug nehmen. So wurden zum einen viele der Repressionsopfer der Stalinvergangenheit rehabilitiert, die

---

[106] Vgl. Beichelt, Timm und Kraatz, Susanne: Zivilgesellschaft und Systemwechsel in Rußland, S. 118.
[107] Vgl. Saslawskaja, Tatjana: Die Gorbatschow-Strategie, S. 50.
[108] Vgl. Brunner, Georg: Politische Soziologie der UdSSR, S. 190 ff.

Angst vor Bestrafung sank. Zum anderen wuchs die Wirtschaft und damit einhergehend auch die Wohlfahrt, so dass sich bezüglich der Voraussetzungen für Zivilgesellschaft durchaus eine neue Ausgangssituation ergab. Diese zeigte sich gerade in den literarischen Sphären der schöpferischen Intelligenzija, die erstmals nach Stalin wieder den Mut zu kritischen Artikeln und anderen Werken hatte.[109]

Tatjana Saslawskaja, eine Vertreterin der damaligen Intelligenzija, beschreibt die Tauwetterperiode als „eine Zeit der Belebung und Demokratisierung der sowjetischen Gesellschaft, die mit wirtschaftlichen Erfolgen, aktiver Sozialpolitik und erweiterter Gedankenfreiheit einherging."[110] Sie attestiert der chruschtschowschen Sowjetunion im gleichen Zuge aber auch eine mangelnde Konsequenz und damit verbundene Rückschläge.[111] Im folgenden Kapitel sollen nun die historische Entwicklung und ihre Konsequenzen skizziert werden um im Anschluss auf dieser Grundlage die Möglichkeiten für Zivilgesellschaft einordnen zu können.

3.2.1. Historischer Hintergrund der Chruschtschow-Ära

Der Charakter der Ära Chruschtschow zeichnet sich primär durch die Entstalinisierung aus. Um diese zu „initiieren", musste Chruschtschow zunächst seine Position innerhalb der sowjetischen Machtstrukturen festigen.

Das Machtvakuum nach dem Tode Josef Stalins stellte für Chruschtschow Chance wie auch Risiko zugleich dar. Sein wichtigster Gegenspieler war, neben dem Ministerratsvorsitzenden[112] Georgi Malenkow, der Leiter des Ministeriums für Staatssicherheit Lawrenti Berija. Berija konnte nach der Zusammenlegung von Innenministerium und Staatssicherheit den Vorsitz behaupten und aufgrund dieser Position auf wichtige

---

[109] Vgl. Medwedew, Roy: Chruschtschow. Eine politische Biographie, Stuttgart, Herford 1984, S. 173.
[110] Siehe: Saslawskaja, Tatjana: Die Gorbatschow-Strategie, S. 56.
[111] Vgl. Saslawskaja, Tatjana: Die Gorbatschow-Strategie, S. 56.
[112] Der Posten, der sich unter Stalin zur wichtigsten Position entwickelt hatte.

Ressourcen für den Machtkampf um die Führung der Sowjetunion zurückgreifen.[113] Unter der „Führung" Malenkows ergab sich das erste Triumvirat bestehend aus Malenkow, Berija und Molotow, der durch seine Aufgabe als Außenminister allerdings bezüglich der innenpolitischen Hierarchie nicht genügend relevant war, so dass Chruschtschow als Sekretär des Zentralkomitees der dritte Part innerhalb des ersten Triumvirates zugeschrieben wurde.[114] Die Bedeutung des in der Folge von Stalins Tod entstandenen Machtvakuums wurde von Chruschtschow bereits früh erkannt und daher stellte er die Weichen zum kommenden Machtkampf vor seinen Gegenspielern. Im Fokus stand dabei für Chruschtschow die Entmachtung Berijas, der seinerseits eine Verschwörung zur Machtergreifung plante.

Im Juli 1953 ließ Chruschtschow Berija während einer Sitzung des ZK- und Ministerpräsidiums verhaften. Diese Verhaftung gelang Chruschtschow jedoch nur vor dem Hintergrund, Malenkow auf seiner Seite gewusst zu haben, der Berijas Absichten zu Ungunsten seiner verstand und somit Chruschtschow seine Unterstützung zusicherte. Die Argumentation, die der Verhaftung Berijas zu Grunde lag, war der Vorwurf des Verrates an Staat und Partei. Berija habe das Innenministerium über Regierung und KPdSU stellen wollen. Dieser Vorwurf war insofern begründet, als Berija durchaus im Sinne seiner geplanten Machtergreifung die Machtzentren innerhalb der sowjetischen Institutionen verschieben wollte und musste. Dabei wurde ihm zusätzlich noch die Unterwanderung sowjetischer Souveränität im Auftrag des ausländischen Kapitals unterstellt.[115]

Berijas Verhandlung wurde auf der Grundlage des 1934er Gesetzes zur Verurteilung von Konterrevolutionären und Terroristen vollzogen. Dieses später unter Chruschtschow abgeschaffte Gesetz wurde für Berija herangezogen, um die Aufarbeitung der Verbrechen Berijas kurz halten zu können. Berija wurde in der Verhandlung nur ein Teil seiner Verbrechen, die er im Stalinismus zu verantworten hatte, vorgeworfen, da sich viele der ZK–Präsidiumsmitglieder nicht von einer (Mit-)

---

[113] Vgl. Medwedew, Roy: Chruschtschow. Eine politische Biographie, S. 90.
[114] Ebenda.
[115] Vgl. Medwedew, Roy: Chruschtschow. Eine politische Biographie, S. 94 ff.

Schuld hätten freimachen können und daher eine allzu große Aufmerksamkeit verhindern wollten.[116] Berija wurde schließlich zum Tode mit unverzüglicher Vollstreckung verurteilt. Im Zuge der Urteilsvollstreckung Berijas stellte sich eine Welle von Rehabilitierungsforderungen bezüglich der Opfer Berijas ein. Insbesondere bezogen sich diese Forderungen auf die „Leningrader Affäre"[117], in deren Aufarbeitung mindestens zweitausend hohe Leningrader Funktionäre z. T. postum rehabilitiert wurden. Dies war der vorläufige Höhepunkt der Rehabilitierungen der Opfer des stalinistischen Terrors, die bereits zuvor eingeleitet wurden, aber bis dato einen selektiven und behutsamen Charakter innegehabt hatten.[118]

Folgend aus dem Sturz Berijas entstand das zweite Triumvirat, bestehend aus Malenkow, Bulganin und Chruschtschow, in welchem sich die Machtverhältnisse klar zu Gunsten Chruschtschows verschoben hatte. Dies ist primär auf die geschwächte Position Malenkows zurückzuführen, der im Laufe des Prozesses gegen Berija von diesem für seine Verbrechen mitverantwortlich gemacht wurde, was in gewissen Kontexten wie z. B. der Leningrader Affäre auch nicht von der Hand zu weisen war.[119] Durch die Konstellation des zweiten Triumvirates war der innere Machtkampf vorerst beendet, Chruschtschow hatte sich gegenüber Malenkow eine Führungsrolle sichern können und Bulganin war von Anfang an einer der Getreuen Chruschtschows. Man widmete sich schließlich den Krisen des Landes, die sich in puncto Wohnraum und Landwirtschaft ergeben hatten. In der Landwirtschaft hatte sich eine Unterversorgung mit Getreide entwickelt und in den Städten kam es zu einer Wohnraumknappheit. So wurde von Malenkow eine Wirtschaftsreform auf den Weg gebracht, welche vor allem bezüglich der Landwirtschaftskrise und ihrer Konsequenzen wirken

---

[116] Vgl. Medwedew, Roy: Chruschtschow. Eine politische Biographie, S. 104.
[117] Vgl. Jastram, Carl-Günther Wilhelm: Die „Leningrader Affäre". Ein Beitrag zur Säuberungspraxis in der UdSSR 1949 bis 1953. Hamburg 2011. http://ediss.sub.uni-hamburg.de/volltexte/2012/5484/pdf/Dissertation.pdf, zugegriffen am 03.02.2012.
[118] Vgl. Medwedew, Roy: Chruschtschow. Eine politische Biographie, S. 102 f.
[119] Vgl. Medwedew, Roy: Chruschtschow. Eine politische Biographie, S. 98 ff.

sollte. Man erhöhte die Kapitalinvestitionen sowie die staatlichen Ankaufpreise für die gängigsten Grundnahrungsmittel. Auf diese Weise sollte die Handlungsfähigkeit der Bauern wiederhergestellt werden.

Dies wurde weiterhin dadurch unterstützt, dass eine Abschreibung der bäuerlichen Schulden ermöglicht wurde und die Steuern für staatlichen Boden halbiert wurden.[120] Der Umgang mit dem ökonomischen Erbe des Stalinismus war eine Seite des neuen sowjetischen Handelns, eine andere Seite war die Umstrukturierung des Stalinschen Machtapparates. Diese Umstrukturierung ging zu Lasten des Innenministeriums sowie des KGBs. Diesen Institutionen wurden nicht nur die Vollstreckungsgewalten größtenteils entzogen, sie wurden zusätzlich noch einer Kontrolle der Staatsanwaltschaften unterstellt.[121] Für die Rechtsorgane entsprach das einem Bedeutungsgewinn, da sie sich von KGB und Innenministerium loslösen konnten. Da die Rechtsorgane allerdings weiterhin auf die Parteiinstanzen angewiesen waren, kann dennoch keine Unabhängigkeit der Justiz attestiert werden. Die „Entmachtung" von Innenministerium und KGB kann auch nicht als reiner Demokratisierungsakt Chruschtschows eingeordnet werden, da seine Motive, die starken Institutionen des Stalinismus zu entschärfen, sicherlich auch auf eigenes Machtkalkül zurückzuführen waren. Eine Tendenz hin zu Machtaufteilung und gegenseitiger Kontrolle kann wiederum ebenso wenig negiert werden. Sie zeigte sich etwa auch in der Abschaffung der Sonderausschüsse, welche als außergerichtliche Organe bis dato urteilsbefugt waren.[122]

Diese Maßnahmen können sicherlich bereits in den Rahmen der Entstalinisierung eingeordnet werden, da es sich um die Aushebelung der alten Grundpfeiler der Stalinschen Herrschaft handelte. Deutlich wurde dies mit einer weiteren Auflösung, die der Sonderabteilungen des KGB. Diese Sonderabteilungen waren unter Stalin diejenige Institution, die die „Zuverlässigkeit" der sowjetischen Bürger kontrollieren sollte, also die Einhaltung der stalinistischen Generallinie innerhalb der Gesellschaft über-

---

[120] Ebenda.
[121] Vgl. Medwedew, Roy: Chruschtschow. Eine politische Biographie, S. 106 ff.
[122] Ebenda.

prüfte, und somit eine Grundlage des Stalinschen Totalitarismus war.[123] In diesem Klima von Rehabilitierungen und Reduktion der Repression kam es dann auch zu einer Wiederauflebung von Organisationen als demokratischen Faktoren, wie z. B. mit der Tagung der zweiten Konferenz sowjetischer Schriftsteller und der neuen Leitung des Schriftstellerverbandes.[124] Die „endgültige" Manifestation dieses Klimas ergab sich schließlich durch den XX. Parteitag.

Dem XX. Parteitag der KPdSU kommt insofern eine immense Bedeutung zu, als Chruschtschow auf diesem Parteitag die aktuellen und vergangenen Probleme der Sowjetunion konkret ansprach. Die Ausgangslage bezüglich des XX. Parteitages war das dritte Triumvirat, welches sich durch den Rücktritt Malenkows ergeben hatte. Malenkow nahm einen erheblichen Teil der Verantwortung für die Landwirtschaftskrise auf sich und trat aufgrund dessen als Vorsitzender des Ministerrates zurück, verblieb allerdings als Minister für Kraftwerke und stellvertretender Vorsitzender des Ministerrates im Präsidium des Zentralkomitees. Sein Nachfolger wurde Bulganin, und das dritte Triumvirat wurde durch Georgi Schukow ergänzt, der bereits bei der Festnahme Berijas eine tragende Rolle gespielt hatte.[125] Der XX. Parteitag war der erste nach dem Tod Josef Stalins und wurde bis auf ein Eingangsandenken ohne die Erwähnung Stalins vollzogen. Zunächst wurde die Entwicklung der Sowjetunion rekapituliert, dabei wurde auf den verstärkten Wohnungsbau sowie die Steigerungen der landwirtschaftlichen Produktion eingegangen. In diesem Kontext konzentrierte man sich darauf, die Bewältigung der Krisen herauszustellen, und ging weniger bis gar nicht auf die Ursachen dieser Problematiken ein, d. h. auch in diesem Zusammenhang fand Stalins Name keine Erwähnung. Weitere thematische Schwerpunkte waren die Zerschlagung der Berija-Bande und die Kontrolle von Innenministerium und KGB. Chruschtschow wollte es dabei allerdings nicht belassen und drängte auf eine Aufarbeitung des Stalinschen Personenkultes.

---

[123] Ebenda.
[124] Vgl. Medwedew, Roy: Chruschtschow. Eine politische Biographie, S. 108.
[125] Vgl. Medwedew, Roy: Chruschtschow. Eine politische Biographie, S. 95.

Sein Rechenschaftsbericht im Namen des Zentralkomitees blieb wie erwähnt frei von Anklagen gegen den stalinistischen Machtapparat, Chruschtschow jedoch wollte sich von seinem Vorhaben nicht abbringen lassen und wollte die Thematik als „einfacher" Delegierter einbringen. Dieses Vorhaben war allerdings nicht frei von Gegenwehr, da Teile des ZK-Präsidiums eine solche Aufarbeitung aufgrund ihrer klaren Mitverantwortlichkeit der Verbrechen Stalins verhindern wollten.[126] So kam es zu dem Kompromiss, dass Chruschtschow das Thema nach der Wahl des neuen Zentralkomitees auf einer geschlossenen Sondersitzung vortragen könne. In dieser „Geheimrede" benannte Chruschtschow die Verbrechen Stalins konkret, wenn auch unvollständig. Er beschrieb den ausgeprägten illegalen Repressionsapparat inklusive der Folterungen. In diesem Zusammenhang verwies er auf eine mögliche Mordbeteiligung Stalins an Kirow, welche zu dem Gesetz zur Verurteilung von Konterrevolutionären und Terroristen führte.[127]

Er benannte den Konflikt zwischen Lenin und Stalin und die damit verbundenen Zweifel Lenins an Stalin. Er warf ihm vor, die Geschichte der Partei im Kontext der Forcierung des Personenkultes verfälscht zu haben sowie die Hauptschuld an den schweren Niederlagen im Zweiten Weltkrieg zu tragen. Darüber hinaus ging er auf die Unterdrückungsmaßnahmen der Nachkriegszeit ein und stellte Stalin in den Mittelpunkt der Ursache bezüglich der Landwirtschaftskrise.[128]

Chruschtschows verhältnismäßig schonungsloser Umgang mit der jüngsten Geschichte der Sowjetunion wird auf verschiedene Gründe zurückgeführt. So wird die Motivation zur Geheimrede einerseits als eine endgültige Emanzipation gegenüber den ehemals engen Vertrauten Stalins wie Malenkow, Molotow, Kaganowitsch, Woroschilow oder Mikojan gesehen, welche alle ihre Verwicklungen in den Stalinschen Terror nicht leugnen konnten. Andererseits könnte auch die Festigung der Macht der Nomenklatura und ihrer Privilegien der Hintergrund für die

---

[126] Vgl. Medwedew, Roy: Chruschtschow. Eine politische Biographie, S. 125 ff.
[127] Vgl. Meissner, Boris: Die Sowjetunion im Umbruch, S. 40 f.
[128] Vgl. Medwedew, Roy: Chruschtschow. Eine politische Biographie, S. 129 f.

Geheimrede Chruschtschows gewesen sein. Dies würde den Fokus auf die Repression gegen Parteikader und nicht das sowjetische Volk erklären. Auf diese Weise würde sich auch anhand eines solchen Versuches der Entstalinisierung eine Entkräftung der Furcht vor Spitzenpositionen in der bürokratischen Hierarchie erklären, die sich im Laufe des Stalinismus etabliert hatte. Der Druck und die Gefahr in den hohen Positionen „neben" Stalin waren so enorm angewachsen, dass niemand sich eines solchen Risikos mehr aussetzen wollte. Dieser Entwicklung könnte Chruschtschow mit Hilfe seiner Geheimrede ebenfalls entgegengetreten sein wollen.[129] Die Tragweite der Geheimrede war schließlich nicht zu unterschätzen und büßte das Attribut „geheim" im Grunde genommen ein, so dass die Umstände, wie die Rede gehalten werden sollte, ihre Bedeutung verloren. Zunächst verbreitete sich der Inhalt der Geheimrede rasch in den Parteikreisen und wurde schließlich einen Monat nach Beginn des XX. Parteitages, also ab Mitte März 1956, in öffentlichen Lesungen dargeboten. Dies allerdings ohne mögliche Diskussionen, sondern mit der Aufforderung zur „Ausmerzung" des Stalinkultes an die Bevölkerung.[130]

Welche Neuerungen, welche Veränderungen traten also nach dem Tod Josef Stalins zu Tage? Nach der Machtkonsolidierung Nikita Chruschtschows initiierte dieser eine sukzessiv einsetzende Entstalinisierung. Diese Entstalinisierung vollzog sich auf verschiedenen Ebenen. Zum einen auf der personellen Ebene, die gleichzeitig die risikoreichste Ebene war, da sich Chruschtschow mit Berija einer einflussreichen Person gegenübersah und Chruschtschow als Grundlage die Verbrechen der Stalinschen Ära nutzte, von der allerdings auch einige seiner benötigten Unterstützer wie Malenkow betroffen waren. Zum anderen hatte Chruschtschows Entstalinisierung eine institutionelle Dimension, indem er dem Innenministerium sowie dem KGB einige Kompetenzen entzog und sie zusätzlich noch einer strengen Kontrolle aussetzte. Anhand solcher Maßnahmen und in Kombination mit einer Stärkung der Justiz gelang es Chruschtschow, die Tragweite des Repressionsapparates zu

---

[129] Vgl. Medwedew, Roy: Chruschtschow. Eine politische Biographie, S. 131 ff.
[130] Vgl. Medwedew, Roy: Chruschtschow. Eine politische Biographie, S. 136.

entschärfen, die juristische Willkür einzuschränken und die vorhanden Machtstrukturen neu auszurichten, dies tendenziell in die Richtung einer Gewaltenteilung, auch wenn man von dieser unter Chruschtschow ebenfalls nicht ausgehen konnte. Darüber hinaus widmete sich Chruschtschow Problemen, die näher am sowjetischen Volk zu verorten waren: Er reagierte auf die vorhandene Wohnraumkrise und leitete mit Malenkow eine Wirtschaftsreform ein, die die Landwirtschaft aus ihrer Krise führen sollte.

3.2.2. Die Bedeutung der Entstalinisierung im Kontext einer Zivilgesellschaft

Wie veränderte sich die Situation bezüglich der zivilgesellschaftlichen Möglichkeiten? Wie der Begriff „Tauwetter" bereits suggeriert, trat in der Zeit nach Josef Stalin eine Art Entspannung für die sowjetische Bevölkerung auf. So waren die Rehabilitierungen, die im Laufe der Amtszeit Chruschtschows einsetzten, sich fortsetzten und häuften, eine Grundlage gesellschaftlicher Möglichkeiten.[131] Es wurden dadurch einerseits die Folgen des stalinschen Repressionsapparates delegitimiert und andererseits durch die „Rückkehrer"[132] ein großes informelles Aufklärungspotential freigesetzt.[133] Anhand eines solchen Aufklärungspotentials kann davon ausgegangen werden, dass ein innergesellschaftlicher Diskurs durchaus vermehrt stattgefunden hat. Die öffentlichen Lesungen der Geheimrede Chruschtschows bekräftigten zusätzlich eine neue Art des Umganges mit der sowjetischen Öffentlichkeit.

Symbolakte wie die Öffnung des Kremls[134] zeigen, dass der Gesellschaft unter Chruschtschow ein neuer Stellenwert zukommen sollte. Doch kann dem Umgang mit der Öffentlichkeit

---

[131] Vgl. Medwedew, Roy: Chruschtschow. Eine politische Biographie, S. 141.

[132] Mit Rückkehrern sind Menschen gemeint, die unter Stalin in Lager deportiert wurden und nun mit all ihren erlittenen Erfahrungen in die Gesellschaft zurückkehrten.

[133] Vgl. Saslawskaja, Tatjana: Die Gorbatschow-Strategie, S. 48.

[134] Vgl. Meissner, Boris: Die Sowjetunion im Umbruch, S. 46 f.

keine Abkehr vom Totalitarismus attestiert werden, da sich die thematische Öffnung der gesellschaftlichen Diskursmöglichkeiten auf die Aufarbeitung des Stalinismus beschränkte und keineswegs kritische oder gar oppositionelle Strukturen duldete.[135] Dennoch muss der chruschtschowschen Sowjetunion die Reduktion des Repressionsapparates zugestanden werden, was letztendlich zu einer Entspannung der gesellschaftlichen Situation geführt hat. Auf der institutionellen Ebene ist vor allem die Aufgabe der KGB-Sonderabteilungen zu nennen, durch welche die staatliche Kontrolle des konformen individuellen und kollektiven Verhaltens der Sowjetbürger ihrerseits kontrolliert wurde.[136] Diese Abschaffung dieses durch und durch totalitären Instrumentes verdeutlicht eine partielle Abkehr vom Stalinschen Totalitarismus. Dies wurde durch die implementierten Kontrollmechanismen gegenüber Innenministerium und KGB verstärkt[137] und weiterhin durch die Entschärfung der juristischen Willkür ergänzt.

So haben die Reform des obersten Gerichtshofes, die Auflösung der außergerichtlichen Sonderausschüsse und die Aufhebung von entsprechenden Gesetzen[138] wesentlich zur Entspannung zwischen Gesellschaft und Staat beigetragen. Dadurch erklärt sich erst die Möglichkeit eines Wiederaufkommens von Organisationen wie z. B. der zweiten sowjetischen Schriftstellerkonferenz oder öffentlicher Forderungen nach weiteren Rehabilitationen im Kontext des Berija-Prozesses, die durchaus als eine öffentliche Meinung interpretiert werden können. In diesem Klima kam es am dritten Todestag Stalins zu einem Massenprotest im georgischen Tblissi. Dieser Protest richtete sich allerdings gegen das aktuelle Regime und seine Politik der Entstalinisierung. Im Kontext dieses Protestes kam es schließlich zu Ausschreitungen, die durch den Einsatz von Truppen brutal niedergeschlagen wurden, was letztendlich mehreren hundert Menschen das Leben kostete. An diesem Beispiel ist zu erken-

---

[135] Ebenda.
[136] Vgl. Medwedew, Roy: Chruschtschow. Eine politische Biographie, S. 107.
[137] Auch wenn eine Motivation hinter diesen Kontrollinstanzen Chruschtschows eigene Machtsicherung war.
[138] Wie das Gesetz zur Verurteilung von Konterrevolutionären und Terroristen.

nen, dass es auf der einen Seite ein Bedürfnis zur öffentlichen Meinungsäußerung in Form eines öffentlichen Protest gab, der auch umgesetzt wurde, aber auf der anderen Seite keine Akzeptanz einer Meinung konträr zum Staat existierte.[139]

So kann daher keineswegs von einer Public Sphere gesprochen werden, da kein freier, allgemeiner und ungehinderter Zugang zu einem öffentlichen Kommunikationsraum bestand und weitergehend auch nicht von einem freien politischen Meinungs- und Willensbildungsprozess die Rede sein konnte. Die sog. „Redefreiheit in der Küche" reicht daher nicht aus, um die hinreichenden Bedingungen einer Public Sphere für die Zivilgesellschaft zu erfüllen. Sie mag die Möglichkeit einer Sphäre des Privaten einschließen, worin sich eine Verbesserung zum Stalinismus zeigt, doch werden die Grenzen des Totalitarismus unter Chruschtschow nicht aufgebrochen, sondern eher augenscheinlich verwischt.

Da sich die ökonomische Situation durch die gegenüber dem Ausland offenere Wirtschaftspolitik Chruschtschows und die innerstaatlichen Wirtschaftsreformen spürbar für die sowjetische Bevölkerung verbesserte, ist die Ausgangssituation bezüglich zivilgesellschaftlichen Handelns im Vergleich zum Stalinismus verändert. In Kombination mit der Entschärfung des repressiven Alltags und dem gesteigerten Wohlstand ist die Motivation zur Bildung kritischer Strukturen im immer noch totalitaristisch zu beschreibenden Klima gering, da sich unter Chruschtschow ein offensichtlicher Fortschritt ergeben hatte.

So nahm vor allem die sowjetische Jugend den neuen Kurs um die Enthüllung des Stalinkultes fast bedingungslos an. Die Generation über dreißig hingegen stand der neuen Führung kritisch gegenüber, da sich die Legitimierung ihres eigenen linientreuen Handelns und Denkens im Stalinismus für einen Großteil schwierig gestaltete.[140] Diesem Teil der Bevölkerung fiel das Eingeständnis der Aufklärung des Stalinismus noch bis in die Zeiten der Perestroika schwer.

Auf welche Art und Weise unterscheiden sich die Rahmenbedingungen unter Chruschtschow von denen des Stalinismus? Im Grunde genommen unterscheiden sich die Systeme mit

---

[139] Medwedew, Roy: Chruschtschow. Eine politische Biographie, S. 136.
[140] Vgl. Saslawskaja, Tatjana: Die Gorbatschow-Strategie, S. 48 f.

Blick auf die Voraussetzungen für eine Zivilgesellschaft nicht grundsätzlich. Der Rahmen der Herrschaftsstruktur bleibt gemäß Brunner der Totalitarismus.[141] Legt man die erweiterte Definition Hannah Arendts zu Grunde, könnte man durchaus davon ausgehen, dass weder ein Weltherrschaftsanspruch der chru-schtschowschen Sowjetunion zu attestieren ist noch das Mittel des Terrors in einem totalitären Verständnis gebraucht wurde.

Die Rahmenbedingungen würden ohne Frage staatlich autoritär bleiben, könnten aber die Sphären zumindest der arendtschen Totalitarismusdefinition verlassen haben und als eine Art Autokratie verstanden werden. Faktisch bleibt die Negierung von Freiheitsgarantien durch die staatlichen Institutionen, welche eine Zivilgesellschaft benötigt, um funktionsfähig zu sein. Die Unterschiede zum Stalinismus sind die beschriebenen Tendenzen hin zu geringerer Wahrnehmung der Ausrichtung des Systems. Durch die Aufarbeitung des Stalinismus wurde der sowjetischen Bevölkerung eine Abkehr von Willkür und Kontrolle suggeriert. Beichelt und Kraatz sprechen von einem inoffiziellen ideellen Pluralismus, der zumindest erste Splitter unabhängiger Organisationen im Bereich der Dissidentenbewegung zuließ.[142] Dieser fand im Detail insofern statt, als sich z. B. kritische Zeitschriften gründeten, was mit einer geringeren Zensur der Presse einherging.[143] So kann dies sicherlich als Fortschritt gewertet werden, doch bleibt der Fakt der Pressezensur trotz alledem bestehen, so dass nicht von einem real existierenden Pluralismus als Voraussetzung für Zivilgesellschaft ausgegangen werden kann. Auch die neuen Freiheiten der Wissenschaften eröffneten der Kritik durch eine intellektuelle Schicht[144] zwar neue bzw. erstmalige Möglichkeiten, für struktur- und ideologiekritisches Handeln reichte dies allerdings nicht aus. Man könnte also von einem Aufatmen oder – im Sin-

---

[141] Vgl. Brunner, Georg: Politische Soziologie der UdSSR, S. 190 ff.

[142] Vgl. Beichelt, Timm und Kraatz, Susanne: Zivilgesellschaft und Systemwechsel in Rußland, S. 117.

[143] Vgl. Medwedew, Roy: Chruschtschow. Eine politische Biographie, S. 171 f.

[144] Wie z. B. dem Physiker Andrei Sacharow, der innerhalb der Atombombenthematik Kritik äußerte. Vgl. Sacharow, Andrej: Mein Leben, München 1991, S. 227 ff.

ne des Begriffes Tauwetter-Periode – von einem Auftauen des alltäglichen Klimas sprechen.

Diese neue Atmosphäre wird durchaus auch als Vorgänger der späteren Perestroika interpretiert,[145] da sich unter Chruschtschow zumindest ein gefühlter Raum für Kritik an der sowjetischen Generallinie ergeben hat, doch war die Diktatur der Partei nicht abgelöst worden und das Joch des Totalitarismus oder zumindest des Autoritären noch lange nicht abgestreift.

3.3. Zivilgesellschaft unter Breschnew

Die Ära Breschnew ist wahrscheinlich weniger eine Ära im Sinne einer nachhaltigen Prägung als eher eine Erstarrung, vielleicht sogar eine Rückbildung der unter Chruschtschow entstandenen Tendenzen. Die Situation der Sowjetunion unter Breschnew wird zwar in der Literatur tendenziell durch die sog. Stagnation oder Restalinisierung gekennzeichnet; da dies allerdings ein schleichender Prozess war, ist diese Periode nicht anhand klarer historischer Merkmale zu klassifizieren. Es ereigneten sich keine spektakulären Höhen oder Tiefen, daher werde in den Quellen der Breschnewzeit keine oder wenig Beachtung geschenkt, vermutet Carsten Goehrke.[146] Der Übergang von Chruschtschow zu Breschnew war nicht wie zuvor ein Machtkampf innerhalb der Partei. Breschnew Status als Nachfolger wurde von der Partei wie auch von Chruschtschow selbst geteilt.[147] Die Absetzung Chruschtschows wurde durch seine zunehmende politische Sprunghaftigkeit eingeleitet, so dass ihm letztendlich eine „chaotische Reformitis" vorgeworfen wurde, die – in Kombination mit der Demütigung durch die Kuba-Krise – als Vorwand ausreichte, um ihn abzusetzen.[148]

---

[145] Vgl. Beichelt, Timm und Kraatz, Susanne: Zivilgesellschaft und Systemwechsel in Rußland, S. 117 ff.

[146] Vgl. Goehrke, Carsten: Russischer Alltag. Eine Geschichte in neun Zeitbildern vom Frühmittelalter bis zur Gegenwart. Band 3: Sowjetische Moderne und Umbruch, Zürich 2005, S. 304.

[147] Vgl. Medwedew, Roy: Chruschtschow. Eine politische Biographie, S. 322.

[148] Vgl. Goehrke, Carsten: Russischer Alltag, S. 302.

Für die Zivilgesellschaft bedeutete der „Verlust" Chruschtschows, dass die totalitären Merkmale der Sowjetunion wieder präsenter wurden. Die Kontrolle über Intelligenzija und Medien nahm wieder zu und die ökonomische Situation der Bevölkerung, die zunächst auch unter Breschnew weiter zu steigen schien, verschlechterte sich durch das fallende Wirtschaftswachstum.[149]

3.3.1. Historischer Hintergrund und der Alltag in der Stagnationsphase

Die Absetzung Chruschtschows folgte, wie bereits erwähnt, einem für viele nicht mehr nachzuvollziehenden Zickzack-Kurs des Generalsekretärs. Chruschtschows widersprüchliche, unklare und schwankende Politik hatte ihn angreifbar gemacht.[150] So ergaben sich auf der einen Seite Enttäuschungen bezüglich der radikalen Reformerwartungen, und auf der anderen Seite wurde Chruschtschow vorgeworfen, persönliche bzw. familiäre Zirkel zu bilden, insbesondere bezogen auf seinen Schwiegersohn Alexei Iwanowitsch Adschubei und somit einen eigenen Personenkult zu schaffen, was objektiv gesehen zwar nicht haltbar war, aber dennoch populistisch genutzt werden konnte.[151]

Am 14. Oktober 1964 sollte schließlich die Ära Chruschtschow durch seine Absetzung ihr Ende finden. Sein Nachfolger wurde Leonid Iljitsch Breschnew, der nicht nur von seinem Vorgänger gebilligt, sondern auch von der kollektiven Führung innerhalb der KPdSU akzeptiert wurde. Dabei stellte in diesem Kontext Breschnew allerdings eher eine Art Gallionsfigur dar und keineswegs mehr eine prägende Persönlichkeit, wie sie seine beiden Vorgänger Chruschtschow und Stalin gewesen waren.[152] Die Politik war zunächst von einer Kontinuität ge-

---

[149] Vgl. Saslawskaja, Tatjana: Die Gorbatschow-Strategie. S. 63 / Goehrke, Carsten: Russischer Alltag, S. 356 ff.
[150] Vgl. Saslawskaja, Tatjana: Die Gorbatschow-Strategie, S. 57.
[151] Vgl. Medwedew, Roy: Chruschtschow. Eine politische Biographie, S. 325.
[152] Vgl. Medwedew, Roy: Chruschtschow. Eine politische Biographie, S. 322 / Goehrke, Carsten: Russischer Alltag, S. 302.

prägt, die sich um den Versuch der Fortführung der Demokratisierung der Sowjetunion mühte. Als exemplarisch für diesen Versuch kann die „Kossygin-Reform" herangezogen werden, welche auf ökonomische Wettbewerbsfähigkeit abzielte und die wirtschaftlichen Strukturen der Sowjetunion modernisieren und u. a. eine Unabhängigkeit von Betrieben zum Staats- und Parteiapparat initiieren sollte. Die Reform wurde jedoch im Laufe ihrer Umsetzung derart sinnentleert, dass sie jeden progressiven Charakter verlor. Die Ursache liegt hier wahrscheinlich im drohenden Kontrollverlust des besagten Staats- und Parteiapparates.[153] Es entwickelte sich unter Breschnew immer weiter die Etablierung einer Reformangst und sukzessiv ein Klima politischer Erstarrung. Im Kontext der unter Chruschtschow vorangeschrittenen relativen Diskussionsfreiheit ergab sich die Furcht vor der Gefahr aufkommender und geschürter sozialer Konflikte. Die Diskussionsfreiheit wurde als Schwäche interpretiert und ihr durch eine erneute Wiedererstarkung von ideologischer und politischer Kontrolle entgegengewirkt.

Die Diskussionsfreiheit bekam im Zuge der Helsinki-Schlussakte eine neue Dimension. In der „Konferenz über Sicherheit und Zusammenarbeit in Europa" Mitte der siebziger Jahre[154] verständigte sich die Sowjetunion mit dem „Westen" über verschiedene Punkte. Moskau ging aus diesen Verhandlungen zunächst mit dem Selbstverständnis eines Siegers heraus, da es in Bereichen der Wirtschaft und Grenzanerkennungen Zugeständnisse des Westens erreichen konnte und nur im Bereich der Menschenrechte auf den „Westen" zugehen musste. Doch ergab sich seitens der sowjetischen Dissidentenbewegung aus diesen Zugeständnissen bezüglich der Menschenrechte eine neue Handlungslegitimation ausgerichtet an der Schlussakte der Helsinki-Konferenz.[155] Der Staat befürchtete die Auflösung der Stabilität und stoppte die Demokratisierung aus Angst vor gesellschaftlichen Extremsituationen. Es stellte sich daraufhin

---

[153] Vgl. Saslawskaja, Tatjana: Die Gorbatschow-Strategie, S. 57 ff.
[154] Die Konferenz begann im Juli 1973 und endete mit der Schlussakte von Helsinki im August 1975.
[155] Vgl. Goehrke, Carsten: Russischer Alltag, S. 303.

eine Erstarrung ähnlich der Stalinzeit ein, allerdings ohne das „Phänomen" der Massenrepressionen.[156]

Diese Stimmung in der Gesellschaft wurde durch die Verschlechterung der wirtschaftlichen Situation weiter forciert. So wurden zwar die Löhne gerade zu Beginn Breschnews immer wieder angehoben, doch fiel gleichzeitig das Wirtschaftswachstum und damit gingen Schwierigkeiten in der Güterversorgung einher. Die dadurch steigenden Güterpreise verursachten einen Wertverlust der Reallöhne, so dass der allgemeine Lebensstandard fiel, die Entfremdung von der Arbeit zunahm.[157] Die Unzufriedenheit in der Bevölkerung stieg somit ebenfalls. Es gab nur ein geringes Aufstiegspotential hinsichtlich des Staates und der Partei, wenn keine persönlichen Verbindungen geltend gemacht werden konnten. Dies betraf vor allen Dingen die Facharbeiterschaft der Sowjetunion, innerhalb derer sich eine wachsende Distanz zwischen höherem Bildungsgrad und den Mächtigen zeigte.[158] Dabei entstand allerdings keineswegs eine homogene Masse mit identischer politischer Couleur oder ähnlichen Zielvorstellungen. Goehrke beschreibt den Charakter der Studentenschaft gründend auf einen Spitzelbericht aus dem November 1968 als ideologisch entfremdet, apolitisch und genussorientiert. Es war zwar nach dem Tode Stalins eine Pluralisierung der Meinungen zu erkennen sowie eine steigende Distanzierung zum bestehenden System, doch blieben politische Zirkel und revolutionäre Untergrundarbeit ein seltenes Phänomen.[159]

Dies ist natürlich auf den totalitären Charakter der Sowjetunion zurückzuführen, der sich im Umfeld der Universitäten besonders ausgestaltete. Es wurde geradezu eine strukturelle und geographische Segregation der Studierenden geschaffen. Sie wurden in Wohnkasernen mit funktionaler und spartanischer Zimmerausstattung untergebracht, die eine optimale Kontrolle garantieren sollten. Das festinstallierte Radio der Studentenzimmer war weder abschaltbar noch kannte es einen Sender über Radio Moskau hinaus und war vermutlich durch eine Abhörfunktion ergänzt. Trotz all dieser Hemmnisse inklusive der

---

[156]Vgl. Saslawskaja, Tatjana: Die Gorbatschow-Strategie, S. 57 ff.
[157] Vgl. Saslawskaja, Tatjana: Die Gorbatschow-Strategie, S. 63.
[158] Vgl. Goehrke, Carsten: Russischer Alltag, S. 386.
[159] Vgl. Goehrke, Carsten: Russischer Alltag, S. 384 ff.

Vermeidung der Förderung kritischen Denkens positionierte sich die Mehrheit der Studenten positiv zum Prager Frühling und war vielleicht nicht als explizit systemkritisch einzustufen, aber dennoch systemdistanziert.[160] Dies hing vor allem auch damit zusammen, dass das sowjetische System immer mehr belächelt wurde. Spätestens mit dem Einsetzen der Krankheit Breschnews entwickeln Teile der sowjetischen Bevölkerung einen zynischen und sarkastischen Spott gegenüber den Reihen der „Mächtigen". Der Kreml unterlag zwischen Mitte der sechziger und Mitte der achtziger Jahre kaum einer personellen Erneuerung; das Durchschnittsalter stieg folgerichtig von 56 (1965) auf 67 (1985). Diese Gerontokratie, also Herrschaft der Alten, wurde in der Bevölkerung durch spöttische Beschreibungen wie etwa als „Wettrennen der Leichenwagen" quittiert.[161] So entstand eine surreale Diskrepanz zwischen der Erstarkung der politisch-ideologischen Kontrolle auf der einen Seite und einer apolitischen, aber dennoch kritischen, wenn auch weitgehend inhaltsleeren und machtakzeptierenden Distanz der Bevölkerung auf der anderen Seite. Diesen Zusammenhang verdeutlicht ein Beispiel eines Protestversuches vom 25.08.1968 gegen die sowjetische Intervention in der Tschechoslowakei. An dieser Protestaktion, dem Ausrollen eines Plakates, waren gerade einmal sieben Personen beteiligt, und die Verhaftungen folgten in wenigen Minuten unter der tatkräftigen Beteiligung umherstehender Passanten.[162] Die Strafen für solche politischen Handlungen waren der Verlust der Arbeitsstellen, der Entzug der Kinder, Attacken durch anonyme Schläger bis hin zur psychiatrischen Einweisung wegen „politischer Wahnvorstellungen".

Man könnte die Breschnew-Ära als eine Zeit der Suche nach Stabilität einordnen. So wurde, wie beschrieben, schnell die unter Chruschtschow verfolgte Demokratisierung aus Furcht vor wachsender Instabilität eingestellt, die 1977 von Breschnew durchgesetzte Verfassung schrieb in der Präambel und Artikel 6

---

[160] Ebenda.
[161] Ebenda.
[162] Vgl. Goehrke, Carsten: Russischer Alltag, S. 390.

sogar ansatzweise den totalitären Einparteienstaat fest. [163] Gleichzeitig versuchte das Regime, eine Zufriedenheit der Bevölkerung durch permanente Lohnerhöhungen zu initiieren. Victor Zaslavsky nannte dies das „System des organisierten Massenkonsenses", da durch die versuchte ökonomische Besserstellung jegliche Ansätze einer politischen Solidarisierung zwischen Individuen systematisch unterbunden werden sollten. [164] Die Kontrollmechanismen des Kremls wurden wieder verstärkt. Moskau setzte wieder auf Patriotismus und Heldenkult zur Kollektivierung der Bevölkerung, wie es auch einst Stalin vorangetrieben hatte. Der Begriff der „Restalinisierung", der bezüglich der Breschnew-Ära verwendet wird, trifft den Kern dieser Zeit wahrscheinlich nicht so präzise wie der Begriff der „Stagnationsphase". Zwar sind es wiederkehrende Elemente eines totalitären Rahmens, die die Breschnew-Ära kennzeichnen, aber keine Rückkehr zu den Mitteln des Terrors und der Massenrepression. Vor allem in der unqualifizierten Arbeiterschaft konnte der Kreml auf diese Weise die unter Chruschtschow aufgebrochene Gleichschaltung wieder reaktivieren.

3.3.2. Die Bedeutung der Stagnationsphase als Rahmen für die Zivilgesellschaft

Ergaben sich im Kontext der „Redefreiheit in der Küche" und der Abnahme staatlicher Willkür im Rahmen der erhöhten Kontrolle staatlicher Institutionen unter Chruschtschow zumindest kleinste Räume, in denen eine Zivilgesellschaft sich zumindest inoffiziell hätte konstituieren können, so stagnierte diese Entwicklung nicht nur, sondern besann sich zurück auf Verhältnisse Stalins unter der Prämisse gesellschaftlicher Stabilität. Dabei ist festzustellen, dass gerade im Zuge der Schlussakte von Helsinki die Kritik gegenüber dem sowjetischen System Auftrieb bekam. Doch blieb im Kontext des repressiven Alltags nicht die

---

[163] Vgl. Luchterhandt, Otto: Rechtsformen und Staatskrise in der Perestrojka. In: Segbers, Klaus: Perestroika passé? Eine Zwischenbilanz, Opladen 1992, S. 115.
[164] Vgl. Goehrke, Carsten: Russischer Alltag, S. 388.

Möglichkeit, Kritik in die Öffentlichkeit zu tragen und damit einen Druck gegenüber dem Kreml zu initiieren. Die wenigen sowjetischen Dissidenten richteten sich also gar nicht an den Rest der Bevölkerung oder an den Staat, sondern ihr Adressat war vielmehr die westliche Hemisphäre, der die Sowjetunion Zugeständnisse hinsichtlich der Einhaltung der Menschenrechte zugesprochen hatte.[165] So könnte man weiter gehen und sagen, dass eine zivilgesellschaftliche Aufgabe im Sinne der Identifikation von Machtdiskrepanzen oder Konzentrationen in der Sowjetunion letztendlich überflüssig gewesen ist, da diese Machtpole in Kombination mit ihren Möglichkeiten zur Willkür mehr oder minder bekannt waren.

Stellt die Rückbesinnung auf politische und ideologische Kontrolle folglich einen Bruch in der Entwicklung hin zur Zivilgesellschaft dar? Die Rahmenbedingungen der Sowjetunion, inklusive der Einstellung des Demokratisierungsprozesses, beendeten einen Prozess kritischen Denkens vielleicht nicht unmittelbar, doch entwickelte sich der institutionelle Rahmen konträr zu den Entwicklungsmöglichkeiten von Zivilgesellschaft durch die Verhinderung einer Public Sphere und darauf folgender Freiheitsgarantien, die zur Funktion einer Zivilgesellschaft notwendig sind. Doch verschwand unter Breschnew die Kritik am bestehenden System dadurch nicht. Es stellte sich im Grunde genommen eher eine Entpolitisierung ein.[166] Das politische System wurde als Hemmnis gesehen; die nicht vorhandenen Aufstiegsmöglichkeiten der technischen Intelligenzija begründeten auf ökonomischer Ebene eine Distanz zum Staat, und die eigentliche Wut auf das System kanalisierte sich auf Seiten der Bevölkerung in Zynismus und Sarkasmus gegenüber der spöttisch so betrachteten Gerontokratie. Die Studentenschaft nutzte die unter Chruschtschow entstandenen Freiheiten nicht zum zivilgesellschaftlichen Handeln und Denken, sondern beschränkte sich bis auf Ausnahmen auf den „Genusskonsum". Im Allgemeinen war ein Rückzug ins Private zu beobachten, was

---

[165] Vgl. Orlov, Jurij: Apell zum Schutze der Helsinkigruppe. In: Dokumente der Moskauer Helsinki-Gruppe: Texte der „Fördergruppe zur Erfüllung der Beschlüsse von Helsinki in der UdSSR", Frankfurt am Main 1977, S. 23.
[166] Ähnlich den neunziger Jahren, wie in Kapitel 5 beschrieben.

im Hinblick auf die notwendigen Öffentlichkeiten für eine Zivilgesellschaft kontraproduktiv war.

Aber wie lassen sich autoritäre bis totalitäre Gesellschaftsverhältnisse mit einer dennoch existierenden Dissidentenbewegung unter einen Nenner bringen? Wenn des Herrschaftssystem der Sowjetunion die Voraussetzung, folglich die Existenz von Zivilgesellschaft ausschloss, wie ich es in den vorangegangenen Kapiteln herausgestellt habe, wie konnten dann kritische Elemente in diesem System trotz alledem bestehen? Es handelte sich bei Dissidenten wie Jurij Orlow oder Andrej Sacharow letztendlich um Teile der Intelligenzija, die ihre Kritik vertreten haben.

So schrieb Orlow seine „Dreizehn Fragen an Breschnew"[167] als Kritik am sowjetischen System und explizit an den Machthabenden. Diese Fragen oder vielmehr Thesen schickte er an verschiedene Vertreter der Intelligenzija, die Prawda und Breschnew selbst. Veröffentlicht wurden die Dreizehn Fragen aber erst 1989, also sechzehn Jahre später. So wurden zwar diese „Dreizehn Fragen" wohl auch vervielfältigt und stießen auf Interesse, es gab aber keinen wirklichen öffentlichen Raum zur Diskussion, was im Sinne einer „Public Sphere" Zivilgesellschaft überhaupt erst definitorisch möglich machen würde. Ein Treffen mit Alexander Solschenizyn fand nach Orlows Beschreibung an einem konspirativen dritten Ort statt, so dass man sich sicher sein konnte, offen diskutieren zu können und dem repressiven Staatsapparat zu entweichen.[168] Erinnern wir uns nun an den Widerstandsbegriff aus Kapitel 2.4, so wird deutlich, dass die beschriebenen Aktivitäten der Dissidenten wie Orlows sich explizit gegen die Willkürlichkeit und Illegitimität des sowjetischen Herrschaftssystems richteten. Im Gegensatz dazu hatte ich die Zivilgesellschaft, wie von mir im zweiten Kapitel beschrieben, als Teil eines offenen und demokratischen Systems beschrieben und Widerstand als eine Handlung definiert, die sich erst durch die in Kauf genommene Repressionswahrscheinlichkeit ergibt.

Überträgt man diese Definitionen auf die sowjetischen Verhältnisse, wird deutlich, dass es sich bei den Dissidenten um

---

[167] Vgl. Orlow, Jurij: Ein russisches Leben, München, Wien 1992, S. 399 ff.
[168] Vgl. Orlow, Jurij: Ein russisches Leben, München, Wien 1992, S. 198 ff.

Menschen im Kontext eines Widerstandes handelte. Sie nutzten eine gewaltfreie Form, die weitestgehend fernab von Öffentlichkeit unter dem Risiko zu erfahrender Repressionen vollzogen wurde. So schreibt Orlow bezüglich seiner „Dreizehn Fragen an Breschnew": „Natürlich glaubte ich keinen Augenblick lang, daß es möglich wäre, zu einem konstruktiven Gespräch mit der Regierung zu kommen. Aber mit meiner ersten öffentlichen Erklärung beabsichtigte ich das auch nicht. Die Regierung sollte gezwungen sein, praktisch zu demonstrieren, daß sie einen Pluralismus der Ideen ablehnte und in keinen ernsthaften Dialog mit mir eintreten würde."[169]

An diesem Zitat wird deutlich, dass Orlow beabsichtigte, die Repressionen konkret offen zu legen und an sich zu exemplifizieren. Gleichzeitig wird der Gedanke, eine Zivilgesellschaft mit Einfluss auf eine „parlamentarische Ebene" bedienen zu können, negiert, da keine Dialogbereitschaft oder andere Einflussmöglichkeiten auf die Regierung zu erkennen waren.

Die also auch unter Breschnew vorhandenen kritischen Elemente sind nicht als eine Form zivilgesellschaftlichen Handelns zu verstehen, sondern bilden den Gedanken des Widerstands gegenüber einem Unrechtsregime ab. Dass sich die kritischen Teile der Intelligenzija in diesem Zusammenhang auf die Schlussakte von Helsinki bezogen haben, also folglich auf das sowjetische Zugeständnis bezüglich der Menschenrechte, zeigt die Grundlage der Legitimität des Widerstandes sowie die Stoßrichtung einer Kritik der Defizite, welche vom Kreml forciert wurden und sich unter Breschnew vergrößert waren. Es kann in der Sowjetunion unter Breschnew nicht die Rede von zivilgesellschaftlichem Handeln und Denken im Sinne eines öffentlichen und inklusiven Diskurses sein. Durch die Abkehr von Demokratisierung und die Wiederentdeckung der politischen Kontrolle, auch wenn diese unter Chruschtschow nicht gänzlich verschwunden war, sind die Voraussetzungen für eine Zivilgesellschaft nicht vorhanden gewesen und hat sich trotz der kritischen Widerstandselemente kein pluralisiertes und heterogenes öffentliches Meinungsbild ergeben können. Die spöttische Perspektive auf die Gerontokratie innerhalb der Bevölkerung zeigt zwar, dass die Verhältnisse unter Breschnew nicht den Grad des

---

[169] Siehe: Orlow, Jurij: Ein russisches Leben, München, Wien 1992, S. 200.

stalinistischen Totalitarismus erreichen konnten, doch kann nicht von einer kritischen Öffentlichkeit oder gar Organisationen als partikularen Interessensvertretungen ausgegangen werden.

3.4. Die Ausgangsposition vor der Perestroika

Leonid Breschnews Tod im Jahre 1982 leitete den Höhepunkt der Gerontokratie ein. In den folgenden drei Jahren erlagen gleich zwei Generalsekretäre dem natürlichen Tode im Alter. Juri Wladimirowitsch Andropow wurde 1982 der Nachfolger Breschnews; er führte allerdings den Kurs der Stagnation Breschnews nicht fort, sondern versuchte einen wirtschaftorientierten Neuanfang zu initiieren.[170]

Andropow legte den Fokus auf die wirtschaftliche Entwicklung und einen Sozialismus gegen Bürokratie und Apparate.[171] Dieser Linie folgte Michail Gorbatschow, der als Andropows Protegé galt. Allerdings fand diese Politik ein schnelles Ende durch den Tod Andropows 1984 nach gerade einmal zwei Jahren im Amt. Sein überraschender Nachfolger als Generalsekretär war Konstantin Ustinovitsch Tschernenko, der unter Andropow der Sekretär für Ideologie gewesen und in dieser Funktion damit vertraut worden war, ein erneuertes Parteiprogramm zu konzipieren.

Tschernenkos Nachfolger als Sekretär für Ideologie war Michail Gorbatschow, der allerdings unbeirrt die Leitlinien Andropows weiter verfolgte, trotz des neuen Generalsekretärs, der den alten Weg der Sowjetunion nicht in Frage stellte und eine Neuausrichtung, wie sie Andropow angestrebt hatte, nicht teilte.[172] Nach 13 Monaten im Amt verstarb Tschernenko und Gorbatschow übernahm 1985 das Amt des Generalsekretärs. Dieser hatte bereits in jungen Jahren an dem von

---

[170] Vgl. Saslawskaja, Tatjana: Die Gorbatschow-Strategie, S. 71 f.
[171] Vgl. Wagenlehrer, Günther: Die ideologische Basis der Perestrojka. In: Adomeit, Hannes; Höhmann, Hans-Hermann und Wagenlehrer, Günther: Die Sowjetunion unter Gorbatschow, Stuttgart 1990, S. 10 ff.
[172] Ebenda.

Chruschtschow entworfenen „Programm für den Aufbau des Kommunismus" mitgearbeitet. Er galt allerdings weniger als ideologischer Dogmatiker, sondern vielmehr als ein Pragmatiker, der die Umsetzung der Theorien in die Praxis verfolgte. Stalins Ideologie der marxistisch-leninistischen Generallinie war bis dato nie wirklich in Frage gestellt worden, was sich im von Tschernenko konzipierten neuen Parteiprogramm auch niederschlug. Zwar schien sich Gorbatschow schnell für einen neuen Kurs einsetzen zu wollen und betonte immer wieder die Linie der beschleunigten sozialökonomischen Entwicklung des Landes, doch verharrte der neue Generalsekretär bis Ende 1987 in Zugeständnissen an die traditionellen Vorstellungen von Ideologie.[173] So schien die Festsetzung des XXVII. Parteitages auf den 25.02.1986 kein Zufall zu sein, war es doch genau 30 Jahre zuvor, dass Nikita Chruschtschow seine Geheimrede im Kontext der Entstalinisierung und damit der Aufarbeitung der sowjetischen Vergangenheit gehalten hatte. Gorbatschow gelang es allerdings nur, die Bedeutung des neuen Parteiprogrammes zu beschränken und den Fokus des Parteitages auf die sozialökonomische Entwicklung zu setzen. Eine Abrechnung mit der sowjetischen Vergangenheit folgte nicht. Das von Černenko vor seinem Tod ausgearbeitete neue Parteiprogramm hatte hingegen wenig Neues zu bieten, sondern war in der ideologischen Tradition verhaftet, die weder den Totalitätsanspruch der kommunistischen Ideologie noch den Führungsanspruch der Partei in Frage stellte.

---

[173] Ebenda.

4. Der Niedergang des sowjetischen Systems

Nachdem ich die Historie der Sowjetunion ausgehend vom Beginn des Stalinismus beschrieben und in den zivilgesellschaftlichen Kontext gesetzt habe, widme ich mich nun dem Ende der Sowjetunion. Im folgenden Teil sollen die gesellschaftlichen und politischen Entwicklungen analysiert und die Beteiligung vermeintlich zivilgesellschaftlicher Akteure beleuchtet werden. Die ökonomische Entwicklung der Sowjetunion soll im Hinblick auf die Motivation der Reformen der Perestroika und den Gedanken der Glasnost herangezogen werden, doch wird sie bezüglich des Zusammenbruchs der Sowjetunion weitestgehend außen vor gelassen. Diese Arbeit hat zum Ziel, die gesellschaftliche Entwicklung Russlands im Zusammenhang der Möglichkeiten zur Zivilgesellschaft aufzuzeigen. Im Fokus des Zusammenbruchs der Sowjetunion steht daher die Beteiligung der Bevölkerung an den Veränderungen im politischen System. In diesem Teil soll der Frage nachgegangen werden, inwiefern die von oben eingeleiteten Reformen zum Systemwandel führten und welche Rolle dabei eine Art Zivilgesellschaft gespielt haben könnte. Ausgehend vom totalitären System der vergangenen sechzig Jahre mit der kontrollreduzierten Phase des Tauwetters, könnte im Rahmen von Glasnost eine kritische Öffentlichkeit möglich gewesen sein.

Welche Auswirkungen hatte dies auf den politischen Reformprozess und das gesellschaftliche Selbstverständnis? Um diese Frage zu beantworten, wird in den nächsten Kapiteln zu klären sein, was Perestroika und Glasnost im Detail waren, wie sie gedacht waren, welche Entwicklungen sie genommen haben und wie sich der öffentliche Raum in den Zeiten der Reform verhalten hat.

4.1. Der Versuch der „konservativen Evolution" Perestroika

Der Begriff Perestroika ist heute den meisten Menschen irgendwie geläufig. Damit wird das Ende der Sowjetunion verbunden – der Versuch Gorbatschows, die Sowjetunion zu reformieren. Was steckt aber wirklich hinter diesem Begriff? Sind es eigentlich nur Reformen von oben, die Wirtschaftlichkeit und soziale Stabilität wiederherstellen sollten, oder ist gar eine Revolution (des Sozialismus), zwar von oben angestoßen, aber gesellschaftlichen Ausmaßes?

Tatjana Saslawskaja, die selbst zum näheren Umkreis Gorbatschows gehört hatte, beschrieb die Perestroika mit Hilfe eines Bildes folgendermaßen: „Stellen sie sich eine siegreiche Armee vor, die ihren Gegner auf einer gut ausgebauten Straße verfolgt. Schon hat man sich an den Weg gewöhnt, herrscht in den Einheiten Ordnung und gute Stimmung in der Erwartung des nahen endgültigen Sieges. Nun bemerkt aber ein neu hinzugekommener Befehlshaber, der sich über die Lage der Dinge informiert hat, daß die Armee in eine falsche Richtung marschiert. Was tun? In derselben Richtung weiterzugehen, hieße, den Kampf zu verlieren; dennoch ist es alles andere als leicht, das voranschreitende Heer plötzlich zum stehen zu bringen, geschweige denn, es auf einen weit abgelegenen Weg umzuleiten. […] Dem festgesetzten Ziel entsprechend muß ein passender Weg ausgewählt werden, dabei darf aber auf keinen Fall ein neuerlicher Irrtum passieren. Deswegen ist es unerläßlich, die gewählte Methode gewissenhaft auf ihre Richtigkeit zu überprüfen."[174]

Aus dieser Analogie wird deutlich, dass die Perestroika ein letzter Versuch sein sollte, das Ruder herumzureißen, das sinkende Schiff vor seinem Untergang zu bewahren. Die Schwierigkeiten eines solchen Projektes ergeben sich aus der Eingefahrenheit der vergangenen siebzig Jahre. So fällt eine Definition des sozialen Wesens der vorgehenden Veränderungen, genannt Perestroika (russ. Umbau, Umgestaltung), fast allen Teilen der Bevölkerung schwer. Was benannt werden kann, sind Ein-

---

[174] Siehe: Saslawskaja, Tatjana: Die Gorbatschow-Strategie, S. 11 f.

zelelemente und Parteilosungen, wie z. B. „Steigerung der Produktionseffizienz" oder „Demokratisierung der Gesellschaft". Dies ist auf die Entwicklung der Perestroika selbst zurückzuführen, die verschiedene Phasen durchlief, was eine genaue Definition schwierig machte.[175]

„Das totalitäre System, das unserem Land über lange Zeit die Möglichkeit geraubt hat, aufzublühen und zu gedeihen, ist vernichtet worden" (Michail Gorbatschow 1991).[176]

Doch war dies die Absicht Michail Gorbatschows zu Beginn der Perestroika? Nach eigenem Verständnis Gorbatschows sollte die Perestroika eine Revolution sein. Gorbatschow schrieb diesbezüglich, "[…] perestroika is a revolution. A decisive acceleration of the socio-economic and cultural development of Soviet society which involves radical changes on the way to a qualitatively new state is undoubtedly a revolutionary task."[177]

Die Wurzeln der Perestroika sah Gorbatschow in der Rückbesinnung auf die leninschen Wurzeln.[178] Er formulierte in seinem Buch „Perestroika" (1987) dabei mehr als deutlich, dass der neue Weg der Sowjetunion nur ein sozialistischer Weg sein könne. Die Versäumnisse der Vergangenheit wären in diesem Sinne auf eine inkonsequente und mangelhafte Verfolgung sozialistischer Prinzipien zurückzuführen, nicht auf eine Krise des Sozialismus an sich.[179] Die Versäumnisse dabei seien primär ökonomischer Natur, die sich in den siebziger Jahren aufgetan und in den achtziger Jahren mit der Stagnation des Wirtschaftswachstums manifestiert hätten. Hieraus habe nach Gorbatschow die Notwendigkeit resultiert zu handeln.[180] Daraus ergaben sich durchaus auch soziale Folgen. Das totalitäre Herrschaftssystem der Sowjetunion wurde von Gorbatschow allerdings nicht als Grundlage der Probleme bzw. der Notwendigkeit

---

[175] Vgl. Saslawskaja, Tatjana: Die Gorbatschow-Strategie, S. 14.
[176] Siehe: Gorbatschow, Michail: „Aufruf an die Sowjetbürger": Fernsehansprache des Präsidenten der UdSSR am 25. Dezember 1991. In: Gorbatschow, Michail: Erinnerungen, Berlin 1995, S. 14.
[177] Siehe: Gorbachev, Mikhail: Perestroika. New Thinking for Our Country and the World, New York 1987, S. 49.
[178] Vgl. Gorbatschow, Michail: Perestroika. Die zweite russische Revolution. Eine neue Politik für Europa und die Welt, München 1987, S. 27 ff.
[179] Vgl. Gorbatschow, Michail: Perestroika, S. 37.
[180] Vgl. Gorbatschow, Michail: Perestroika, S. 19 ff.

zum Handeln angeführt. So sparte Gorbatschow etwa den Stalinismus in seiner die Sowjetunion prägenden Rolle aus – er erwähnte zwar die Lähmung der Wissenschaften, insbesondere was ihre kreativen Charakteristika anging, durchaus, aber verstand sie im Wesentlichen als Bedingung zum ökonomischen Wandel. In dieser Hinsicht betonte Gorbatschow die Dringlichkeit und Vollständigkeit des Wandels: „It was clear that cosmetic repairs and patching would not do; a major overhaul was required. Nor was it possible to wait, for much time had been lost as it was."[181] Dennoch blieb er in der Erklärung der Ausformung, wie der Wandel zu bewältigen sei, unklar. In seinem Kapitel „More Socialism and more Democracy" aus „Perestroika" gelang es ihm nicht zu erklären, warum „more socialism"[182] mehr Demokratie bedeute, sondern er stellte im Grunde genommen nur fest, dass dies so sein müsse. Gorbatschows Sätze verkommen an diesem Punkt zu einer Aufzählung von ideologischen Phrasen ohne hinreichende Bedeutung.

Die gesellschaftlichen Probleme standen bei Gorbatschow dann ebenfalls im Kontext einer ökonomisch fokussierten Betrachtung, indem er die mangelhafte Güterversorgung inklusive der Bildung und der Gesundheit einbezog; das Fehlen von freien Öffentlichkeiten, die Willkür des Rechts oder die Allmacht des Parteiapparates wurde nicht im Sinne einer Ursachenforschung angeboten.[183] Gorbatschow versuchte, die Thematik letztendlich mit dem Begriff der Glasnost (russ. Offenheit oder Transparenz) abzudecken, der in seinem Verständnis als ein Aufruf zu einer problemidentifizierenden Zivilgesellschaft herhalten sollte.

Die Frage, ob die Perestroika nun eine Revolution oder schlichtweg ein reformerischer Versuch war, bleibt unklar. Saslawskaja bemerkte in diesem Zusammenhang, dass die gedachte Bedeutung der Perestroika als Revolution weder von der Politik oder den Wissenschaften noch von der Presse aufgenommen wurde. Elementaren Fragen zur Einordnung der Perestroika wurde konsequent aus dem Weg gegangen, obwohl der Unterschied von einer Revolution zu einer Reform eklatant

---

[181] Siehe: Gorbachev, Mikhail: Perestroika, S. 27.
[182] Vgl. Gorbachev, Mikhail: Perestroika, S. 36.
[183] Ebenda.

sei.[184] In Saslawskajas Verständnis definieren sich Reformen folgendermaßen: „[...] selbst die radikalsten [Reformen], werden für gewöhnlich von oben durchgeführt, wenn auch unter dem Druck von unten. Sie berühren die grundlegenden Punkte des Machtsystems nicht, verändern nicht dessen Charakter, sondern modernisieren und passen lediglich die alten veralteten Verwaltungs- und Sozialstrukturen an die neuen gesellschaftlichen Bedingungen und Erfordernisse an."[185] Unter genau diesen Prämissen allerdings war die Perestroika von Gorbatschow gedacht. Die Machtzentrale sollte nicht aufgegeben werden, ergo die Strukturen des alten Systems bewahrt werden und die Produktion unter dem Ziel der Effizienz neu gestaltet werden, auch damit der Lebensstandard gesteigert werden konnte. Roland Götz nennt dieses Konzept der ursprünglichen Perestroika nach Andrej Fadin eine „konservative Evolution", was den Kern der Perestroika präziser umschreibt als das Label einer Revolution.[186]

Die Perestroika war eine Korrektur des alten Weges der gescheiterten Planwirtschaft, aber Gorbatschows Charakterisierung des Vorhabens als Revolution scheint mehr ein Lippenbekenntnis gegenüber den kritischen Stimmen im In- und Ausland gewesen zu sein als eine ernsthafte Einschätzung der Tragweite seines systembewahrenden Reformplanes.[187]

---

[184] Vgl. Saslawskaja, Tatjana: Die Gorbatschow-Strategie, S. 16.
[185] Siehe: Saslawskaja, Tatjana: Die Gorbatschow-Strategie, S. 17.
[186] Vgl. Götz, Roland: Die Wirtschafts- und Gesellschaftsstruktur der UdSSR als Determinante der Perestroika, Köln 1994, S. 1, 5.
[187] Inwiefern die Bewahrung des Ein-Parteiensystems eine Voraussetzung zur Demokratisierung der sowjetischen Verhältnisse gewesen sein könnte, erläutert Moshe Lewin. Zur Charakterisierung als Revolution reicht dies aufgrund der klaren Übereinstimmung des Reformcharakters nicht. Vgl. Lewin, Moshe: Gorbatschows neue Politik. Die reformierte Realität und die Wirklichkeit der Reformen, Frankfurt am Main 1988, S. 112–116.

4.2. Der institutionelle Verlauf der Perestroika

Wie änderte sich das institutionelle und politische Gewand der Sowjetunion im Laufe der Perestroika und damit die Rahmenbedingungen für zivilgesellschaftliche Aktivitäten? Um dieser Frage nachzugehen, beziehe ich mich vor allem auf die Veränderungen im Rahmen des Rechtsstaates und der Entwicklungen bezüglich der politischen Institutionen.

Die Reformdiskussion des Sowjetrechts kam erstmals nach dem Januarplenum 1987 richtig in Gang, so dass auch auf der pragmatischen Ebene die Reform des Rechtswesens an Kontur gewann. Dabei war die Ausgangssituation der bis dahin bestehenden Rechtsform dadurch gekennzeichnet, dass das sowjetische Rechtswesen die Funktion ignorierte, die Unterordnung des Individuums unter den von der Partei gesteuerten Staat zu verhindern und für die Garantien bezüglich der freien Selbstbestimmung der Bürger in einer pluralistischen Gesellschaft und in einem demokratischen Prozess staatlicher Willensbildung zu bürgen.[188] Diesen Charakter galt es zu überwinden. Das führte zur Annahme eines umfassenden Programms zur Reform des Rechtswesens auf der XIX. Parteikonferenz im Juli 1988, die mit einer organisch verbundenen Reform des politischen Systems einhergehen sollte und musste.[189]

Dieses Programm umfasste vor allen Dingen die Stärkung des Rechts in den Sphären der Institutionen. Als Voraussetzung hierfür musste zunächst eine umfassende Gesetzeskodifikation an die Stelle der exekutiven Rechtssetzung treten, um im Folgenden die Durchsetzung der Höchstrangigkeit des (förmlichen) Gesetzes in allen Bereichen garantieren zu können. In diesem Sinne sollte die Demokratisierung des Gesetzgebungsprozesses eingeleitet werden und die Einführung einer Verfassungskontrolle geschaffen werden. Das zu schaffende „rechtliche Klima" wurde in dem Programm als ein Ausbau des Rechtsschutzes der Bürger beschrieben, was dem Prinzip folgen sollte, dass alles

---

[188] Vgl. Luchterhandt, Otto: Rechtsformen und Staatskrise in der Perestrojka, S. 115.
[189] Vgl. Luchterhandt, Otto: Rechtsformen und Staatskrise in der Perestrojka, S. 117.

erlaubt, sei was nicht gesetzlich verboten sei. Weitere Elemente, dies zu ermöglichen, waren die Stärkung der Gerichte sowie der Unabhängigkeit der Richter, die Verbesserung der Stellung der Rechtsanwälte und die Rechtsstaatlichkeit der Prozesse. Darüber hinaus wurde in dem Programm die Notwendigkeit der quantitativen und qualitativen Steigerung der Juristenausbildung und verstärkter Einsatz von Juristen in Verwaltung und Wirtschaft herausgestellt.[190]

Diese zwar angebrachten und notwendigen Schritte zur Bewältigung des bestehenden Rechtscharakters konnten ihren Zweck allerdings ohne die Reform des politischen Systems und der Reduktion der Allmacht des Parteiapparates nicht erreichen. Es ging folglich eine Reform des politischen Systems damit einher, die mit der Verfassungsänderung aus dem Dezember 1988 begann und anhand dreier weiterer kurz aufeinander folgender Verfassungsnovellen (Dez. 1989, März 1990, Dez. 1990) verschiedene Entwicklungsstufen durchlief.

Die erste Entwicklungsstufe war durch eine begrenzte Demokratisierung gekennzeichnet, die die Macht des Parteiapparates allerdings nicht erschüttern sollte. Trotz alledem bedeutete diese Verfassungsänderung einen Wechsel zumindest im Antlitz des politischen Systems, da mit dem Kongress der Volksdeputierten ein neues gesetzgebendes Organ geschaffen wurde und gleichzeitig die Rolle des Obersten Sowjets zu einem Arbeitsparlament gewandelt wurde. Der neu geschaffene Kongress der Volksdeputierten setzte sich aus 2250 Mitgliedern zusammen, wobei 1500 einer direkten Wahl unterlagen, was ihm einen quasi halbdemokratischen Charakter verlieh, der im Laufe der Zeit immer wieder als Legitimationsschwäche angeführt wurde. Die Aufgaben des Volksdeputiertenkongresses waren Änderungen der Verfassung, die Annahme politischer Grundsatzdokumente sowie die Bestimmung des Obersten Sowjets.[191] Der Oberste Sowjet wurde, wie angesprochen, im gleichen Zuge zu einem Arbeitsparlament umgewandelt. Dies äußerte sich durch die drastisch erhöhten Sitzungszeiten (von 5–6 Tagen auf 6–8 Monate) und die Reduktion der Mitglieder auf ein Drittel

---

[190] Ebenda.
[191] Vgl. Luchterhandt, Otto: Rechtsformen und Staatskrise in der Perestrojka, S. 118 f.

der bisherigen Mitglieder. Die Hauptaufgaben des (neuen) Obersten Sowjets waren die laufende Gesetzgebung, die Kontrolle der Regierung – indem der Oberste Sowjet an der Bestellung bzw. Wahl der Regierung beteiligt war – und die Möglichkeit zur Abberufung im Sinne eines Misstrauensvotums. Dabei besaß der Vorsitzende des Obersten Sowjets, also Gorbatschow, ein Vorschlagsrecht hinsichtlich der Besetzung aller obersten Staatsämter, worin sich die Ausrichtung dieser ersten Verfassungsnovelle als begrenzte Demokratisierung zeigt.

Von durchaus elementarerer Bedeutung muss die Schaffung des Komitees für Verfassungsaufsicht gewertet werden. Zwar wirkte dieses Komitee nur mittelbar, konnte also nicht direkt vom sowjetischen Bürger angerufen werden, doch sah es sich selbst nicht nur als Anwalt der Grund- und Menschenrechte, es wirkte auch im Verlauf der Perestroika auch immer wieder faktisch in diesem Kontext.[192] So war darüber hinaus im späteren Unionsvertragsentwurf eine Umwandlung in ein Verfassungsgericht vorgesehen, und die Stellung des Komitees für Verfassungsaufsicht wurde mit der zweiten Verfassungsnovelle aus dem Dezember 1989 weiter ausgebaut, indem die Hürde zur Absetzbarkeit der Mitglieder sowie ihre Amtszeit erhöht wurden.

Auch wenn das Wahlverfahren des Volksdeputiertenkongresses unter der Prämisse eines vollständigen demokratischen Charakters, wie erwähnt, kritisiert werden muss, hatten sich im Juni 1989 unterschiedliche politische Richtung innerhalb des Kongresses etabliert, die mit einer ansatzweise demokratischen Oppositionsfraktion aufwarten konnten. Hierbei handelte es sich um die „Interregionale Abgeordnetengruppe" unter der Führung des „ehemaligen" Dissidenten Andrej Sacharow und des späteren Präsidenten Boris Jelzin. Nicht nur an diesem Beispiel zeigte sich die langsame Erosion des sowjetischen Machtzentrums. So versuchte der alte Oberste Sowjet vor seiner bevorstehenden Umgestaltung, die zu diesem Zeitpunkt noch vorhandenen Staatsschutzparagraphen im Sinne der Anklage einer anti-sowjetischen Agitation gegen seinen Machtverlust zu nutzen. Nicht nur, dass es dem Obersten Sowjet nicht gelang, die-

---

[192] Vgl. Luchterhandt, Otto: Rechtsformen und Staatskrise in der Perestrojka, S. 133.

ses Vorhaben umzusetzen – sondern eine Welle der öffentlichen Kritik führte in diesem Zusammenhang zu einer Reform, die alleinig den öffentlichen Aufruf zum gewaltsamen Sturz der sowjetischen Staats- und Gesellschaftsordnung unter Strafe stellte und damit den alten Staatsschutzparagraphen ablöste. Es kann also folglich durchaus von einer fortschreitenden Pluralisierung vor allem in den politischen Sphären gesprochen werden und dabei eine Abnahme des zentralistischen Charakters der Sowjetunion attestiert werden, jedoch wirkten diese Entwicklungen im Sinne der Demokratisierung und Rechtsstaatlichkeit nicht nur positiv. Der föderale Aspekt der Sowjetunion wurde von Gorbatschow kaum beachtet, so führte der schwindende Zentralismus zu abspaltewilligen Staaten. Das Unionskonstrukt war unter der Aufgabe der autoritär zentralistischen Machtausrichtung kaum mehr zu bewältigen und das Auseinanderbrechen der Sowjetunion schien eine logische Folge zu sein.[193] Die Antwort auf diese destruktive Entwicklung war die Schaffung des Präsidentenamtes der UdSSR und die Verabschiedung eines Gesetzespaketes zur Regelung der nationalen Gebietseinheiten. Diese Maßnahmen wurden allerdings in einem kurzen Zeitraum und ohne tiefgreifende öffentliche Diskussion vollzogen, was letztendlich zu einer Akzeptanzlosigkeit seitens der Bevölkerung führte.[194] Erster Präsident wurde erwartungsgemäß der bisherige Generalsekretär und Chefstratege der Perestroika Michail Gorbatschow im März 1990. Das Präsidentenamt bedeutete keinen absoluten Machtzuwachs oder Machtverschiebung innerhalb der sowjetischen Institutionen, da es mit dem Übergang zum Mehrparteiensystem einherging und daraus die Entmachtung der KPdSU resultierte, wie sie in Art. 6, 7 der Verfassungsnovelle (März 1990) als Abschaffung der politischen Monopolstellung und Suprematie der Partei festgeschrieben wurde.[195]

Gleichzeitig verschärfte sich die Legitimationsschwäche des Uniongesetzgebers aufgrund der Regionalwahlen in der Russi-

---

[193] Vgl. Luchterhandt, Otto: Rechtsformen und Staatskrise in der Perestrojka, S. 120 f.
[194] Ebenda.
[195] Vgl. Luchterhandt, Otto: Rechtsformen und Staatskrise in der Perestrojka, S. 131.

schen Föderation, da die radikaleren Reformer um Boris Jelzin eine zerbrechliche, aber funktionsfähige Parlamentsmehrheit erreichen konnten und somit die Opposition zum Kreml weiter gestärkt wurde. Inhalt der Verfassungsnovelle aus dem März 1990 war aber nicht nur die Schaffung des Präsidentenamtes, sondern auch die Einführung des Föderationsrates als Vertreter der sowjetischen Teilobjekte, zunächst in beratender Funktion.

Die Krise des sowjetischen Föderalismus verschärfte sich im Laufe des Jahres weiter durch die Souveränitätserklärungen wichtiger sowjetischer Teilkörper, wie der Russischen Sozialistischen Föderativen Sowjetrepublik (RSFSR) am 12.06.1990, der Ukraine am 16.07.1990 sowie von Belarus 27.07.1990. Dies bedeutete zwar den Verlust des Stellenwertes der Unionsgesetzgebung, doch verblieben genügend Machtressorts zur Erhaltung der Kontrolle in der Hand des Kremls.[196] Trotz alledem hatte diese Entwicklung eine Machtverschiebung zu Gunsten der Republiken zur Folge, die sich primär im Zerfall der Rechtsordnung und in der damit einhergehenden Sinnlosigkeit der Ausarbeitung von Reformgesetzen äußerte.[197] Daraus ergab sich eine partielle Handlungsunfähigkeit der sowjetischen Führungsorgane, die dem Prinzip der reformerischen Aufarbeitung der sowjetischen Probleme von oben entgegenstand. Woraus wiederum die Notwendigkeit der Wiederbelebung des zentralistischen Prinzips resultierte, welche in Form der Stärkung des Präsidentenamtes erreicht werden sollte.

So wurde einerseits mit Gesetzesdekreten des Präsidenten die Einführung der Marktwirtschaft forciert und versucht, die Rechtsordnung zu festigen, was allerdings wiederum von einem föderal bedingten Vollzugsdefizit gekennzeichnet war. Andererseits wurde anhand der Verfassungsnovelle von Ende Dezember 1990 eine institutionelle Umgestaltung angestoßen, die sich in einer einheitlichen Präsidialexekutive ähnlich dem US-amerikanischen Präsidentenamt niederschlug. Während der Föderationsrat parallel in ein Entscheidungsorgan umgewandelt

---

[196] Zu diesen Machtressorts gehörten die Streitkräfte, große Teile der Wirtschaft, insbesondere der militärisch-industrielle Komplex, Teile des Innenministeriums sowie der Parteiapparat.
[197] Vgl. Luchterhandt, Otto: Rechtsformen und Staatskrise in der Perestrojka, S. 124.

wurde, beschränkte die Verfassungsnovelle das starke institutionelle Eigengewicht des Ministerrates, und der Ministerpräsident war nun dem Präsidenten untergeordnet.

Auf der institutionellen Ebene hatte sich also bis zum Ende des Jahres 1990 einiges getan, es waren neue Organe und Ämter geschaffen und die Allmacht der KPdSU ausgehebelt worden. Die institutionelle Entwicklung kann aber nicht als ein von Anfang bis Ende durchgeplantes Projekt beschrieben werden, wie es die Ideen zur Perestroika von 1987 noch vermitteln wollten. Vielmehr wirkte die Entwicklung zwischen 1988 und 1990 wie eine Achterbahnfahrt, bei der immer wieder auf neu aufkommende Problematiken reagiert werden musste, deren schwierigste die drohende Auflösung der Sowjetunion durch die Krise des Föderalismus war. Das Projekt Perestroika, welches als Revolution von Gorbatschow charakterisiert worden war, machte sich selbstständig. Aus einer wirtschaftsfokussierten Reform wurde ein neues politisches System oder zumindest ein stark modifiziertes, auch weil im Kontext von Glasnost die Bevölkerung Anteil nahm und ihre Kritik offener äußern konnte, woraus politische Verpflichtungen entstanden, vor allem aber innerinstitutionelle Oppositionen entstehen konnten, die sich der zentralistischen Machtausrichtung entziehen konnten oder sich gar konträr positionierten.

So ergab sich für die Sowjetunion im Laufe des Reformprozesses eine Sackgasse, die Otto Luchterhandt wie folgt beschreibt: „Ließ früher die extrakonstitutionelle Herrschaft des monistisch-zentralistischen Parteiapparates dem Recht keine Chance, so führt heute das pluralistische Gegeneinander und die politische Rivalität territorialer Verwaltungseinheiten und politischer Funktionsträger zu demselben Ergebnis."[198] Dabei wirkte der instrumentalisierte Transparenz-Gedanke von Glasnost im Sinne der Meinungsfreiheit, der in Art. 9 der Verfassung festgeschrieben war, auch in der juristischen Dimension. Faktisch geheime Präsidialdekrete und Ministerratsverordnungen wurden durch das Komitee für Verfassungsaufsicht aufgedeckt. Doch konnte diese juristische Dimension von Glasnost ihre Wirkung gar nicht entfalten, da der Informationszugang zum

---

[198] Siehe: Luchterhandt, Otto: Rechtsformen und Staatskrise in der Perestrojka, S. 127.

Recht sich verschlechterte. Dies äußerte sich einerseits in den chaotischen Zuständen in der Verwaltung, die u. a. durch die ökonomischen Zerfallserscheinungen, die auch das Verlagswesen betrafen, hervorgerufen wurden und sich z. B. am Umstand der Papierknappheit zeigten. Andererseits muss dies auch auf die traditionelle Gleichgültigkeit gegenüber den Informationsbedürfnissen der Bürger zurückgeführt werden.[199]

Der ökonomische Verfall in der Sowjetunion hatte seinen Einfluss auch auf andere Bereiche als den des Informationszuganges. So wurde zwar im Juni 1990 eine gesetzliche Grundlage zur Legalisierung nicht systemkonformer Literatur, der sogenannten Samizdats geschaffen, doch war die Verbreitung der Samizdats u. a. aufgrund der willkürlichen Papierzuteilung strukturellen Problematiken ausgesetzt. Diese Strukturdefizite wurden durch eine monopolistische Medienstruktur und die unzureichenden Regeln bezüglich Organisation und Zugang zu den elektronischen Medien weiter verstärkt. Trotz all dieser Probleme kann der damaligen Sowjetunion ein existierender Zeitungspluralismus attestiert werden.[200]

Diese Widersprüche zwischen progressivem Fortschritt und Konservierung alter Strukturen schlugen sich auch immer wieder im Umgang mit der Verfassung nieder. So wurden die individuellen Menschenrechte im aufklärerischen, westlichen Sinne als Grundsatz anerkannt, aber auf der anderen Seite für die Streichung der menschenrechtswidrigen Präambel in der Unionsverfasssung keine Mehrheit gefunden, was den Verdacht einer modisch gewendeten Rhetorik aufkommen ließ. Im Verbund mit der Nicht-Abschaffung des Präsidialdekrets aus dem Juli 1988, welches die Versammlungsfreiheit faktisch ausgehebelt hatte, kann nur von einer eingeschränkten Demokratisierung die Rede sein. Diesen Defiziten im Demokratisierungsprozess standen grundlegende Systemänderungen wie die angesprochene Abschaffung der politischen Monopolstellung und Suprematie der KPdSU, festgeschrieben in Art. 6 und 7 der Verfassungsnovelle aus dem März 1990, gegenüber, welche die

---

[199] Vgl. Luchterhandt, Otto: Rechtsformen und Staatskrise in der Perestrojka, S. 129 ff.
[200] Ebenda.

Negation einer überhaupt vorhandenen Demokratisierung wiederum nicht zulassen.[201]

In diesem Sinne ist auch die rechtliche Neuordnung der sowjetischen Wirtschaft einzuordnen. Hier wurde im Rahmen der Änderungen im Wirtschafts- und Zivilrecht die Eigentumsfrage neu gestaltet und eine Abkehr vom Begriff des sozialistisch verstandenen Eigentums vollzogen. Dies begann mit dem Gesetz über das Eigentum aus dem März 1990, welches dem Bürger Eigentum und sukzessiv Produktionsmittel zur individuellen Nutzung und sonstiger wirtschaftlicher Tätigkeit zugestand, wie es dann in der Eigentumsverfassung in Art. 7 I festgeschrieben wurde.

Die Frage nach Besitz von Grund und Boden wurde schließlich umstritten diskutiert, führte aber über verschiedene Widerstände zumindest in den baltischen Teilrepubliken sowie der Russischen Föderation zum Bodenreformgesetz vom November 1990, in dem der private Besitz von Grund und Boden ausdrücklich anerkannt wurde.[202]

Der Verlauf der Perestroika ist also durch verschiedene Etappen gekennzeichnet, die durch eine rechtliche und institutionelle Öffnung gekennzeichnet waren. Auffällig waren dabei allerdings die Versuche, die Machtabgaben des alten Systems so gering wie möglich zu halten. Das Reformprojekt mit einem ökonomischen Fokus entwickelte sich im Laufe der Zeit zwischen 1987/1988 bis in das Jahr 1990 immer weiter zu einem grundlegenden Systemwandel, der allerdings in dieser Dimension nicht durch die sowjetische Führung beabsichtigt schien. So waren die Entstehung von politischen Oppositionen und gesellschaftlichen Freiheiten bzw. Partizipation die Grundlage für weitere Zugeständnisse der Machthabenden an die neuen Akteure. Diese Öffnung des Systems wurde dabei nicht nur von der sowjetischen Führung versucht zu begrenzen, sondern musste auch dem ökonomischen und bürokratischen Chaos oder Verfall Rechnung tragen, so dass pluralistische Ansätze für den Großteil der Bevölkerung ohne weitergehende Bedeutung versickerten.

---

[201] Ebenda.
[202] Vgl. Luchterhandt, Otto: Rechtsformen und Staatskrise in der Perestrojka, S. 134 f.

4.3. Die zivilgesellschaftliche Bedeutung der ersten Öffentlichkeiten im Rahmen der Perestroika

In den vergangenen Kapiteln wurden die Motivation zur Perestroika und die rechtlich-institutionellen Rahmenbedingungen der letzten Jahre der Sowjetunion erläutert. In den folgenden Kapiteln soll nun der Frage nachgegangen werden, ob anhand der Veränderungen der Rahmenbedingungen und gesellschaftlichen Strukturen von einer funktionierenden Zivilgesellschaft die Rede sein kann und welche Wirkungen auf den Reformprozess der sowjetischen Öffentlichkeit zugesprochen werden können.

Zunächst ist festzustellen, dass die Rhetorik zu Beginn der Perestroika bereits den Rahmen für einen öffentlichen Diskurs legte, da Gorbatschow die Kritik innerhalb der Gesellschaft als eine Motivation zum Handeln verstand oder dies so zumindest darlegte.[203] Darüber hinaus gingen die Umstrukturierungen der Wirtschaftsmechanismen nicht spurlos an der Bevölkerung vorbei, sondern brachten Veränderungen der gesellschaftlichen Beziehungen in rechtlicher, aber auch sozialer Hinsicht mit sich.

Das dabei fehlende Gesamtkonzept der Perestroika bot dabei immer wieder Einfallstore, die Politik und die Veränderungen zu diskutieren, und das Gebot von Glasnost stellte den Rahmen dafür, dies nicht mehr hinter verschlossenen Türen und ausschließlich gegenüber Vertrauten tun zu dürfen.[204] So wirkten Perestroika und Glasnost mit ihrem von oben intendierten und formulierten Systemwandel als eine erlaubte staatliche Vorgabe zur Problemidentifikation hinsichtlich alter Wertedifferenzen und Klassenunterschiede, die somit auch offiziell zum Gegenstand öffentlicher Diskussionen werden konnten.[205] Beichelt und Kraatz stellen in diesem Zusammenhang unter Bezug auf Mommsen[206] und Simon[207] fest: „Mit aufkommender erster

---

[203] Vgl. Gorbatschow, Michail: Perestroika, S. 17 f.

[204] Vgl. Saslawskaja, Tatjana: Die Gorbatschow-Strategie. S. 15.

[205] Vgl. Saslawskaja, Tatjana: Die Gorbatschow-Strategie, S. 20 ff.

[206] Vgl. Mommsen, Margareta: Glasnost in der UdSSR. Von systemimmanenter „Kritik und Selbstkritik" zum systemüberwindenden öffentlichen Diskurs. In: Rytlewski, Ralf: Politik und Gesellschaft in sozialistischen Ländern (PVS-Sonderheft 20), Opladen 1989, S. 198 ff.

Systemkritik setzte das während der gesamten Sowjetzeit fast undenkbare öffentliche oppositionelle Denken ein – aus Systemkritik wurde Systemopposition. Glasnost entwickelte sich zu einem „systemüberwindenden" oder „systemsprengenden" Diskurs."[208]

Welche gesellschaftsstrukturellen Veränderungen ergaben sich aus diesen neuen Rahmenbedingungen und der vermeintlich initiierten Aufbruchsstimmung? Dies kann anhand der Öffentlichkeitsbewegungen der UdSSR veranschaulicht werden, die die Politisierung der sowjetischen Bevölkerungen abbilden. Die ersten Gruppen von Informellen machten bereits im Sommer 1986 auf sich aufmerksam. Dabei muss erwähnt werden, dass sich ein ernst zunehmendes Ballungszentrum zunächst nur in Moskau etablieren konnte.

Woher stammten aber nun die Strukturen, die sich die neuen Öffentlichkeiten zu Nutze machten? Im Grunde genommen handelte es sich um die Weiterentwicklung bereits bestehender Klubs oder (Freizeit-)Vereine. Diese bereits existierenden Klubs wurden letztendlich politisiert und ihr vorhandener logistischer Rahmen genutzt, um Diskussionen zu führen und Standpunkte zu erarbeiten.[209] So entwickelten sich aus freizeitlichen, unpolitischen Zusammenhängen – wie dem Sportverein, dem Laientheater u. Ä. – die ersten politischen Öffentlichkeiten der UdSSR. Es handelte sich bei diesen Gruppen von Informellen allerdings keineswegs um Dissidenten oder ihre Nachfolger, auch wenn diese durchaus die geistigen und ideologischen Wurzeln lieferten.[210]

Aus diesen Vereinen gingen dann die neuen politischen Klubs hervor, die im Sinne einer politischen Öffentlichkeit nach innen und außen wirkten. Der Moskauer Klub soziale Initiative (KSI) ist als solcher einzuordnen und in seiner Entstehung und Entwicklung typisch für die Zeit der anfänglichen Perestroi-

---

[207] Vgl. Simon, Gerhard und Simon, Nadja: Verfall und Untergang des sowjetischen Imperiums, München 1993, S. 88 ff.

[208] Siehe: Beichelt, Timm und Kraatz, Susanne: Zivilgesellschaft und Systemwechsel in Rußland, S. 121.

[209] Vgl. Igrunov, Vjačeslav: Öffentlichkeitsbewegungen in der UdSSR: Vom Protest zum politischen Bewußtsein. In: Segbers, Klaus: Perstrojka. Zwischenbilanz, Frankfurt am Main 1990, S. 76 ff.

[210] Ebenda.

ka.[211] Der KSI konstituierte sich zunächst in einer unbestimmten heterogenen Zusammensetzung aus verschiedenen Gruppen, wobei sich allerdings eine Gemeinsamkeit formulierter sozialer Ziele bereits zu Beginn attestieren ließ und in der Namenswahl niederschlug. Die Entwicklung des KSI wurde dann durch die Aufnahme früherer Untergrundaktivisten vorangetrieben, die den Klub weiter politisierten und die zuvor vage Suche zu einem konkreten Versuch, die soziale und politische Realität zu verändern, wandelten.[212] Diese Umorientierung führte zu einem expansiven Zuwachs an Mitgliedern. Diese Mitglieder prägten dann auch den im Frühjahr 1987 neu gegründeten Klub Perestroika und verstärkten somit die politische Komponente dieses Klubs. Im August desselben Jahres wurde unter Beteiligung des Moskauer Stadtkomitees der KPdSU eine Konferenz abgehalten, welche im Sinne eines Diskussionstreffens der Informellenvereinigungen 300 Teilnehmer aus 12 verschiedenen Städten mobilisierte. Die Teilnehmerzahl zeigt zwar, dass die Öffentlichkeitsbewegung in ihrem Umfang noch in den Kinderschuhen steckte, doch der Haupttagespunkt der Schaffung eines weiten Netzes von Informationskanälen zur schnelleren Politisierung von Öffentlichkeitsbewegungen bekräftigte die sich entwickelnden Öffentlichkeitsstrukturen.[213] Es folgten weitere Konferenzen dieser Art, bis sich der KSI als Verband aufzulösen begann, so dass er Anfang des Folgejahres bereits zu den kleinsten Klubs zählte. Diese Verkleinerung hatte allerdings auch die Entwicklung schärferer Umrisse bezüglich des Aktionsprogrammes und der Arbeitsmethoden zur Folge. Die Entwicklung zu einer kleinen elitären Vereinigung schlug sich dann auch in ihrer Funktionsweise nieder, über den persönlichen Einfluss der Mitglieder sowohl auf die Informellenbewegung als auch auf offizielle Strukturen zu wirken.

Eine andere bereits angesprochene Organisation war der Klub Perestroika, der sich entsprechend dem Namen an der von Gorbatschow ausgegebenen Linie orientierte und somit dem

---

[211] Vgl. Igrunov, Vjačeslav: Öffentlichkeitsbewegungen in der UdSSR, S. 78 f.
[212] Ebenda.
[213] Ebenda.

Sozialismus, aber auch der KPdSU verschrieb.[214] Gegründet wurde der Klub Perestroika von angesehenen Wissenschaftlern, und er kann in dieser Hinsicht als ein Wirken der Akademieinstitute im Bereich der Öffentlichkeiten verstanden werden.

Bereits im Januar 1988 spaltete sich der Klub Perestroika in zwei unabhängige Klubs auf, den radikalen Klub Perestroika 88 sowie den Klub Demokratische Perestroika. Der Klub Perestroika 88 zeichnete sich durch die Heterogenität seiner Gruppen aus, die die Ablehnung des Autoritarismus und der Gewaltmethoden bei Beilegungen von Streitigkeiten als ethischer Grundsatz verband.[215] An seiner Heterogenität sowie seinem geringen sozialen und wissenschaftlichen Status in Verbindung mit einer fehlenden logistischen Unterstützung[216] ist die baldige Auflösung des Klubs Perestroika 88 festzumachen. Der Klub Demokratische Perestroika hingegen existierte wesentlich länger und hatte die Absicht, sich hinter vorgehaltener Hand zu einer sozialdemokratischen Partei zu entwickeln. Nach der Gründung der ersten oppositionellen Partei Demokratische Union galt der Platz einer sozialdemokratisch ausgerichteten Partei als besetzt und im Mai 1988 radikalisierte sich der Klub Demokratische Perestroika, versuchte sich an die Spitze der Vereinigungsbewegungen zu setzen und wirkte im Rahmen der Moskauer Volksfront bis Ende August des Jahres 1988 als einer der Hauptinitiatoren in der Moskauer Volksfront, die auf den Straßen dominierte.[217] Die Nachfolge der ursprünglichen Ausrichtung der Demokratischen Perestroika übernahm die Moskauer Tribüne, welche von angesehenen Mitgliedern wie Sacharow oder Saslawskaja gegründet wurde und im Sinne der Erforschung sozialökonomischer und politischer Probleme arbeitete.

Wie am Beispiel des Klubs Perestroika 88 bereits erwähnt wurde, waren diese neuen Öffentlichkeiten keineswegs unberührt von Repressionen. Neben der selektiven Unterstützung system- und perestroikakonformer Klubs durch den Staat waren

---

[214] Vgl. Igrunov, Vjačeslav: Öffentlichkeitsbewegungen in der UdSSR, S. 80.

[215] Vgl. Igrunov, Vjačeslav: Öffentlichkeitsbewegungen in der UdSSR, S. 82.

[216] Dem Klub Perestroika 88 wurden z. B. keine Räumlichkeiten zur Verfügung gestellt; man versuchte ihn auch in sonstiger Hinsicht zu isolieren. Ebenda.

[217] Vgl. Igrunov, Vjačeslav: Öffentlichkeitsbewegungen in der UdSSR, S. 84

es vor allem logistische Hürden wie nicht zur Verfügung stehende Räumlichkeiten, mit der der unbequemere Teil dieser neuen Öffentlichkeiten zu kämpfen hatte. So verlor auch der KSI im Herbst 1987 seine Räumlichkeiten, nachdem er eine Untersuchung hinsichtlich der Misshandlung von Hippies seitens des Staates vorgenommen hatte. Weiterhin muss der sowjetischen Kluböffentlichkeit eine Elitenlastigkeit attestiert werden,[218] so dass von einer gesamtgesellschaftlichen Partizipation bzw. Beteiligung einer Mehrheitsgesellschaft an der Öffentlichkeitsbewegung nicht gesprochen werden kann.

Ist die zur Zeit der Perestroika entstehende Öffentlichkeitsbewegung als eine Zivilgesellschaft im definitorischen Sinne zu verstehen? Es ist festzustellen, dass sich die systematischen Rahmenbedingungen hinsichtlich einer Redefreiheit mit dem offiziellen Bekenntnis der Herrschenden zu Perestroika und Glasnost geändert hatten. Tabuthemen wurden vorsichtig freigegeben und die Zensur schrittweise abgeschafft,[219] Systemkritik zugestanden und quasi im Kontext der Revolution unter sozialistischem Vorbehalt gefordert. Es war also erstmals möglich, in dieser post-totalitären Atmosphäre Diskurse zu führen. Die Entwicklungen des Rechtsstaates mit Verfassungskontrolle, Recht auf Eigentum, pluralistischen Informationsmöglichkeiten (Samizdat) und bürgerlichen Freiheiten machen eine Public Sphere annähernd möglich, da nun die Voraussetzungen einer Privatsphäre sowie einer pluralistischen Meinungsbildung entstanden waren und ein öffentlicher Diskurs nicht mehr unter Strafe stand. Sicherlich muss in diesem Zusammenhang trotzdem den Einschränkungen Rechnung getragen werden, die am Beispiel des faktisch nicht vorhandenen Rechts auf Versammlungsfreiheit auch durchaus als elementar einzustufen sind. Dennoch kann von einer deutlichen Veränderung bezüglich der systematischen Voraussetzungen für eine zumindest partiell funktionierende Zivilgesellschaft ausgegangen werden, die öffentliche und „parlamentarische" Opposition möglich gemacht hat.

---

[218]Vgl. Beichelt, Timm und Kraatz, Susanne: Zivilgesellschaft und Systemwechsel in Rußland, S. 123.

[219] Z. B. anhand der Legalisierung der Samizdats. Vgl. Luchterhandt, Otto: Rechtsformen und Staatskrise in der Perestrojka, S. 130.

Die beschriebene Entwicklung der politischen Klubs zeigt die Entstehung eines öffentlichen Meinungsnetzwerkes ausgehend von einem kritischen Diskurs. Diese Klubs repräsentierten freiwillige Zusammenschlüsse von Individuen auf Grundlage eines inhaltlichen Konsenses und bildeten damit eine semi-professio-nalisierte Ebene über der Public Sphere, die letztendlich der Aufgabe nachging, gesellschaftliche, soziale und systematische Probleme zu identifizieren und in den politischen Prozess einzubringen. Gerade die spätere Beteiligung ehemaliger Untergrundaktivisten unterstreicht den Charakter des freiwilligen, unbeeinflussten Zusammenschlusses der Klubverbände. Die Veränderungen auf der institutionellen Ebene, gerade bezüglich des Allmachtverlustes der KPdSU und der Bedeutung des Volksdeputiertenkongresses, machten die Übertragung der öffentlichen Erkenntnisse in den politischen Prozess möglich und ließen schließlich den von oben kontrollierten ökonomischen Reformversuch im Sinne der Zugeständnisse in den Verfassungsnovellen eskalieren. In diesem Zusammenhang muss die Teilnahme der alten sowjetischen Intelligenzija an der Öffentlichkeitsbewegung vermerkt werden, die als Übersetzer bzw. Katalysator der identifizierten Missstände notwendig für eine funktionierende Zivilgesellschaft war.

Gegenteilig muss die Unterstützung von linientreuen Öffentlichkeiten und der repressive Umgang mit den kritischen Öffentlichkeiten beschrieben werden sowie die geringe Repräsentativität der politisch aktiven Klubs im Verhältnis zur Gesamtgesellschaft bestätigt werden. Es handelte sich also um eine versucht kontrollierte und elitäre Zivilgesellschaft. Die Teilnahme an den politischen Öffentlichkeiten kann zwar als freiwillig beschrieben werden, doch zeigt sich ganz im Rahmen des Youngschen Begriffs der Opression, dass der Großteil der Sowjetgesellschaft historisch bedingt von der Möglichkeit der weitergehenden Teilnahme am zivilgesellschaftlichen Prozess ausgeschlossen war. Dies unterscheidet sich aber nur in der quantitativen Intensität der Teilnahme, da auch in der Theorie die überwiegende Teilnahme einer privilegierten sozialökonomischen Elite anzunehmen ist.

Zusammenfassend lässt sich sagen, dass sich während der Perestroika im Rahmen der rechtlich-institutionellen Entwicklung die Voraussetzungen für eine Zivilgesellschaft verbessert haben, ohne allerdings eine Vollständigkeit auszugestalten, und dass diese Entwicklung von einer Elite der Gesellschaft genutzt wurde, um eine organisierte Ebene der Zivilgesellschaft auszubilden, die einen tatsächlichen Einfluss auf den politischen Prozess etablieren konnte.

4.4. Welchen Einfluss hatte die Zivilgesellschaft beim Niedergang der Sowjetunion bzw. auf den Wandel der Perestroika?

Zu Beginn muss in diesem Zusammenhang festgestellt werden, dass der ökomische Rückstand den Niedergang der Sowjetunion grundlegend beeinflusst hat. Die sowjetische Wirtschaft hatte dem Konkurrenzdruck der westlichen Welt, u. a. im Kontext des Wettrüstens zwischen den beiden Großmächten der bipolaren Weltordnung nicht mehr standhalten können. Die Wirtschaft ist sicherlich als ein wesentlicher Faktor im Ursachenprinzip der Auflösung der Sowjetunion anzusehen. Ein weiterer Punkt ist die Problematik des erodierenden Zentralismus. Wie ich in Kapitel 4.2. erläuterte, war die Krise des sowjetischen Föderalismus, ausgehend von den entstehenden Machtdivergenzen im Rahmen des Allmachtverlustes der KPdSU, ein wesentlicher Faktor im Sinne einer schwindenden Handlungsfähigkeit der zentralen Kräfte in der Sowjetunion.

So war die Perestroika die von oben geschaffene Ausgangsposition der sich verändernden Institutionen, doch ergaben sich die wandelnden Machtverhältnisse durch die ungewollte Eigendynamik, die die Perestroika, wie in Kapitel 4.2. beschrieben, zwischen 1988 und 1990 entwickelte. Diese Eigendynamik war wiederum durch eine institutionell politische Opposition beeinflusst, die im Rahmen des Volksdeputiertenkongresses die Mehrheit erlangen konnte.

Diese zu Beginn der Perestroika geschaffene Institution mit dem Ziel eines Imagewandels, allerdings mit der Kalkulation des Machterhalts von Politbüro und KPdSU, wurde trotz alledem zu einem Symbol für die Möglichkeit der Partizipation am politischen Prozess, als die Opposition um Boris Jelzin zu einer Mehrheit gewählt werden konnte. Brie stellt in diesem Zusammenhang über die Wahlen fest: „Vor allem aber erwuchs gerade auch aus den Wahlen jene politische Dynamik, die das politische System der Einheitspartei in die antagonistischen Konfrontationen von verschiedenen Gruppen der Nomenklatura zerlegte, aus der der Systemzusammenbruch dann erwuchs."[220] Es folgte die Entmachtung der KPdSU im Kontext der Einführung eines Mehrparteiensystems, welches als ein Zugeständnis bezüglich des föderal notwendigen, aber in der Bevölkerung nicht akzeptierten Präsidentenamtes interpretiert werden kann. Ebenso kann der Protest bezüglich des versuchten Machterhalts des Obersten Sowjets eingeordnet werden, der anhand des Gesetzes gegen antisowjetische Agitation die Neugestaltung der Institution abwehren wollte. Nicht nur, dass dies alleine schon zu öffentlichem Protest führte, sondern die Tragweite einer elementaren Gesetzesänderung nach sich zog, zeigt, dass öffentliche Kritik als Korrektur des politischen Prozess und sukzessiv der Reformen in Kontext von Perestroika und Glasnost wirken konnte.

Es war quasi eine elitäre Zivilgesellschaft entstanden, welche ihren Einfluss auf die Machtzentren hatte. Und in Kombination mit der Legalisierung des Samizdat und dem damit verbundenen faktischen Pressepluralismus konnte eine Rückbindung (staats-)kritischer Meinung auch gegenüber der Bevölkerung erreicht werden. Vergegenwärtigt man sich also, dass kritische Öffentlichkeiten den Verlauf der Perestroika beeinflussten und die daraus entstandene Öffnung des politischen Prozesses im Sinne oppositioneller Kräfte und neuer demokratischerer Institutionen gegeben waren, muss davon ausgegangen werden, dass die Bevölkerung zumindest gefühlt von einem Einfluss nichtstaatlicher Akteure wie den als Zivilgesellschaft einzuordnenden Klubs überzeugt war. Dies wird zusätzlich durch die Abkehr von totalitären Strukturen bestärkt, da die öffentliche Meinungsäußerung nicht mehr auf eine „Redefreiheit in der Küche"

---

[220] Siehe: Brie, Michael: Rußland: Das Entstehen einer „delegierten Demokratie". In: Merkel, Wolfgang; Sandschneider, Eberhard und Segert, Dieter: Systemwechsel 2. Die Institutionalisierung der Demokratie, Opladen 1996, S. 150.

begrenzt war, sondern im Kontext der Perestroika-Reformen Kritik am Staat partiell erwünscht war.

Der entscheidende Sargnagel der sowjetischen Union wurde schließlich im Rahmen des von alten Kräften initiierten Augustputsches 1991 gesetzt. Dieser Putschversuch, ausgehend von den alten kommunistischen Akteuren der KPdSU, verfehlte nicht nur das Ziel, die Macht an sich zu reißen, sondern leitete die endgültige Auflösung der Sowjetunion zum Jahresende ein. Auslösende Motivation zum Putsch war das geplante, angestrebt sozialdemokratische Parteiprogramm der KPdSU.[221] Den Putschisten misslang aber nicht nur die Festnahme des im Juni gewählten russischen Präsidenten Boris Jelzin, sondern ihre Aktion stieß zusätzlich auf den Unwillen des Volkes, welches trotz Verbot und Gewaltandrohung durch in Moskau aufgefahrenes Militär ihren Protest in die Straßen trug. Dabei setzte sich Jelzin an die Spitze und forderte die Bevölkerung zu zivilem Ungehorsam und Streiks auf.[222] Der Augustputsch scheiterte und Jelzin verbot in dessen Folge die KPdSU.[223] Damit war ein weiterer Baustein des sowjetischen Fundamentes abgebaut, und die endgültige Auflösung der Sowjetunion manifestierte sich im Dezember 1991. Zunächst erklärten sich die sowjetischen Teilrepubliken für unabhängig und Russland, die Ukraine sowie Belarus gründeten am 09.12.1991 die Gemeinschaft unabhängiger Staaten (GUS) als Nachfolgemodell der Sowjetunion. Es folgten die Beitritte der anderen ehemaligen sowjetischen Teilrepubliken mit Ausnahme Georgiens, die am 21.12.1991 formal die GUS komplettierten.

Welcher Einfluss der Zivilgesellschaft auf die Auflösung der Sowjetunion im Einzelnen zugeschrieben werden kann, ist nicht eindeutig zu bestimmen. Doch kann zunächst eine gefühlte Partizipation der russischen Bevölkerung vermutet werden. Die Rolle der Klubs bzw. Vereine als elitäre Repräsentation von

---

[221] Vgl. Schneider, Eberhard: Das politische System der Russischen Föderation. Eine Einführung, 2. Auflage Wiesbaden 2001, S. 23.
[222] Vgl. Kremer, Ilja: Die Sowjetunion und Russland nach 1985: Von der Oktoberrevolution zur Oktoberkrise. In: Zürcher Beiträge zur Sicherheitspolitik und Konfliktforschung. Heft Nr. 30, Zürich 1993, S. 67.
[223] Vgl. Schneider, Eberhard: Rußland auf Demokratiekurs? Neue Parteien, Bewegungen und Gewerkschaften in Rußland, Ukraine und Weißrußland, Köln 1994, S. 17 ff.

Zivilgesellschaft ist in ihrer Tragweite zwar unbestimmt, ihr Einfluss auf die Entwicklung des Reformwandels im Sinne von Zugeständnissen ist aber nicht zu negieren und ergibt in Kombination mit der politischen Berücksichtigung des auch von den Klubs vertretenen Meinungsbildes der Bevölkerung einen Grundstein, der zum Verlust des zentralen Machtaspektes führte, welcher wiederum eine grundlegende Voraussetzung zum sich ergebenden Niedergang und damit zur Auflösung der Sowjetunion war.

5. Die neunziger Jahre

Es folgte die Zeit, die in der Literatur auch als Chaos-Zeit der Neunziger Jahre bezeichnet wird. Im Rahmen dieser Arbeit soll diese Periode des Postkommunismus in Verbindung mit einer fortschreitenden Demokratisierung untersucht werden. Hierbei soll insbesondere der Wandel der Rahmenbedingungen im Sinne der Orientierung zur Herausbildung bzw. Entwicklung einer russischen Zivilgesellschaft in den Mittelpunkt gestellt werden.

So ist der politische und ökonomische Wandel der neuen Russischen Föderation durch Instabilität und Stillstand gekennzeichnet. Daher soll der These einer aufkommenden Frustration der russischen Zivilgesellschaft nachgegangen werden, die die zumindest partiell vorhandene Aufbruchsstimmung zivilgesellschaftlichen Handelns in das Gegenteil einer gesellschaftlichen Depression verkehrte. Der Rückgang des Wohlstands – statt eines mit der Demokratie verbundenen und erhofften Wirtschaftswachstums – sowie die trotz Demokratisierung der Institutionen ausbleibenden bzw. minimalen politischen und gesellschaftlichen Partizipationsmöglichkeiten bildeten gemäß der formulierten These einer in den neunziger Jahren einsetzenden zivilgesellschaftlichen Frustration die Grundlage für einen Rückzug ins Private statt einer auch gesellschaftlichen Demokratisierung, welche die Voraussetzung gebildet hätte, einen vollständigen Transformationsprozess ausgehend von der kommunistischen Sowjetunion zu einem demokratischen Russland zu vollziehen.

Im Folgenden sollen die ökonomische und die politische Dimension der neunziger Jahre erläutert werden, um sie anschließend mit der Transformationstheorie in ihr Bedeutungsverhältnis zur Entwicklung Russlands zu setzen. Dabei kann die Transformationstheorie aufgrund des Umfangs der Arbeit nur angerissen werden, sie ist aber trotz alledem notwendig, um die Entwicklung Russlands einzuordnen. Abschließend soll der Bedeutung der Rahmenbedingungen im Sinne der formulierten Frustrationsthese nachgegangen werden, um die gesellschaftliche Ausgangsposition vor der Putin-Ära in ihrer Gesamtheit und historischen Komplexität präsent zu haben und letztendlich die Politik der „Souveränen Demokratie" Wladimir Putins in ein Verhältnis zu den historischen Bedingungen und Entwicklungen setzen zu können.

5.1. Das politische Chaos

Wenn man von Chaos spricht, heißt dies für den Fall Russlands, dass sich in den neunziger Jahren ein Kontrollverlust und eine Handlungsunfähigkeit einstellte, die chaotische Verhältnisse in der politischen Sphäre möglich machte. Der schnelle Abbau der sowjetischen Institutionen und Strukturen führte durch den gleichzeitig langsam anlaufenden Aufbau neuer Strukturen zu staats- und rechtsfreien Räumen.[224] In diesem weitestgehend von staatlicher Kontrolle befreiten Klima wurde die neue Demokratie von der Bevölkerung als politische Instabilität wahrgenommen und die neu eingeführte Marktwirtschaft assoziativ auf Korruption, Diebstahl und mafiöse Strukturen reduziert.[225] Das Prinzip „je weniger Staat desto besser" wurde dabei zusätzlich durch ausländische Kräfte unterstützt und verstärkt.[226] So scheint die Unterstützung des Westens gegenüber Boris Jelzin einer fortschreitenden Demokratisierung eher hinderlich gewesen zu sein, wie z. B. anhand der Charakterisierung Gorbatschows in einer Dankesrede anlässlich der Verleihung des Dr. Friedrich Joseph Haass-Preises am 15.05.2007 deutlich wurde, in der Gorbatschow Jelzin u. a. als Zerstörer des Staates mit westlicher Zustimmung einordnete. Diese Wahrnehmung des Westens durch Russland pointierte Gorbatschow mit dem Satz: „Da [bei dem westlichen Beifall bezüglich Jelzins] kam bei uns Russen zum ersten Mal der Verdacht auf, dass der Wes-

---

[224] Vgl. Schulze, Peter W.: Von der gelenkten zur souveränen Demokratie: Etappen der postsowjetischen Transformation. In: Schneider-Deters, Winfried; Schulze, Peter W. und Timmermann, Heinz: Die Europäische Union, Russland und Eurasien. Die Rückkehr der Geopolitik: Berlin 2008, S. 64.
[225] Ebenda.
[226] Ebenda.

ten umso lauter Beifall klatscht, desto schlechter es um uns bestellt ist.“[227]

Bis 1993 befand sich das „neue Russland“ in einem unbestimmten Zustand. Der Volksdeputiertenkongress ließ die von einer Verfassungskommission unter dem Vorsitz Jelzins ausgearbeiteten Verfassungsentwürfe aufgrund einer kommunistischen Mehrheit immer wieder scheitern.[228] Dies zwang Jelzin zu einem Referendum zur Bestätigung seiner Politik, welches er als Legitimation nutzte, um die verfassungswidrige Auflösung des Volksdeputiertenkongresses umsetzen zu können. Es folgten am 12.12.1993 die ersten Wahlen zur Staatsduma und dem Föderationsrat sowie einem weiteren Referendum zu einer neuen Verfassung.

Diese „Ablösung“ der alten Kräfte gelang allerdings nicht reibungslos. Der Volksdeputiertenkongress weigerte sich, sich aufzulösen und das Weiße Haus zu verlassen, was letztendlich zu einem gewaltsamen Ausbruch am 03.10.1993 führte. Jelzin gelang es daraufhin, das Militär hineinzuziehen, welches das Weiße Haus Moskaus unter Beschuss nahm und die Putschisten zur Aufgabe zwang. Die im Februar 1994 von der Duma verabschiedete Amnestie für die Putschisten war ein erster Indikator für die kommende Politik des Klüngels. Dieser Klüngel war eine Politik vorbei am Parlament und damit an der Möglichkeit zur Partizipation. Partizipation war zwar auf regionaler Ebene möglich, die Gouverneure der Regionen wurden erstmals 1995–1997 vom Volk gewählt, was Jelzin als einen Meilenstein der russischen Historie einordnete und als Indiz für eine weitere Demokratisierung heranzog.[229] Dabei entstanden schließlich die sog. „regionalen Eliten“ aus einer Symbiose der gewählten Vertreter sowie lokaler bzw. regional einflussreicher Wirtschaftskräfte. Deren Einfluss konnte über den Föderationsrat in die zentrale Politiksphäre hinein getragen werden und bildete für Jelzin ein permanentes Hindernis, seine Politik zu verwirkli-

[227] Siehe: Schulze, Peter W.: Von der gelenkten zur souveränen Demokratie: Etappen der postsowjetischen Transformation, S. 69.
[228] Vgl. Schneider, Eberhard: Das politische System der Russischen Föderation, S. 13.
[229] Vgl. Schneider, Eberhard: Das politische System der Russischen Föderation, S. 155 ff.

chen. So fußte letztendlich Jelzins Politik- und Handlungsspielraum auf Kompromissen mit den regionalen Eliten sowie der einflussreichen (Wirtschafts-)Oligarchie. Unter Jelzin entstand schnell eine Herrschaftssynthese, bestehend aus alter Parteinomenklatur bzw. Sowjetbürokratie, ehemaligen demokratischen Reformern sowie finanzindustriellen Gruppen. So ergab sich eine Verschmelzung der Machteliten, in der sich auch die Kräfte, die sich als demokratisch und liberal verstanden, zentralistischer und autoritärer Methoden bedienten, um die eigenen Überzeugungen durchzusetzen.[230] Auf diese Weise war eine Toleranz gegenüber Jelzins Regierungsart anhand von Präsidialdekreten möglich,[231] da Jelzins selbstauferlegter „Ein-Mann-Auftrag" des Schutzes vor kommunistischer Machtrückkehr von progressiver Seite geteilt und unterstützt wurde.[232] Diese Politik Jelzins verschliss nicht nur sieben Ministerpräsidenten, sondern feite ihn auch nicht davor, im Zeitraum von 1995 bis 1999 trotz des Instrumentes der Präsidialdekrete quasi eine Geisel des Föderationsrates zu sein, also in Abhängigkeit der regionalen Eliten zu stehen.[233]

In Verbindung mit der faktischen Kontrollübernahme der Finanzgruppen über die Ministerien, Regionen, Städte und Parteien ergab sich ein Verlust der zentralen Handlungsfähigkeit unter dem Prinzip der Herrschaft einer Oligarchie.[234] Jelzins institutionell starkes Präsidentenamt war zu einer Marionette von regionalen Eliten und Oligarchie verkommen.

Die politische Sphäre des neuen russischen Staates bot im Grunde genommen keine ernsthaften Möglichkeiten der Partizipation für die russische Bevölkerung. Die Staatsduma als Parlament war durch das starke Präsidentenamt ohne hinreichende Kompetenzen ausgestattet.[235] Dies hatte zur Folge, dass die

---

[230] Vgl. Schulze, Peter W.: Von der gelenkten zur souveränen Demokratie: Etappen der postsowjetischen Transformation, S. 63.
[231] Vgl. Schneider, Eberhard: Das politische System der Russischen Föderation, S. 55
[232] Vgl. Goehrke, Carsten: Russischer Alltag, S. 415.
[233] Vgl. Schulze, Peter W.: Von der gelenkten zur souveränen Demokratie: Etappen der postsowjetischen Transformation, S. 67.
[234] Ebenda.
[235] Vgl. Schneider, Eberhard: Das politische System der Russischen Föderation, S. 93 f.

parlamentarische Ebene keine Möglichkeit für progressive Kräfte darstellte und zudem historisch bedingt von ideologischen Gegnern Jelzins wie den rückwärtsgewandten kommunistischen Kräften der KPRF oder den Nationalisten von Wladimir Schirinowskis LDPR durchsetzt war. Diese bildeten die stärksten Parteien der Duma in der Ära Jelzin und waren als antiprogressive Elemente die Legitimation von Jelzins Ignoranz gegenüber der Duma, die in diesem Kontext auch vom westlichen Ausland anerkannt wurde. Andere Parteien wie die sozialdemokratische Jabloko oder Luschkows Vaterland – Ganz Rußland (VGR) spielten zunächst keinerlei Rolle in der Parteienhistorie des neuen russischen Staates.

5.2. Das ökonomische Chaos

Das politische Chaos und seine Bedeutung für die (Zivil-) Gesellschaft war an der mangelhaften Ausgestaltung der russischen Institutionen und insbesondere an den fehlerhaften Umsetzungen im Sinne demokratisch defizitärer Machtkonzentrationen festzumachen, die eine Partizipation als Einfluss auf die staatliche Sphäre oder Ebene fast komplett ausschlossen. Das ökonomische Chaos war, gerade in der Wahrnehmung der Bevölkerung, durch den Wohlstandsgrad des neuen russischen Staates gekennzeichnet.

Nach Natalia Tchernina ergab sich im Rahmen einer staatlich begründeten sozialen Exklusion ein fortschreitender Verlust des russischen Wohlstands, so dass im ersten Jahr nach Auflösung der Sowjetunion zwischen 33 und 40 Prozent der Bevölkerung unter dem Existenzminimum einzuordnen waren. Besonders benachteiligt waren in diesem Kontext diejenigen Russen, die ihre Arbeit verloren, dahingehend sind auch der Verlust ihres sozialen Status und die unmittelbare Konsequenz eines Absturzes in die Armut zu betrachten.

Auf der anderen Seite ist die Landbevölkerung zu nennen, welche bereits in den vergangenen Jahrzenten der Sowjetunion einer mehrfachen Deprivation ausgesetzt war, deren alte Über-

lebensstrategien nun aber nicht mehr greifen konnten.[236] Beglei-
tet wurden diese Phänomene durch mehrdimensionale Depriva-
tionen, welche zu der Adaptionsstrategie eines individuellen
Unternehmertums in der Bevölkerung führte. Dieses individuelle Unternehmertum war durch den sog. Kiosk-Kapitalismus
möglich. Diesem lag zu Grunde, dass viele Betriebe aufgrund
der Inflation von der Geldwirtschaft zur Tauschwirtschaft über-
gingen.[237]

Wie konnte es aber zu einer solchen Entwertung des Geldes
kommen? Nach Auflösung der Sowjetunion sollte die Transformation des russischen Staates zu einer marktwirtschaftlichen
Demokratie schnellstmöglich vollzogen werden. Die alten
Strukturen wurden wie erwähnt umgehend abgebaut, im Gegenzug sollte die neue Ordnung ebenso schnell wieder etabliert
werden. So wurde der Übergang zur neuen marktwirtschaftlichen Ökonomie als Schocktherapie umgesetzt. Mit dieser Aufgabe wurde der neue Wirtschaftsminister Jegor Timurowitsch
Gaidar betraut. Dieser orientierte sich an den amerikanischen
Monetaristen und manifestierte die neue Wirtschaftsordnung
anhand der Freigabe der Preise, der Liberalisierung des Außen-
handels und der Privatisierung von Klein- und Großbetrieben.[238]
Allerdings fehlten im damaligen Russland die notwendigen
ökonomischen Voraussetzungen für eine Selbstregulierung der
Märkte, so dass die Freigabe der Preise von Monopolisten zu
drastischen Preiserhöhungen genutzt werden konnte und die
Privatisierungen zu Gunsten der alten Nomenklatur wirkten. Im
Ergebnis wandelte sich die Schocktherapie zu einem „Schock
der Therapie", was aufgrund des wachsenden Unmutes zu einem Abbruch des Schock-Prinzips führte.[239]

Es folgte wirtschaftspolitisches Lavieren mit der Nebenwir-
kung, Einfallstore für Korruption und Kriminalität weiter aufzu-
stoßen und letztendlich einen Raubritterkapitalismus zu etablie-

---

[236] Vgl. Tchernina, Natalia: Die Bevölkerung Rußlands in der Transformationsphase. Soziale Exklusion und Adaptionsstrategien. In: Bundesinstitut für
ostwissenschaftliche und internationale Studien, Köln 1998, S. 3 ff.
[237] Vgl. Goehrke, Carsten: Russischer Alltag, S. 414.
[238] Ebenda.
[239] Ebenda.

ren.[240] Die Tatsache, dass während der Schocktherapie bis Ende 1993 an einer gemeinsamen Währung mit den GUS-Staaten festgehalten wurde, trug ebenso wenig zur Stabilisierung der neuen Wirtschaftsordnung bei wie die Überschwemmung des russischen Marktes mit ausländischen Importwaren, die die inländische Lebensmittel- und Konsumgüterproduktion zu ersticken drohte.[241] Da gleichzeitig die russischen Exporte auf Öl/Gas, Militärtechnik und Metalle reduziert waren, ergab sich ein Außenhandelsdefizit, mit dem Ergebnis, dass mehr Geld das Land verließ, als hineinkam. Flankiert wurden diese ökonomischen Phänomene mit dem historisch bedingten Ignorieren von Steuern und den daraus resultierenden minimalen Steuereinnahmen.[242] Die Folge all dieser Faktoren waren die Auflösung der Ersparnisse und eine entsprechende Inflation, die wiederum zum beschriebenen Übergang zur Tauschwirtschaft führte, die sogar zu einer staatlichen Dimension erwuchs. So stellt Peter Schulze fest: „Die staatliche Handlungsunfähigkeit verschärfte die Korruption der Bürokratie und ließ die russische Wirtschaft und Gesellschaft in archaische Formen des Gütertausches zurückgleiten. Selbst Steuern wurden von Firmen durch Dienstleistungen und Waren beglichen."[243]

Russland erfasste in den neunziger Jahren eine dauerhafte Wirtschaftskrise. Dies zeigt z. B. das russische BIP und die Industrieproduktion, die im Jahr 1998/1999 auf die Hälfte des Niveaus des Jahres 1991 gefallen waren, also dem Stand der bereits wirtschaftlich stark angeschlagenen Sowjetunion.[244] Es muss zwar auch erwähnt werden, dass sich die Wirtschaft 1995 auf einem tiefen Niveau stabilisieren konnte, doch erhält diese Rückkehr zu wirtschaftlichem Wachstum mit der Finanzkrise von 1998 ausgehend vom Platzen einer Spekulationsblase, die auf binnenländische Schuldtitel (GKO) zurückzuführen war, ein

---

[240] Vgl. Goehrke, Carsten: Russischer Alltag, S. 415.
[241] So hielten sich darüber hinaus ausländische Investoren mit Direktinvestitionen in die russische Infrastruktur zurück.
[242] Vgl. Schulze, Peter W.: Von der gelenkten zur souveränen Demokratie: Etappen der postsowjetischen Transformation, S. 68.
[243] Siehe: Schulze, Peter W.: Von der gelenkten zur souveränen Demokratie: Etappen der postsowjetischen Transformation, S. 68.
[244] Vgl. Goehrke, Carsten: Russischer Alltag, S. 414.

jähes Ende, so dass die russische Wirtschaft zu kaum einem Punkt in den neunziger Jahren auch nur aufzuatmen vermochte. Die Konsequenzen aus diesem ökonomischen Chaos sind, neben dem erheblichen Wohlstandsverlust für die Bevölkerung, die wachsenden Potentiale von Korruption und Kriminalität. In diesem Kontext erklärt sich der zunehmende Einfluss der der Oligarchie zuzuordnenden Akteure. So bildeten sich die finanzindustriellen Gruppen im Verlauf der Privatisierung als die profitierenden Akteure heraus; sie waren am Wahlsieg Jelzins 1996 maßgeblich beteiligt, und sie waren auch darüber hinaus eine Basis im Sinne einer finanziellen Stütze des Systems.

Die entsprechenden Gegenleistungen gegenüber der Oligarchie ergaben sich anschließend in der zweiten Legislaturperiode Jelzins im Rahmen des Ausverkaufs des Staatsvermögens, der „Shares for Credit"-Auktionen.[245] Da Steuern, wie erwähnt, als Finanzierungskonzept des Staates aus den Zeiten der Sowjetunion weitgehend unbekannt waren und sich in dieser Hinsicht auch keine neue Selbstverständlichkeit einstellte, war der russische Staat gezwungen, diesen Ausverkauf zu vollziehen. Unter der „Schirmherrschaft" von Anatolij Tschubais und im Rahmen von fast immer vorher ausgehandelten Insider-Deals wurde letztendlich die Abhängigkeit von der russischen Oligarchie besiegelt, die bis zum Ende der Ära Jelzin nicht mehr aufgebrochen werden konnte.[246]

Abschließend kann also festgestellt werden, dass das ökonomische Chaos einerseits durch die staats- und rechtsfreien Räume des neuen russischen Staates gekennzeichnet war und durch diese eine Gruppe von Wenigen in die ökonomischen und sukzessiv politischen Machtpositionen vordringen konnte. Andererseits wurde der Übergang von der Planwirtschaft zur Marktwirtschaft in seinen dem System immanenten Problemfeldern unterschätzt, und es ergab sich in den ersten Jahren des neuen Russlands eine Verschärfung der ohnehin schon schwachen wirtschaftlichen Lage. In diesem Kontext verlor die russische Bevölkerung auf allen Ebenen. Der politische Prozess wurde zu einer Farce, gesteuert zu einem großen Teil von egois-

---

[245] Vgl. Schulze, Peter W.: Von der gelenkten zur souveränen Demokratie: Etappen der postsowjetischen Transformation, S. 68.
[246] Ebenda.

tischen, ihr Eigeninteresse verfolgenden und nicht dem Volk verantwortlichen Akteuren außerhalb des eigentlichen politischen Prozesses – der Oligarchie. Die russische Demokratie stand in föderalen (regionale Eliten) und wirtschaftlichen Abhängigkeiten, die einen Zugriff oder einen Einfluss auf die politische Ebene geradezu unmöglich machten. Die Bevölkerung, nach der Perestroika in der Hoffnung, im Kontext einer fortschreitenden Demokratisierung eine Verbesserung der Verhältnisse zu erhalten, verlor ihre Illusionen, an deren Stelle eine Frustration alles und jedem gegenüber trat. Der Alltag des russischen Otto-Normal-Verbrauchers war vom Überlebenskampf gekennzeichnet, politische Existenz als Teil einer Zivilgesellschaft war daher bereits undenkbar und wurde durch die Unmöglichkeit, auf das System Einfluss zu nehmen, zusätzlich karikiert.

5.3. Die Zivilgesellschaft Russlands in ihrem Verhältnis zum postsowjetischen Transformationsprozess

Um die russische Zivilgesellschaft in ihren Möglichkeiten einzuordnen, bediene ich mich, wie einleitend angemerkt, der Transformationsforschung. Die Erkenntnisse der Transformationsforschung sollen dabei helfen, die Rahmenbedingungen der neunziger Jahre einzuordnen und dadurch den Demokratisierungsgrad des postsowjetischen Russlands im Sinne der erreichten Systemtransformation zu bestimmen. Den in der Transformationsforschung gegebenen Theoriestreit zwischen akteurstheoretischer Transitionsforschung und dem voraussetzungszentrierten Ansatz, der sich aus der vergleichenden Analysestruktur und der Abwägung von Einzelfällen zu theoretischen Mustern von Systemwechseln ergibt, muss in diesem Text aus Platzgründen vernachlässigt werden.[247]

[247] Vgl. Bos, Ellen: Die Rolle von Eliten und kollektiven Akteuren in Transitionsprozessen. In: Merkel, Wolfgang: Systemwechsel 1. Theorien, Ansätze und Konzeptionen, Opladen 1994, S. 81 ff. / Sandschneider, Eberhard: Systemtheoretische Perspektiven politikwissenschaftlicher Transformationsfor-

Zunächst ist zwischen Systemwandel und Systemwechsel zu unterscheiden. Der Systemwandel beruht auf Veränderung und Anpassung von Systemstrukturen aufgrund einer Störung des Systemgleichgewichts. Das Ziel ist es, dysfunktionale Störungen zu kompensieren. Ist es nicht mehr möglich, diese Störungen zu kompensieren, wie es zum Ende der Perestroika der Fall war, wird ein Systemwechsel notwendig.[248] Dieser umfasst die Etablierung eines neuen Zustandes im Sinne von prinzipiellen Änderungen von Identität, Struktur- und Ablaufmustern sowie internen Regelungs- und Entscheidungsvorgängen.[249] So kann die Perestroika als Bemühung eines Systemwandels interpretiert werden, während das jelzinsche Russland den Versuch eines Systemwechsels darstellen könnte. Beide Begriffe können allerdings nicht immer deutlich voneinander abgegrenzt werden. Indizien des Systemwechsels sind die Abkehr vom sozialistischen Prinzip zu Gunsten eines demokratischen Rechtsstaats, also ein Wechsel der Identität. Zwar muss dieser Punkt vielleicht mit Blick auf das Parteiensystem eingeschränkt werden, da hier die Kommunisten respektive die alten Sowjetkader das Bild des Parteiensystems weiterhin maßgeblich prägten. Der Struktur sowie den Ablaufmustern kann allerdings durchaus ein neuer Zustand attestiert werden, auch wenn das Prinzip der Föderalproblematik nach Autonomie strebender Regionen auch unter Jelzin unter neuen Umständen wiederkehrte.

Ein abgeschlossener Systemwechsel liegt allerdings nach Sandschneider erst dann vor, wenn die neuen Systemstrukturen sich als fähig erweisen, dysfunktionale Anreize zu kompensieren, und somit ein Stabilitätsgleichgewicht erreicht werden kann.[250] Der Prozess eines transformierenden Systems hat oft neben der politischen auch eine ökonomische und eine territoriale Ebene.[251] Alle drei Ebenen sind bei der Transformation von der Sowjetunion zum Russland der neunziger Jahre, wie in den

---

schung. In: Merkel, Wolfgang: Systemwechsel 1. Theorien, Ansätze und Konzeptionen, Opladen 1994, S. 24 ff.

[248] Vgl. Sandschneider, Eberhard: Systemtheoretische Perspektiven politikwissenschaftlicher Transformationsforschung, S. 24.

[249] Ebenda.

[250] Ebenda.

[251] Vgl. Klein, Ansgar: Der Diskurs der Zivilgesellschaft. Politische Hintergründe und demokratietheoretische Folgerungen, Opladen 2001, S. 84.

vorigen Kapiteln beschrieben, einschlägig.[252] Ansgar Klein unterteilt den Transformationsprozess in drei Phasen: Liberalisierung, Demokratisierung und schließlich Konsolidierung.

Eine Transformation beginnt demnach mit der Liberalisierung, die als eine Öffnung des Systems verstanden werden kann. Diese Systemöffnung geht in der Regel einher mit dem Versuch der herrschenden Elite eines autoritären Systems, ihre Macht zu erhalten und aus diesem Grunde in puncto Menschen- und Bürgerrechte Zugeständnisse zu machen, um ihre Legitimationsbasis zu erweitern bzw. zu vergrößern. In diesem Sinne wirkten der gorbatschowsche Gedanke der Glasnost sowie die Reformversuche der Perestroika. Aus dieser Konstellation erwächst die Möglichkeit zur Erstarkung zivilgesellschaftlicher Strukturen. Diese kann eine Dynamik weitergehender Demokratisierung auslösen.[253] Ansgar Klein beschreibt diese Situation folgendermaßen: „In diesem Moment ist gerade die Folge der eingeschlagenen Strategie der Herrschaftssicherung der Grund für das Versagen repressiver Mittel: Die Macht der Zivilgesellschaft kann nicht mit Gewalt zerschlagen werden.“[254] Genau dieses Momentum als Knotenpunkt zwischen der Phase der Liberalisierung und der Einleitung einer Demokratisierungsphase findet sich 1989/1990 im Kontext der sich dynamisch wandelnden Perestroika wieder.

Die Phase der Demokratisierung selber definiert sich einerseits durch den Abbau des alten Systems, wie er bereits in der Perestroika eingeleitet wurde, aber viel zentraler durch den Aufbau neuer politischer Institutionen. Hier muss die bereits beschriebene Diskrepanz zwischen dem schnellen Abbau und dem zögerlichen Neuaufbau des neuen Russland herausgestellt werden.

---

[252] Die territoriale Ebene ist dabei durch die Abspaltung der Republiken im Kontext der Auflösung der SU gegeben. Die ökonomische Ebene wird durch die Einführung der Marktwirtschaft repräsentiert und die politische Ebene zieht sich durch die Perestroika hin zur demokratischen Verfassung der neuen russischen Föderation.

[253] Vgl. Klein, Ansgar: Der Diskurs der Zivilgesellschaft. Politische Hintergründe und demokratietheoretische Folgerungen, Opladen 2001, S. 90

[254] Siehe: Klein, Ansgar: Der Diskurs der Zivilgesellschaft. Politische Hintergründe und demokratietheoretische Folgerungen, Opladen 2001, S. 90.

Nach einhelliger Meinung der Transformationsforschung neigt sich die Demokratisierungsphase ihrem Ende zu, wenn die Gründungswahlen der Demokratie stattgefunden haben und ein strukturelles Minimum an demokratischer Verfahrensweise institutionalisiert ist.[255] Dies ist gegeben, wenn allgemeine, freie, gleiche und geheime Wahlen abgehalten werden und eine Volkssouveränität attestiert werden kann, also eine Verantwortlichkeit der Regierung gegenüber den Wahlentscheidungen des Bürgers etabliert ist. Ebenfalls müssen ein Koalitionsrecht sowie ein Parteienwettbewerb möglich sein.

Betrachtet man das Russland der neunziger Jahre, fällt es schwer, den Grad an Demokratisierung zu bestimmen. Auf der einen Seite gab es diese Gründungswahlen und auch eine entsprechende Festlegung demokratischer Standards in der russischen Verfassung. Auf der anderen Seite regierte Jelzin anhand von Präsidialdekreten; in seinen Handlungsweisen schien er weniger dem Volk gegenüber verantwortlich als den regionalen Eliten und der Oligarchie. So hatte auch die Staatsduma – ohne wirkliche Regierungsbefugnisse als Vertretung des Volkes – kein ernst zu nehmendes Gewicht im politischen Prozess. Die Volkssouveränität beschränkte sich quasi auf die Abgabe der Macht an den Präsidenten qua Wahl, doch eine Verantwortung gegenüber Wahlentscheidungen war nicht gegeben. Die Demokratisierung war daher zwar auf dem Papier vorhanden, in der politischen Praxis jedoch schon früh stecken geblieben und keineswegs abgeschlossen.

Die abschließende Phase eines Transformationsprozesses ist die Konsolidierung. Klein beschreibt diese Phase als eine „[…] Stabilisierung von Verhaltensmustern, Einstellungen und Handlungsrastern entlang konstitutionell vorgesehener Regeln und Normen".[256] Hintergrund dieser Konsolidierung ist die Vertiefung und Ausweitung staatlicher Legitimität und Akzeptanz in Bezug auf die Bevölkerung sowie gegenüber den Mehrheitseliten. Wolfgang Merkel unterteilt die Konsolidierungsphase in vier Ebenen: eine konstitutionelle Ebene, Staatsoberhaupt, Re-

---

[255] Vgl. Klein, Ansgar: Der Diskurs der Zivilgesellschaft. Politische Hintergründe und demokratietheoretische Folgerungen, Opladen 2001, S. 90.
[256] Siehe: Klein, Ansgar: Der Diskurs der Zivilgesellschaft. Politische Hintergründe und demokratietheoretische Folgerungen, Opladen 2001, S. 91.

gierung, Parlamente und Gerichte beinhaltend; eine repräsentative Ebene, bestehend aus Interessensvertretungen durch z. B. Parteien und Verbände; eine integrative Ebene im Sinne fehlender Anreize zu extrakonstitutionellem Handeln durch mächtige Vetogruppen und eine zivilkulturelle Ebene.[257]

Im Grunde genommen muss Russland die Konsolidierung zum Abschluss des Systemwechsels als Transformation abgesprochen werden. Zwar mögen die Voraussetzungen im Bereich der konstitutionellen Ebene gegeben sein, doch von stabilisierten Verhaltensmustern o. Ä. kann nicht die Rede sein. Schaut man sich die Interessensvertretungen der repräsentativen Ebene an, müssen sogar die Voraussetzungen in Zweifel gezogen werden, da ein pluralistischer und repräsentativer Parteienwettbewerb in den neunziger Jahren nicht gegeben war.[258] Mit Blick auf den hohen Grad an Entpolitisierung der Bevölkerung kann ebenfalls nicht davon ausgegangen werden, dass eine der beiden anderen Ebenen erfüllt war.

Abschließend kann festgestellt werden, dass das Russland der mittleren und ausgehenden neunziger Jahre den Transformationsprozess keineswegs abgeschlossen hatte. Vielmehr schien das russische System früh in der Demokratisierungsphase festzustecken. Institutionell und in verfassungsrechtlicher Hinsicht wurden die Voraussetzungen für eine Demokratisierung zwar geschaffen, doch scheiterte das russische System bereits am Vollzug dieser theoretisch gegebenen Voraussetzungen. Zieht man zusätzlich die Entpolitisierung der Bevölkerung sowie die wirtschaftlichen Missstände hinzu, zeigen sich die Sinnlosigkeit und die Hemmnisse zivilgesellschaftlichen Handelns. Der wirtschaftlich bedingte Rückzug ins Private, die steckengebliebene Demokratisierung mit ihrer Wirkung eines quasi autark von der Bevölkerung agierenden politischen Prozesses sowie die außerinstitutionellen Machtspieler bildeten einen Zustand ab, welcher den Rahmen für zivilgesellschaftliches

---

[257] Vgl. Merkel, Wolfgang: Institutionalisierung und Konsolidierung der Demokratie in Ostmitteleuropa. In: Merkel, Wolfgang; Sandschneider, Eberhard und Segert, Dieter: Systemwechsel 2. Die Institutionalisierung der Demokratie, Opladen 1996, S. 74 ff.
[258] Vgl. Schulze, Peter W.: Von der gelenkten zur souveränen Demokratie: Etappen der postsowjetischen Transformation, S. 64 ff.

Handeln oder gar zivilgesellschaftlicher Konstituierung erschwerte bis unrealisierbar machte.

6. Das neue Russland

Die Transformation zu einem demokratischen Russland war also nicht nur stecken geblieben, sondern es hatte sich auch eine Situation der politischen Handlungsunfähigkeit ergeben. Es waren russische Oligarchen, die aus den rechtsfreien Räumen wirtschaftlich emporgeschossen waren, die einen entscheidenden Einfluss auf die russische Politikführung etabliert hatten. Allen voran Boris Abramowitsch Beresowski, der als Medienmogul (ORTV) nicht nur Jelzin zu seiner zweiten Amtszeit verholfen hatte, sondern auch Wladimir Wladimirowitsch Putin als Nachfolger Jelzins in Stellung gebracht haben soll.[259]

So wurde Putin zunächst von Jelzin zum Ministerpräsidenten ernannt (09.08.1999) und anschließend von der Duma bestätigt.[260] Und als dieser zum Jahresende sein Präsidentenamt niederlegte, übernahm Putin die Amtsgeschäfte und wurde in der Präsidentenwahl vom März 2000 mit 52,9 % zum dritten russischen Präsidenten gewählt. Dabei hatte Putin mit seinem harten Vorgehen gegenüber der tschetschenischen Konfliktsituation[261] bei der Bevölkerung Sympathien sammeln können. Der Kurs der harten Hand Wladimir Putins sollte sich schnell auch auf andere Gebiete ausbreiten. So fiel der einstige Förderer Beresowski, der Putin als eine manipulierbare Figur hatte installieren wollen, dem neuen Präsidenten schnell zum Opfer. Im Kontext eines Wirtschaftsaufschwunges, primär verursacht durch die steigenden Preise für Energieressourcen, sowie der sich veränderten Duma-Mehrheiten[262] war es Putin möglich, ein

---

[259] Vgl. Hoffmann, Christiane: Der Fall Litwinenko. Beresowskij kennt die Gefahr. 04.12.2006, http://www.faz.net/aktuell/politik/ausland/fall-litwinenko-beresowskij-kennt-die-gefahr-1383722.html, zugegriffen am 05.03.2012.

[260] Vgl. http://www.tagesspiegel.de/politik/der-wunschkandidat-jelzins-wurde-von-der-duma-mit-knapper-mehrheit-abgesegnet/86880.html, zugegriffen am 05.03.2012.

[261] Vgl. http://www.spiegel.de/politik/ausland/0,1518,44824,00.html, zugegriffen am 05.03.2012.

[262] Putin hatte als Präsident erstmals im postsowjetischen Russland eine knappe Dumamehrheit durch die Parteien „Vaterland – Das ganze Russland" (Fusion aus Otetschestwo und Wsja Rossija mit Luschkow und Primakow als

Projekt der Machtkonsolidierung mit einer Legitimation bei der Bevölkerung in Gang zu setzen.

Diese Machtkonsolidierung zur Wiederherstellung der Handlungsfähigkeit der politischen Instanzen beruhte grundlegend auf zwei Säulen: der Installierung einer Vertikalen der Macht, die durch Zentralisierung die sich unter Jelzin etablierten regionalen Eliten entmachten sollte, sowie die Schaffung einer Legitimationsbasis im Sinne einer „Partei der Macht". In den nächsten Kapiteln soll diese Machtwiederherstellung genauer betrachtet werden, um schließlich den Gedanken bzw. die Ideologie der „Souveränen Demokratie" inklusive des Elementes der kontrollierten Zivilgesellschaft zu erläutern und in ihren historischen Kontext setzen zu können und abschließend die Rolle und das Selbstverständnis einer russischen Zivilgesellschaft unter Einbezug der historischen Determinanten in ihrer Nachvollziehbarkeit, ihren Defiziten, aber auch ihren Chancen einordnen zu können.

6.1. Die Phase der Machtkonsolidierung

Wie bereits angesprochenen, befand sich Russland in einem Stadium der Handlungsunfähigkeit, quasi einer politisch-institutionellen Lähmung. Die Ausgangsposition ähnelte der Situation der Sowjetunion vor der Perestroika. Es gab wenig Vertrauen in die politische Führung, eine wettbewerbsunfähige Wirtschaft und einen Kontrollverlust gegenüber den föderalen Gebietseinheiten. Eine Grundlage, auf die sich Putin stützte, war die „gelenkte Demokratie", die Boris Jelzin in den neunziger Jahren geschaffen hatte.

Doch machte es sich Putin insbesondere in seiner ersten Amtszeit zur Aufgabe, die politische Landschaft ausgehend aus den neunziger Jahren grundlegend zu verändern. Eines seiner ersten Ziele waren diejenigen Oligarchen, welchen politische Ambitionen nachgesagt wurden. Wie bereits angesprochen, traf

---

Gallionsfiguren) und „Einheit" zur Verfügung und damit eine parlamentarische Legitimationsbasis, die Jelzin stets gefehlt hatte.

es auf diese Weise Putins Wegbereiter Beresowski, aber z. B. auch Wladimir Gussinski, den zweiten Medienmogul (NTW) Russlands. Gussinski hatte zwar den Wahlkampf zur Präsidentschaftswahl 2000 von Wladimir Putin maßgeblich mitfinanziert, doch schützte ihn das keineswegs. Kurz nach der Wahl Putins ging dieser auch gegen Gussinski vor. Kritische Medienberichte über das russische Verhalten bezüglich der Kursk sowie die Infragestellung der Urheberrolle der Bombenanschläge auf Moskauer Wohnhäuser seitens Gussinskis Fernsehanstalt NTW führten zur juristischen Verfolgung des Oligarchen.[263]

So konnte Putin sich in seiner „Abrechnung" mit der Oligarchie auf der einen Seite nicht davon freisprechen, sich auf diese Weise politischer Gegner entledigt zu haben, was durch die damit einhergehenden Übernahmen bzgl. NTW und TWS einer Gleichschaltung der Medien nahekam. Auf der anderen Seite waren die Vorwürfe gegen diese Oligarchen allerdings auch nicht aus der Luft gegriffen. Im Kontext der neunziger Jahre hatten die meisten Oligarchen von den rechtsfreien Räumen profitiert und sich diese im Zuge ihres wirtschaftlichen Aufstiegs zu Nutze gemacht. Putin hatte also eine legitime Möglichkeit, strafrechtliche Verfolgungen einzuleiten und die Oligarchie somit in die Schranken zu verweisen.

Dass Putin dieses Instrument selektiv gegen politisch unliebsame Gegner einsetzte, macht es unter demokratischen Gesichtspunkten kritisierbar. Der Fall Michail Chodorkowski illustriert dieses Phänomen wohl am öffentlichkeitswirksamsten. So bestrafte Putin Chodorkowski für seine politischen Ambitionen und nicht für seine illegalen Handlungen aus den neunziger Jahren, diese wurden zwar als juristische Grundlage herangezogen, die Motivation zu diesem ohne Frage politischen Prozess waren allerdings Chodorkowskis politische Ambitionen, aber auch der Versuch, ökonomische Macht zu monopolisieren, denn mit der Anklage Chodorkowskis ging auch die Verstaatlichung

---

[263] Vgl. http://www.spiegel.de/politik/deutschland/russland-spanien-schwarzgeld-des-medienzaren-gussinski-eingefroren-a-115510.html (02.02.2001), zugegriffen am 05.03.2012. / Mommsen, Margareta: Putins „gelenkte Demokratie": „Vertikale der Macht" statt Gewaltenteilung. In: Buhbe, Mathes und Gorzka, Gabriele: Russland heute. Rezentralisierung des Staates unter Putin, Wiesbaden 2007, S. 237.

seines Ölkonzerns Yukos einher, die angesichts der steigenden Energiepreise im Sinne einer Wiederherstellung von russischer Wirtschaftsmacht genutzt wurde.

Neben der Legende des Schaschlik-Treffens[264] sind in der BBC Dokumentation „Putin, Russia and the West" (2011) originale Filmaufnahmen zu sehen, die ein Treffen zwischen Putin und den mächtigsten Oligarchen[265] vom 28.07.2000 zeigen, bei dem Putin den Konflikt von Staat und Oligarchie wie folgt skizzierte: "Let's talk about a situation that came up recently [Die Verhaftung Gusinskis mit anschließendem Gang ins Exil]. Some aspects have become too political. This arises from the actions of law enforcement bodies. Relations between business and the state are the keys to this. [...] You all created this government. You had control over the political process. If you are unhappy, you only have yourselves to blame."[266] Außerdem wird er hinsichtlich dieses Treffens von Wirtschaftsminister German Gref folgendermaßen zitiert: "*If* you chose business, please stick to business. [...] We are meeting you half-way. We are slashing taxes. So we would like you to start paying what you owe."[267] Gref selbst fügte über Putin hinzu: "He wasn't going to nationalize their businesses. He wouldn't seize their

---

[264] So existiert die Legende vom sog. „Schaschlik-Treffen", bei dem Putin die Vertreter der Oligarchie eingeladen haben soll, um ihnen zu verdeutlichen, dass die politischen Tage der Oligarchie der Vergangenheit angehörten, sie aber ihre wirtschaftlichen Aktivitäten, solange sie kremlkonform blieben, weiterführen könnten. Vgl.
http://www.handelsblatt.com/unternehmen/industrie/russlands-oligarchen-reich-mit-rauen-methoden-seite-2/2991918-2.html, zugegriffen am 05.03.2012.

[265]In der Reihenfolge der Erscheinung: Rem Iwanowitsch Wjachirew (CEO, Gazprom), Platon Leonidowitsch Lebedew (Vize-Vorstandsvorsitzender Yukos), Oleg Wladimirowitsch Deripaska (Präsident SIBAL), Wladimir Olegowitsch Potanin (Inhaber Norilski Nickel und Präsident Interros-Holding), führende Banker, u. a. Alexander Leonidowitsch Mamut (Präsident Sobinbank) und letztlich Michail Borissowitsch Chodorkowski (Vorstands-vorsitzender Yukos).

[266] "Putin, Russia and the West", Part 1: Taking Control (2011). Mitchell, Paul (Regie), Avi-Datei, 60 min (Ausschnitt von Minute 8:44 bis 12:35), London: British Broadcasting Corporation (BBC), Erstausstrahlungsdatum 19.01.2012 auf BBC 2.

[267] Ebenda.

property." Dieses Treffen umreißt Putins Position bezüglich der politischen Entmachtung der Oligarchie, die unter der Prämisse politischer Enthaltung weiter wirtschaftlich tätig bleiben dürfe – wie es ebenfalls bzgl. des sog. Schaschlik-Treffens gemutmaßt wird. So wurde das Treffen seitens Chordokowskis als Aufzeigen der Rahmenbedingungen verstanden, wie aus einem Interview am Folgetag (29.07.2000) des Treffens zu entnehmen ist: „Political uncertainty has left business feeling at risk. It lasted right until this meeting. We simply didn't know what was wanted from us. […] The meeting eased my worries. Now we know what the state wants from us. We can behave accordingly. Now I understand the rules of the game."[268]

Putins Kampf gegen die Oligarchie war somit ein zweischneidiges Schwert. Denn natürlich war es die wirtschaftsstarke Oligarchie, die in den neunziger Jahren die Politik außerhalb der politischen Institutionen prägte bzw. sich in die politischen Prozesse einkaufte, wie das Beispiel Beresowskis zeigt.

Dies kann und muss unter demokratischen Gesichtspunkten ebenfalls kritisiert werden, und Putins Entmachtung der Oligarchie stellte eben die Handlungsfähigkeit der demokratisch legitimierten, politischen Instanzen wieder her.[269] Einen demokratischen Vorgang kann man die Entmachtung der Oligarchie allerdings ebenfalls nicht nennen. Die selektive juristische Verfolgung kremlfeindlicher Akteure muss in rechtsstaatlicher Hinsicht kritisiert werden. So wurde eben nicht die Rechtsfreiheit der neunziger Jahre aufgearbeitet, sondern zum eigenen politischen Zweck bestimmte Persönlichkeiten der Oligarchie wie Michail Chordokowski[270] anhand von politisch motivierten Strafprozessen entfernt und ihre Unternehmen anschließend in staatliche Hand überführt.

Die Wiederherstellung der Handlungsfähigkeit beschränkte sich allerdings nicht nur auf die Entmachtung der großen Oli-

---

[268] Ebenda.

[269] Doch blieb es oft nicht bei der bloßen Entmachtung, sondern erweiterte sich um eine Art „Einverleibung" der oligarchischen Machtelemente, welche im Hinblick auf eine pluralistische Öffentlichkeit negativ wirkten, da die Medienlandschaft und die Wirtschaft auf Kremlkurs gebracht wurden.

[270] Vgl. Schulze, Peter W.: Von der gelenkten zur souveränen Demokratie: Etappen der postsowjetischen Transformation, S. 71.

garchen, sondern musste auf die institutionelle Ebene ausgeweitet werden. Hier brachte Putin die Vertikale der Macht voran, die als Reform mit dem Fokus auf Rezentralisierung die Abhängigkeit von den regionalen Eliten auflösen und damit die Bedeutung des Föderationsrates schwächen sollte. Bei gleichzeitiger Etablierung einer Partei der Macht wollte sich Putin eine breite Legitimation für seine Politik schaffen und mit der Duma zusammen den neuen russischen Weg beschreiten.

6.1.1. Die Vertikale der Macht

Die Vertikale der Macht meint den Prozess zur Wiederherstellung des zentralen Machtaspektes und damit verbunden der staatlichen Handlungsfähigkeit. Putin selbst bezeichnete diesen Neuerungsprozess als Wunsch, die demokratische Entwicklung Russlands zu stärken.[271] Putin erließ im Mai 2000 ein Dekret, welches Russland in sieben föderale Distrikte unterteilte und einen jeweiligen Präsidentenvertreter benannte. Auf diese Weise sollte eine zentrale Kontrolle über die 89 Regionen hergestellt werden.[272] Ein weiterer Schritt der Föderalismusreform war ein Gesetzespaket, bestehend aus drei Gesetzesentwürfen, welche den Zugriff des Kremls auf die föderalen Objekte verbessern sollten.

Der erste Gesetzesentwurf machte die Absetzung der Gouverneure und Republikspräsidenten seitens des Präsidenten möglich, der darüber hinaus auch die Regionalparlamente auflösen konnte. Die Voraussetzung für diese Auflösungen sind die Annahme verfassungswidriger Gesetze bzw. deren Verstoß gegen die föderale Gesetzgebung.[273]

Der zweite Gesetzesentwurf befasste sich mit der Neuregelung des Bestellmodus des Föderationsrates, der im Detail nicht

---

[271] Vgl. Wiest, Margarete: Stärkung oder Schwächung des Demokratieprinzips? Der Föderationsrat unter Putin. In: Fritz, Erich G.: Russland unter Putin: Weg ohne Demokratie oder russischer Weg zur Demokratie? Oberhausen 2005, S. 27 ff.
[272] Ebenda.
[273] Ebenda.

in der Verfassung festgelegt war (Artikel 95 Verfassung RSFR) und dessen Neuregelung somit keine Zweidrittelmehrheit benötigte. Inhalt dieses Gesetzesentwurfes war die Abschaffung der Volkswahl der Gouverneure zu Gunsten der Ernennung durch den Präsidenten. Der entsprechende Kandidat könnte zwar daraufhin vom Legislativorgan abgelehnt werden, wurde der vorgeschlagene Kandidat allerdings zweimal nicht bestätigt, hatte der Präsident die Möglichkeit, das Legislativorgan aufzulösen und vorübergehend den Gouverneur unmittelbar zu bestimmen.[274] Die dritte Maßnahme regelte das konkurrierende Recht neu, indem ein Vorrang des Bundesrechts gegenüber dem Landesrecht formuliert wurde, was auf die Schaffung eines einheitlichen Rechtsraumes abzielte.

Vergegenwärtigt man sich, dass unter Jelzin die Regionen z. T. fast autonomen Status erreicht hatten – in Tschetschenien z. B. wurde 1999 das islamische Recht der Scharia eingeführt –, bestand durchaus Handlungsbedarf, den Einfluss auf die Regionen wiederherzustellen. So ist ein einheitlicher Rechtsraum auch unter demokratischen Gesichtspunkten notwendig gewesen, doch schwächte Putin den Föderationsrat erheblich bzw. brachte diesen durch den Ernennungsmodus personell auf Kremlkurs. Betrachtet man also den Föderationsrat als demokratischen Vetospieler und Interessensvertreter der Regionen, muss die Föderationsreform hinsichtlich der Gewaltenteilung und Repräsentation von föderalen Strukturen kritisiert werden. Wie auch schon bezüglich des Kampfes gegen die Oligarchen deutlich wurde, widmete sich Putin auf der einen Seite grundlegenden Problemen staatlicher Handlungsfähigkeit, die in den Fehlentwicklungen unter Jelzin begründet lagen, doch zeigte sich in der Konsequenz der autoritäre Politikcharakter Putins, der diese Maßnahmen zusätzlich nutzte, um die Macht „seines" Kremls stets zu erweitern bzw. allgegenwärtig im politischen Prozess zu etablieren. Das Projekt wurde bis auf kleinere Korrekturen von der Duma abgesegnet, was ohne die Putin zur Verfügung stehende Dumamehrheit nicht möglich gewesen wäre.

---

[274]Vgl. Nußberger, Angelika: Verfassungsmäßigkeit der jüngsten Reformen im Russland. In: Russland Analysen 57/2005.

Wladimir Putin könnte, positiv gesehen, also attestiert werden, die geerbten Hemmnisse zur weiteren Demokratisierung beheben zu wollen. Es muss allerdings mit kritischem Blick bemerkt werden, dass das neue Antlitz der russischen Föderation keineswegs demokratischer als zuvor erscheint. Ganz im Gegenteil ist eine weitere Stärkung des ohnehin bereits mit weitreichenden Vollmachten ausgestatteten Präsidentenamtes zu verzeichnen, was möglicherweise in die Richtung einer Art „autoritären Demokratie"[275] führt und somit den von Jelzin geebneten Weg einer „gelenkten Demokratie" auf andere Weise fortzusetzen scheint.

Ein weiteres Negativerbe aus den neunziger Jahren war das Parteiensystem. In puncto Pluralismus und Repräsentation war die Duma in den neunziger Jahren noch auf Nationalisten (LDPR) und Sowjetnostalgiker (KPRF) beschränkt. Putin brachte im Laufe seiner ersten beiden Amtszeiten die Reformen zum Wahl- und Parteiengesetz voran. Die Wirkung dieser beiden Reformen war eine Verkleinerung bzw. eine Konzentration der Parteienlandschaft. Die Reform des Parteiengesetzes legte eine Mindestmitgliederzahl von 50 000 Mitgliedern fest, welche zur Auflösung insbesondere der kleineren regionalen Parteien führte und andererseits die Parteien der nationalen Ebene förderte.[276] Das 2007 in Kraft getretene Wahlgesetz setzte die 5 %-Hürde auf 7 % hoch und beinhaltete zudem die Abschaffung von fraktionslosen Abgeordneten, da das neue Wahlgesetz ein reines Verhältniswahlrecht vorsah, welches den Einzug über die Duma einzig über Parteilisten möglich machte.[277] Auch in diesem Kontext hat Handlungsbedarf bzgl. des Parteiensystems bestanden, da eine repräsentative Parteienlandschaft, die die pluralistischen Interessen der Bevölkerung abdeckte, insbesondere im Sinne von die Demokratisierung vorantreibenden Akteuren fehlte. Peter Schulze charakterisiert die Ausgangssituati-

---

[275] Auf die Ähnlichkeit bzw. die Nähe zum Begriff der „Souveränen Demokratie" beziehe ich mich ausführlicher in Kapitel 6.2.

[276] Vgl. Nußberger, Angelika: Wahlgesetz als Steuermechanismus: Zu den neuen rechtlichen Grundlagen der Duma-Wahlen im Dezember 2007. In: Russland Analysen 146/2007, S. 3.

[277] Vgl. Nußberger, Angelika: Wahlgesetz als Steuermechanismus: Zu den neuen rechtlichen Grundlagen der Duma-Wahlen im Dezember 2007. In: Russland Analysen 146/2007, S. 2.

on des Parteiensystems nach der Jelzin-Ära wie folgt: „Die in der Sowjetzeit erfolgte Atomisierung der Gesellschaft, die durch die Wirren und die ungeheuren wirtschaftliche und soziale Not der Jelzin-Dekade noch verstärkt wurde, hatte eher Proto-Parteien entstehen lassen, wenn man westeuropäische Maßstäbe anlegt.

Die postsowjetische Parteienlandschaft war bis 1999 Ausdruck einer traumatisierten, extrem individualisierten Gesellschaft, die um die Sicherung des Überlebens kämpfte, und einer davon abgelösten politisch aktiven Dissidentenkultur, die nicht in die Gesellschaft hineinreichte."[278] Ob die Konzentration der Parteienlandschaft allerdings als ein positiver Aspekt in der Entwicklung des Parteiensystems zu werten ist, bleibt fraglich – und auf der anderen Seite haben diese neuen Voraussetzungen des russischen Parlamentarismus dem Projekt einer Partei der Macht sicherlich nicht geschadet.[279] Diese zweite Säule der Machtkonsolidierung Putins wird im nächsten Kapitel genauer betrachtet und soll in ihrer Bedeutung zwischen autoritärem Präsidenten und demokratischer Legitimation näher beleuchtet werden.

6.1.2. Die Partei der Macht, Edinaja Rossija

Wie wichtig eine parlamentarische Mehrheit für die Konsolidierungsphase Putins war, zeigte bereits die Mehrheit aus „Vaterland – Ganz Russland" im Rahmen der Föderationsreform, mit der es Putin möglich war, das Zentralisierungsvorhaben ohne weitergehende Kompromisse umzusetzen. Der nächste Schritt der Etablierung einer Partei der Macht[280] war im Sinne sich

---

[278] Siehe: Schulze, Peter W.: Von der gelenkten zur souveränen Demokratie: Etappen der postsowjetischen Transformation, S. 93.
[279] Vgl. Michaleva, Galina: Zurück zum Einparteienstaat? In: Russland-Analysen 115/2006, S. 13.
[280] Unter „Partei der Macht" versteht sich der Typus einer administrativen Partei, die neben liberalen, nationalistischen und kommunistischen Parteientypen seit Mitte der neunziger Jahre einen festen Platz in der russischen Par-

fortsetzender Konsolidierung nur logisch. 2001 fusionierte „Edinstwo" mit der Wahlvereinigung „Vaterland – Ganz Russland" zu Edinaja Rossija (Einiges Russland). Bei der Dumawahl 2003 schaffte es Edinaja Rossija auf Anhieb, die etablierten Parteien KPRF (12,61 %) und LDPR (11,54 %) mit 37,57 % weit hinter sich zu lassen und stellte somit im Parlament eine absolute Mehrheit. Bei der Dumawahl 2007 erreichte Edinaja Rossija mit 64 % der Stimmen gar eine Zweidrittelmehrheit, wodurch sie alleinig zu Verfassungsänderungen befähigt war.[281]

Doch welche Bedeutung kann dieser neuen Partei der Macht zugesprochen werden? Zunächst kann Edinaja Rossija anhand des Wahlerfolges eine demokratische Legitimation des Putinschen Konsolidierungskurses attestiert werden. Diese kann sicherlich durch den Verdacht der Wahlmanipulation bzw. des Umganges mit oppositionellen Vertretern wiederum in Zweifel gezogen werden.

Bezieht man zusätzlich das Wachstum der Mitgliederzahlen von Edinaja Rossija ein, ergibt sich das Bild, dass Putins Kurs der Wiederherstellung der Handlungsfähigkeit im Einklang mit dem Wirtschaftswachstum basierend auf den Energieressourcen und dem damit verbundenen Wohlstandsanstieg von der Mehrheit der russischen Bevölkerung geteilt wurde.

Doch bekommt Edinaja Rossija eine zusätzliche Bedeutung in der Vorstellung des demokratischen Weges Wladimir Putins. Die Vorstellung der Demokratisierung Russlands steht unter der Prämisse, ein eigener russischer Weg zu sein, ein vom Ausland souveräner Weg. Russland beansprucht nicht, die westlichen Demokratien zu adaptieren, sondern sieht sich auf dem Weg einer eigenen Entdeckung von Demokratie. Dieser Weg soll langfristig gedacht werden und dementsprechend auch langfristig verfolgt werden können. Dazu bedarf es einer stabilen Wirtschaft und stabiler politischer Institutionen. Politische Kräfte wie die KPRF oder aber auch die Oligarchen der neunziger Jahre sind in diesem Rahmen prozessfeindliche Spieler, die das Zukunftsprojekt in seiner langfristigen Verfolgung gefährden.

---

teienlandschaft einnimmt. Vgl. Stykow, Petra „Einiges Russland": Die „Partei der Macht" als Staatspartei? Russland-Analysen 115/2006, S. 2.

[281] Vgl. Stykow, Petra: „Einiges Russland": Die „Partei der Macht" als Staatspartei? In: Russland-Analysen 115/2006, S. 2.

Dementsprechend wäre jeder Kontrollverlust der Kremlkräfte um Wladimir Putin eine Bedrohung für die Umsetzung dieses Projektes. Aus russlandfremder Perspektive erscheint diese Vorstellung als eine undemokratische Verfestigung der aktuellen Machtspieler im Kreml. Entsprechend den Erfahrungen aus der Sowjetzeit sowie der neunziger Jahre muss dem Gedanken einer langfristig verfolgbaren und klar ausgerichteten Demokratisierungs- und Konsolidierungsphase Rechnung getragen werden, als die die sog. „Souveräne Demokratie" vom Kreml ausgegeben wurde und auf die im nächsten Kapitel ausführlich eingegangen werden soll.

Edinaja Rossija kann in diesem Zusammenhang als Kernelement einer Strategie, die Langfristigkeit sichern zu wollen, interpretiert werden. So soll die Partei der Macht den Konsolidierungskurs nach innen und außen durch das Volk legitimieren, aber gleichzeitig auch als eine Art Kaderschmiede für kremlloyale Akteure in und außerhalb des politischen Prozesses wirken.[282] Putin charakterisierte die neue Partei bereits auf dem Gründungsparteitag dementsprechend als „Organisation, die ‚gesetzmäßig' stattfindende „Vereinigungsprozesse in der russischen Gesellschaft" verkörpere".[283]

An diesem Punkt muss das Erbe der neunziger Jahre vergegenwärtigt werden, welches von Putin ebenso wie von Teilen der Bevölkerung als ein Erbe der politischen Konfrontation wahrgenommen wurde, die das staatliche System geschwächt habe und die Autorität des Staates, das Wesen der Demokratie untergraben habe.[284] Edinaja Rossija sollte somit das Ende der Ära eines politischen Radikalismus einläuten, der durch die aggressive Verteidigung egoistischer Partikularinteressen gekennzeichnet gewesen sei.[285]

Neben dieser kremlkompatiblen Sicht gibt es allerdings auch andere Interpretationen zur Bedeutung von Edinaja Rossija. So kommen im westlichen Ausland, aber auch aus der inländischen

---

[282] Vgl. Schulze, Peter W.: Von der gelenkten zur souveränen Demokratie: Etappen der postsowjetischen Transformation, S. 93 ff.
[283] Siehe: Stykow, Petra: „Einiges Russland": Die „Partei der Macht" als Staatspartei? In: Russland-Analysen 115/2006, S. 3.
[284] Ebenda.
[285] Ebenda.

Opposition Assoziationen zum vergangenen sowjetischen Ein-Parteien-Staat auf und, daraus gefolgert, die Interpretation einer „KPdSU Light".[286] Galina Michaleva, Mitglied des Vorstands von Jabloko, beschreibt die neue Parteienlandschaft als eine Rückkehr zur alten: „Die eine, einzig relevante Partei heißt jetzt nicht mehr ‚führende und lenkende‘, sondern ‚dominierende‘. Den Bürgern wird nicht der entwickelte Sozialismus mit der Aussicht auf einen Sieg des Kommunismus angeboten, sondern eine ‚souveräne Demokratie‘."[287] Das Rekrutierungselement beschreibt Michaleva als eine Umkehr des KPdSU-Prinzips zur Stiftung von Loyalität. Wurden in deren Falle die Mitglieder unter der Prämisse der Loyalität ausgesucht bzw. aussortiert, so wirke bezüglich Edinaja Rossija ein Zwang zum Beitritt.[288] So scheint auch Edinaja Rossija ein zweischneidiges Schwert zu sein. Auf der einen Seite erscheint sie als eine Art bewusst geschaffene Volkspartei mit der Aufgabe der Legitimation und Repräsentation von Putins Politikkurs gegenüber der Bevölkerung, auf der anderen Seite bildet sie ein kremlloyales Konstrukt, welches einer Ausdifferenzierung der russischen Parteienlandschaft entgegenwirkt. Der grundlegende Unterschied zur KPdSU ist dann aber offensichtlich das Fehlen der Personalunion von Partei- und Staatschef[289] sowie die Hoheit als macht- und deutungspolitisches Zentrum Russlands.[290] Stykow sieht in Edinaja Rossija keinen eigenständigen Akteur, sondern allenfalls einen Multiplikator der „Souveränen Demokratie" und damit ein Legitimationsinstrument staatlicher Politik.[291]

Edinaja Rossija als „Legitimations- und Rekrutierungsschmiede" stellt also den zentralen Baustein der Machtkonsoli-

---

[286] Vgl. Schulze, Peter W.: Von der gelenkten zur souveränen Demokratie: Etappen der postsowjetischen Transformation, S. 101.
[287] Siehe: Michaleva, Galina: Zurück zum Einparteienstaat? In: Russland-Analysen 115/2006, S. 13.
[288] Vgl. Michaleva, Galina: Zurück zum Einparteienstaat? In: Russland-Analysen 115/2006, S. 13.
[289] Wladimir Putin wurde erst mit seinem Rückzug auf das Ministerpräsidentenamt Parteivorsitzender, zuvor wurde er als der Partei nahestehend beschrieben, ohne jedoch Parteimitglied gewesen zu sein.
[290] Vgl. Stykow, Petra: „Einiges Russland": Die „Partei der Macht" als Staatspartei? In: Russland-Analysen 115/2006, S. 3 ff.
[291] Ebenda.

dierung Russlands innerhalb des institutionellen Rahmens, aber auch auf gesellschaftlichem Terrain dar. Der Partei der Macht kommt dabei eine Schlüsselfunktion in puncto Verwirklichung des Prinzips der „Souveränen Demokratie" zu, welches im folgenden Kapitel erfasst werden soll.

6.2. Die „Souveräne Demokratie". Eine Perestroika 2.0?

Der Begriff der „Souveränen Demokratie" ist in der Reflexion zur russischen Politik unter Putin immer wieder zu finden, wobei Gegner wie Befürworter auf ihn referieren. Bereits im vorigen Kapitel wurde deutlich, dass die Einordnung der Politikelemente Putins ohne den Hintergrund der „Souveränen Demokratie" unvollständig gewesen wäre. Der Begriff wirkt allerdings immer wieder wie ein Schlagwort und taucht selten als ausgearbeiteter Konzeptbegriff auf, sondern setzt sich vielmehr aus einzelnen Elementen zusammen, die zusammengefügt eher wie eine Ideologie des Pragmatismus erscheinen. Zusätzlich ergibt sich eine Quellenproblematik, da die beiden zentralen Dokumente zur „Souveränen Demokratie" zum Zeitpunkt der Recherche zu dieser Arbeit nicht mehr online waren[292] und darüber hinaus nicht in schriftlicher Variante zur Verfügung standen, so dass sich die Quellen auf Sekundärliteratur beschränken müssen.

Entstanden ist der Begriff unter der Federführung von Wladislaw Surkow, der den Begriff „Souveräne Demokratie" erstmals öffentlich im Februar 2006 vor Aktivisten der Partei Edinaja Rossija ausführte. Zuvor thematisierte er seine Begriffskonstruktion bereits im Mai 2005 unter Ausschluss der Öffentlichkeit auf dem ökonomischen Forum des Verbandes „Delovaja Rossija". [293] Die Prinzipien der „souveränen Demokratie" zeigten sich aber bereits mindestens in der Erschaffung der Partei der Macht, so dass davon ausgegangen werden kann, dass

---

[292] http://www.edinros.ru/news.html?id=111148 sowie
http://www.mosnews.com/interview/2005/07/12/surkow.html.
[293] Vgl. Mommsen, Margareta: Surkows „Souveräne Demokratie" – Formel für einen russischen Sonderweg? In: Russland-Analysen Nr. 114/2006, S. 1 ff.

die „Souveräne Demokratie" bereits in der ersten Amtsperiode Putins als Leitbild fungierte. Der Zeitpunkt der öffentlichen Thematisierung hingegen erscheint nicht zufällig, sondern kann als Reaktion auf die „Orangene Revolution" der Ukraine interpretiert werden.[294]

Die Kernpunkte der „Souveränen Demokratie" sind schnell zusammengefasst. Zunächst verbirgt sich hinter dem Begriff „souverän" ein Nicht-Einmischungsgebot vor allem gegenüber dem Ausland,[295] implizit aber auch gegenüber inländischen Oppositionsakteuren. Mommsen versteht die „Souveräne Demokratie" als einen Schutzentwurf russischer Souveränitätssicherung, der primär über die Aufrechterhaltung des nationalen Kapitals und über die Bereiche der strategischen Kommunikation, des Finanzsystems, der Medien und der Energieressourcen gesichert werden soll. In dieser Hinsicht stuft Surkow sein Vorhaben auf dem Forum von „Delovaja Rossija" selbst als banal ein.[296] So kann der Gedanke der „Souveränen Demokratie" durchaus als eine Fortsetzung der gelenkten Demokratie der neunziger Jahre verstanden werden, da der Kreml bzw. das Kremlumfeld als Substitut zur Oligarchie und zu den regionalen Eliten als politische Definitionsmacht etabliert werden soll.

Die Komponente „Souveränität" bezieht sich aber nicht nur auf wirtschaftliche Stabilität bzw. Wachstum oder die Klarstellung der Nichteinmischung ausländischer Akteure. Sie bedient vor allem auch eine innenpolitische Dimension. So kann der Souveränitätsgedanke im Kontext einer befürchteten Abwehr möglicher Orangener Revolutionen kritisiert werden; erweitert man allerdings den Blick um die neunziger Jahre Russlands, ergibt sich zusätzlich eine Nachvollziehbarkeit bzgl. des Glaubens an eine Notwendigkeit stabiler, langfristiger Politik. So steht Edinaja Rossija wie beschrieben für den Versuch, die russische Parteienlandschaft nachhaltig kremlloyal zu prägen, und ist darüber hinaus die Schlüsselkomponente zur Kaderrekrutierung eines neuen politischen Typus. Auf diese Weise soll eine

---

[294] Ebenda.
[295] Russland stellt sich einen eigenen und autonomen Weg zur Demokratie vor und lehnt unter diesem Selbstverständnis eine Adaption westlicher Demokratie bzw. Demokratisierung ab.
[296] Ebenda.

Zivilgesellschaft initiiert werden, vielleicht gar erschaffen werden, die die Politik des Kremls in Nachwuchs und gesellschaftlicher Legitimität unterstützt – eine „kontrollierte Zivilgesellschaft".

Von dieser parlamentarischen und gesellschaftlichen Dimension an liegt das Hauptaugenmerk der „Souveränen Demokratie" allerdings auf der wirtschaftlichen Entwicklung Russlands. Mommsen fasst in dieser Hinsicht Surkow folgendermaßen zusammen: „Darüber hinaus [über eine militärische Souveränität hinaus] müsse sich Russland in die Weltwirtschaft als globaler Wirtschaftsführer einbringen und dies bedeute nicht nur die Kontrolle über Öl- und Gasreserven, sondern mehr noch die Fähigkeit, Energieressourcen mittels moderner Technologien zu diversifizieren."[297]

Hier zeigt sich das wiedergewonnene Großmachtverständnis Russlands, welches auf dem ökonomischen Feld statt auf dem militärischen ausgedrückt werden soll.

Es zeigt sich aber auch, dass das Modernisierungsprojekt des späteren Präsidenten Medwedew eine Kontinuität des Gedankens der „Souveränen Demokratie" ist und keine Neuerfindung zur Emanzipation gegenüber Putin seinerseits, wie es gerade in westlichen Medien immer wieder interpretiert wurde.[298] So kann das Modernisierungsprojekt Medwedews als Konkretisierung der wirtschaftlichen Dimension der „Souveränen Demokratie" verstanden werden. Die Prinzipien, nach denen die russische Wirtschaft modernisiert werden sollen, sind aber bereits in der ersten Amtsperiode Putins zu entdecken. Peter Schulze sieht dabei drei Faktoren, die das Modernisierungsprojekt zu diesem Zeitpunkt begünstigt haben.

Dies ist zunächst der Wirtschaftsaufschwung im Rahmen einer Importsubstitutionspolitik (ausgehend von der Rubelabwertung des Jahres 1998), die erstaunliche Wachstumsraten der

---

[297] Siehe: Mommsen, Margareta: Surkows „Souveräne Demokratie" – Formel für einen russischen Sonderweg? In: Russland-Analysen Nr. 114/2006, S. 3.
[298] Vgl. http://mediathek.daserste.de/daserste/servlet/content/3466452?pageId= 487872&moduleId= 329478&categoryId= &goto=1&show=, zugegriffen am 25.01.2010 / http://www.spiegel.de/politik/ausland/ 0,1518,660896,00.html, zugegriffen am 15.01.2010.

Binnenkonjunktur möglich machte.[299] In diesem Klima ist der zweite Faktor das Wachsen einer neuen Generation von Wirtschaftsführern, die die alten oligarchischen Strukturen ersetzten und als de-ideologisiert bzw. apolitisch einzustufen sind.[300] Und als dritten Faktor nennt Schulze die Rückkehr auf das weltpolitische Parkett durch den Eintritt in die Koalition gegen den Terror nach 9/11. Putin benennt im Rahmen des Modernisierungsgedankens vier nationale Projekte (Bildung, Gesundheit, Wohnungsbau, Landwirtschaft)[301], innerhalb derer die Modernisierung Russlands umgesetzt werden soll. Als Ziel bleibt stets die internationale Wettbewerbsfähigkeit anhand technischer Innovation, auf deren Basis ein neues Groß- oder Weltmachtverständnis gründen soll. In diesem Zusammenhang ist Surkows Souveränitätsgedanke stark mit dem Konkurrenzprinzip verknüpft, welches anstelle des veralteten Feindesverständnis gesetzt werden soll.[302]

Medwedew formulierte „seine" Modernisierungsstrategie erstmals 2009 in dem Artikel „Vorwärts Russland". Medwedew stellte wie Putin die technische Innovation als Weg zur internationalen Wettbewerbsfähigkeit ins Zentrum seiner Strategie. Dabei rechnete er allerdings mit dem bisherigen Erfolg russischer Modernisierung ab und zog dabei eine durchweg negative Bilanz.[303] Neben einer realistischen Bestandsaufnahme wurde diese Bilanzierung auch als Emanzipationsversuch Medwedews zu Putin interpretiert.[304] Der ausgebliebene Erfolg russischer

---

[299] Vgl. Schulze, Peter W.: Von der gelenkten zur souveränen Demokratie: Etappen der postsowjetischen Transformation, S. 71.
[300] Ebenda.
[301] Vgl. Ballin, André: Nationale Projekte: Russland auf dem Weg der Gesundung? (07.04.2006), http://www.aktuell.ru/russland/politik/nationale_projekte _russland_auf_dem_weg_der_gesundung_3087.html, zugegriffen am 30.03.2012.
[302] Vgl. Schulze, Peter W.: Souveräne Demokratie: Kampfbegriff oder Hilfskonstruktion für einen eigenständigen Entwicklungsweg? – die ideologische Offensive des Vladislav Surkov. In: Buhbe, Mathes und Gorzka, Gabriele: Russland heute. Rezentralisierung des Staates unter Putin, Wiesbaden 2007, S. 297. / Schulze, Peter W.: Von der gelenkten zur souveränen Demokratie: Etappen der postsowjetischen Transformation, S. 80.
[303] Vgl. Schröder, Hans Henning: Modernisierung „von oben". Medwedews zweiter Bericht zur Lage der Nation. In: Russland-Analysen 192/2009, S. 3 f.
[304] Ebenda.

Modernisierungspolitik scheint dabei der eigentliche logische Hintergrund erneuter Thematisierung zu sein und die nun Medwedew zugeschriebene Modernisierungsstrategie zu begründen. Hier weichen dann die vier nationalen Projekte Putins den fünf Bereichen technologischer Modernisierung russischer Wirtschaft (Energieeffizienz, Atomtechnologie, Medizintechnologie, Raumfahrt und Telekommunikation). Hinzu kommt das Projekt einer Innovationsstadt Skolkowo nach dem Vorbild des US-amerikanischen Silicon Valley. [305] An den zentralen Prinzipien wirtschaftsfokussierter Modernisierung allerdings änderte sich auch in der Amtszeit des Präsidenten Medwedews wenig. So attestierte der oppositionelle Politiker Wladimir Ryshkow dem Modernisierungsprojekt Medwedews, „Ein genauer Plan, eine ‚Roadmap', selbst wenn er nur auf eine technologische Modernisierung zielt, ist nicht vorhanden."[306]

Diese Konzeptlosigkeit scheint das eigentliche Konzept zu sein, was einerseits zu meiner Einschätzung einer „Ideologie des Pragmatismus" führt, zum anderen die Sachlage der „Souveränen Demokratie" schwer fassbar macht und dadurch den Vorwurf des demokratischen Lippenbekenntnisses vor dem vermuteten Hintergrund eines gewollten Autoritarismus nicht grundlegend entkräften kann. Darüber hinaus ergibt sich eine Parallele zur Perestroika. So kann die „Souveräne Demokratie" als eine Perestroika 2.0 verstanden werden.

Zu Beginn der ersten Legislaturperiode Putins waren zum einen ähnliche Voraussetzungen – wie eine ineffiziente Wirtschaft und sukzessive schlechter werdende Wohlstandsgrad der Bevölkerung – gegeben. Darüber hinaus ging es auch Gorbatschow darum, die staatliche Handlungsfähigkeit im Sinne einer neuen Legitimität herzustellen.

In beiden Vorstellungen – sowohl der Perestroika als auch der „Souveränen Demokratie" – steht die Verbesserung der Wirtschaftsleistung mit den Mitteln der Modernisierung im Fokus, während die Demokratisierung der Gesellschaft bei beiden hintanstand und den Begriffen einer Rückkehr zum „wah-

---

[305] Ebenda. / Ryshkow, Wladimir: Systemerhalt durch „Modernisierung". In: Russland-Analysen 205/10, S. 13.
[306] Vgl. Ryshkow, Wladimir: Systemerhalt durch „Modernisierung". In: Russland-Analysen 205/10, S. 13.

ren Sozialismus" (siehe Kapitel 4.1) oder eben der Fortführung einer gelenkten oder autoritären Demokratie untergeordnet wurden. Demokratisierung ist in beiden Versionen größtenteils auf die Wirtschafts- und Unternehmensstrukturen beschränkt und hat keine elementaren gesellschaftlichen Komponenten. Weiterhin kann beiden Vorstellungen eine Konzeptlosigkeit oder zumindest eine fehlende Konkretisierung attestiert werden, die letztendlich eine Identifikation seitens der Bevölkerung hemmt. Beide Ideologien zielen darauf ab, in der Bevölkerung vorhandende loyale Kräfte zu fördern bzw. zu rekrutieren, wie es unter Gorbatschow der Fall bei den perestroikaloyalen Klubs war – und wie es die Bedeutung von Edinaja Rossija im Rahmen der „Souveränen Demokratie" sein soll.

Die Unterschiede von Perestroika und „Souveräner Demokratie" ergeben sich im föderalen Kontext. So war es, wie in Kapitel 4.2 beschrieben, die ungewollte Dezentralisierung der Macht, die letztendlich zur Überwindung der totalitären Strukturen der Sowjetunion beitrug, während im Gegensatz dazu eine „föderale Anarchie" die Ausgangsposition zur Putinschen Ära darstellte und der „Souveränen Demokratie" das Element von Rezentralisierung attestiert werden muss.

Die Kernpunkte der „Souveränen Demokratie" sind zusammengefasst der Souveränitätsgedanke, nach dem ein eigener russischer Weg, oder präziser, ein vom Kreml definierter langfristiger Kurs eingeschlagen werden soll, mit dem Hauptziel internationaler wirtschaftlicher Konkurrenzfähigkeit als neuem russischen Weltmachtverständnis mit dem Mittel der (technischen) Modernisierung. Inbegriffen ist aber auch ein Bekenntnis zur Demokratie und Zivilgesellschaft als langfristig stabilster Herrschaftsform. Inwiefern die autoritär vollzogene Wiederherstellung der Macht diesem Bekenntnis widerspricht bzw. welche Indizien existieren, die sich diesem Bekenntnis zuordnen lassen und eine mögliche Fortsetzung der Demokratisierungsphase implizieren, wird im folgenden Kapitel zu klären sein.

6.2.1. Ein (vermeintlicher) Kurswechsel?

In der Einleitung wurde bereits die Frage aufgeworfen, ob die Demokratiebekenntnisse des Kremls authentischer Natur sind. Gerade im Kontext der im vorigen Kapitel diskutierten „Souveränen Demokratie" stellte sich diese Frage explizit, ebenso die Frage nach dem Verhältnis von unter Umständen notwendiger gelenkter Souveränität zur Etablierung autoritärer Strukturen. So war gerade die erste Amtszeit Wladimir Putins durch einen solchen autoritären Charakter gekennzeichnet, wie in Kapitel 6.1 aufgezeigt, die damit einhergehende Wiederherstellung staatlicher Handlungsfähigkeit war andererseits auch notwendig. Vor allem in der zweiten Amtszeit Putins und der Amtszeit Medwedews ergaben sich jedoch Indizien, die sich im Sinne des Bekenntnisses Surkows zur Demokratie als stabilster Herrschaftsform interpretieren lassen und durch seine Aussage, die Mittel staatlicher Repression durch die Kooperation mit Zivilgesellschaft zu ersetzen, untermauert werden.[307]

Mit der Konzentration des Parteiensystems durch das Parteien- und Wahlgesetz ging zusätzlich die Schaffung einer Alternative zu Edinaja Rossija einher, die Gründung der Partei „Gerechtes Russland". Surkow beschrieb dieses Projekt als Diversifizierung der russischen Parteienlandschaft und verglich den Versuch, die Partei „Gerechtes Russland" zu etablieren, mit dem US-amerikanischen Zwei-Parteiensystem.[308] So sollte „Gerechtes Russland" die Bevölkerung links des Spektrums von Edinaja Rossija abdecken.[309] Hier zeigte sich erneut Surkows eigenes Demokratieverständnis, da es ihm nicht um einen reellen, unbeeinflussten Pluralismus des russischen Parteiensystems zu gehen schien, sondern vielmehr darum, Legitimität für den Kreml herzustellen, dem beide Parteien als ideelle Quelle entsprungen sind.

---

[307] Vgl. Schulze, Peter W.: Von der gelenkten zur souveränen Demokratie: Etappen der postsowjetischen Transformation, S. 86.
[308] Vgl. Schulze, Peter W.: Souveräne Demokratie: Kampfbegriff oder Hilfskonstruktion für einen eigenständigen Entwicklungsweg? – die ideologische Offensive des Vladislav Surkov, S. 307.
[309] Ebenda.

Als wohl stärkstes Indiz galt der Rückzug Putins vom Präsidentenamt auf den Ministerpräsidentenposten. Die Interpretation einer Stärkung der parlamentarischen Ebene war nicht von der Hand zu weisen, da erstens mit Dmitri Medwedew der Putin ferner stehende Präsidentenkandidat zum Nachfolger bestimmt wurde[310] und zweitens Putin zu diesem Zeitpunkt über eine verfassungsändernde Zweidrittelmehrheit verfügte, die eine Änderung der Amtsdauer des Präsidenten ohne Hindernisse möglich gemacht hätte.

Sicherlich hätte es vor allem außenpolitische, aber auch innenpolitische Kritik gegeben, doch war diese für eine spätere Rückkehr ebenso zu erwarten gewesen. De facto ist Putin seit März 2012 wieder in das Präsidentenamt zurückgekehrt. Das Indiz ist dennoch nicht zu hundert Prozent widerlegt, denn Putin hielt sich hier an die Verfassung, die er in seiner ersten Amtsperiode noch seinem Kurs rigoros angepasst hatte. Der Grund der Rückkehr kann nur gemutmaßt werden, zumal Putin zum Ende seiner zweiten Legislaturperiode Amtsmüdigkeit nachgesagt wurde. Dass gerade in den Jahren 2010/2011 die Umfragewerte von Edinaja Rossija signifikant abnahmen und Medwedew die Charakterzuweisung einer Marionette von Putin nie ernsthaft abstreifen konnte, spricht aber auch für einen pragmatischen Entscheidungshintergrund. Neben der Interpretation des waschechten Machtpolitikers – „der es nicht lassen konnte" – kann Putin somit ebenso gut ein pragmatischer Hintergrund zu seiner Rückkehr ins Präsidentenamt unterstellt werden. Die Motive verbleiben somit in einer spekulativen Dimension.

Spekuliert wurde auch über Medwedews Entlassungsdekret für Moskaus Oberbürgermeister Jurij Luschkow im Jahr 2010. In den westlichen Medien hieß die Losung einhellig, das Putin einen langjährigen Machtkampf auf diese Weise beendet habe.[311] An dieser Stelle schwingt erneut die Einordnung Medwedews als Marionette bzw. ausführendes Organ Putins mit. Die Entlassung Luschkows kann allerdings durchaus anders inter-

---

[310] So wurde Viktor Subkow temporär als Nachfolgekandidat gehandelt. Vgl. Schröder, Henning: Auftakt zum Präsidentenwechsel? Überlegungen zur Regierungsumbildungen in Russland. In: Russland-Analysen 142/2007, S. 4 f.
[311] Vgl. http://m.faz.net/aktuell/politik/ausland/russland-medwedjew-entlaesst-moskaus-buergermeister-11040172.html, zugegriffen am 17.12.1010.

pretiert werden, vergegenwärtigt man sich Luschkows Umgang mit Demonstrationen bzgl. eines Autobahnprojektes sowie die nicht aufhörenden Korruptionsvorwürfe.[312] Luschkow war 1992 unter Boris Jelzin zu seinem Oberbürgermeisteramt gekommen. Er gilt als Gründer der Bewegung „Otetschestwo" (Vaterland), die in Fusion mit „Ganz Russland" die Parlamentsmehrheit der ersten Präsidentschaftsschritte Putins ermöglichte und danach in Edinaja Rossija aufging. Luschkow war bereits in der Sowjetunion Abgeordneter des „Obersten Sowjet" gewesen und gehörte schließlich zu den Vertrauten Jelzins, ehe sich zu Ende dessen letzter Amtszeit ein Kampf zwischen Oligarchie und Politprominenz auftat, aus welchem sich Putin emanzipieren konnte, der daraufhin seinen Kampf gegen die Oligarchie und regionale Eliten aufnahm. Luschkow stellte sich letztendlich auf die Seite Putins gegen Jelzin und Beresowski. Nichtsdestoweniger blieb Luschkow ein Relikt der alte russischer Politikschule, die im Chaos der neunziger Jahre groß geworden war.

Aus diesem Grunde sprechen eben auch ideologische Gründe für das Entlassungsdekret mit der offiziellen Begründung des Vertrauensverlustes. Zieht man zusätzlich zu Luschkows Aufstieg, Korruptionsvorwürfen und Umgang mit Demonstrationen hinzu, dass er sich kritisch gegenüber dem Modernisierungsprojekt äußerte,[313] kann die Entlassung Juri Luschkows ebenso als konsequente Verfolgung der „Souveränen Demokratie" interpretiert werden, und dies eben auch aufgrund seiner demokratischen Komponente.

Die Frage, ob es sich hierbei um opportunistische Lippenbekenntnisse oder einen ernsthaften Versuch von Demokratisierung handelt, lässt sich auch nicht anhand der ausgeführten Indizien klären. Es ist allerdings zu erkennen, dass die genannten Indizien eines vermeintlichen Kurswechsel ideell mit den Vorstellungen der „Souveränen Demokratie" vereinbar sind und die Ideologie daher vom Verdacht eines reinen Schauspiels vor dem Hintergrund realpolitischer Zusammenhänge zumindest teilweise freizusprechen sein könnte.

---

[312] Vgl. http://www.tagesschau.de/ausland/autobahnmoskau104.html, zugegriffen am 17.12.2010.
[313] Vgl. http://www.tagesschau.de/ausland/luschkow118.html, zugegriffen am 17.12.2010.

6.2.2. Was ist der „neue russische Weg"?

Wie kann man den „neuen russischen Weg" definieren oder kategorisieren? Die betrachtete Machtkonsolidierung ist nicht von ihrer Ausgangsposition der neunziger Jahre zu lösen und bietet damit keinen direkten Aufschluss über die Präferenz einer autoritären Politik von Seiten Putins. Die Wiederherstellung staatlicher Handlungsfähigkeit zum Millennium war auch unter Gesichtspunkten einer institutionellen Demokratisierung notwendig, da der reelle politische Entscheidungsprozess von den theoretisch gegebenen demokratischen Strukturen losgelöst war, wodurch eine Entmachtung von Oligarchie und regionalen Eliten notwendig war und in diesem Kontext auf autoritäre Mittel zurückgegriffen werden musste. Dass die Wiederherstellung der staatlichen Handlungsfähigkeit auch mit demokratiekompatibleren Mitteln möglich gewesen sein könnte, ist nicht auszuschließen – und dies erst gar nicht versucht zu haben, kann dem autoritären Kurs Putins sicherlich zu Last gelegt werden.

So ist auch bereits für die frühe Phase der Politik Putins zu erkennen, dass der erhaltene Einfluss durch die Machtkonsolidierung genutzt wurde, um die Kremlpolitik zu unterstützen und abzusichern, keineswegs aber, um sie im Sinne eines Pluralismus in den politischen, ökonomischen oder gesellschaftlichen Prozess wiedereinzugliedern. So sind gemäß den Vorstellungen der „Souveränen Demokratie" die Aneignungen ökonomischer, medialer und politscher Ressourcen bewusst im Einflussbereich des Kremls verblieben. Womit der Kern des neuen russischen Weges angesprochen ist: eine eigene, unabhängige Souveränität, definiert einzig vom bzw. durch den Kreml, gegen innen- und außenpolitische „Fremdakteure" zu verteidigen, um diesen einzigen Politikkurs im Sinne von Langfristigkeit und Stabilität verfolgen zu können. Hier wird die Prämisse der Langfristigkeit gegen die politische Wechselhaftigkeit der Demokratie ausgespielt. Der Kreml geht aufgrund der Prinzipien der „Souveränen Demokratie" davon aus, insbesondere die Stärkung der russischen Ökonomie ausschließlich durch langfristige Verfolgung derselben Politik umsetzen zu können. In diesem Szenario ist ein Machtwechsel im Kreml eine Gefahr dieser postulierten Langfristigkeit. Auf die Qualität der Demokratie bzw. den Stel-

lenwert fortschreitender Demokratisierung im transformations-
theoretischen Verständnis übertragen, bedeutet dies nichts ande-
res als ein elementar defizitäres Demokratieverständnis, welches sich allerdings weniger aus der Überzeugung zum Autoritarismus begründen könnte, sondern aus der Sorge vor der
Machübernahme durch rückwärtsgewandte politische Spieler.
Diese Sorge könnte sich primär aus dem Erbe der neunziger
Jahre erklären und den im Zuge der Auflösung der Sowjetunion
entstandenen Akteuren wie Schirinowskis LDPR oder der
KPRF, deren Agenden nicht mit einem demokratischen Russland vereinbar waren.

So muss der neue russische Weg nicht als bewusst antidemokratisch eingeordnet werden, sondern kann als ein Resultat
eines nicht überwundenden historisch entstandenen russischen
Politikverständnisses interpretiert werden, welches der Kreml
nicht in der Lage zu sein scheint aufzugeben, weswegen er seine eigene Agenda der „Souveränen Demokratie" geschaffen
hat. Dass die Agenda dabei das Volk als geradezu unmündig
einzustufen scheint und in dieser Hinsicht darauf setzt, gezielt
kremlloyale Kräfte zu initiieren und im Sinne einer Zivilgesellschaft zu etablieren, ist gemäß der aufgezeigten russischen
Rahmenbedingungen nachvollziehbar, erfüllt jedoch nicht den
Anspruch einer sich selbst konstituierenden, kritischen Zivilgesellschaft nach westlichem Demokratieverständnis. Dieser
„kontrollierten Zivilgesellschaft" widme ich mich im nächsten
Kapitel genauer, um zu klären, inwiefern es sich überhaupt um
eine Zivilgesellschaft handeln kann, um dann abschließend die
zentrale Fragestellung dieser Arbeit, die Frage der Nachvollziehbarkeit des russischen Zivilgesellschaftsverständnisses in
seinem gesamthistorischen Kontext, einordnen zu können.

6.3. Die Zivilgesellschaft im aktuellen russischen System

Dem Begriff der aktuellen russischen Zivilgesellschaft wurde
sich bisher aus der theoretischen Perspektive genähert. Diese
theoretische Perspektive wurde durch die Prinzipien der „Souveränen Demokratie" definiert, wonach die Zivilgesellschaft

nach Ansicht der Machthaber des Kremls loyal sein muss und dahingehend vom Kreml initiiert werden soll, um auf diese Weise eine „kontrollierte Zivilgesellschaft" zur Verfügung zu haben um somit seine Legitimationsbasis in der Bevölkerung verbreitern zu können.

Soweit die Sicht des Kremls. Darüber hinaus haben sich jedoch die Rahmenbedingungen für eine anarchisch strukturierte Öffentlichkeit als Zivilgesellschaft geändert, die Lasten der Vergangenheit haben sich mit der Amtsübernahme Putins gewandelt. Zunächst wurde das ökonomische Chaos der neunziger Jahre überwunden, wodurch die Frustration nachgelassen haben könnte, wobei sich dann in diesem Zusammenhang allerdings auch eine Zustimmung zu Putins politischem und wirtschaftlichem Kurs ergab. So wurde im Zuge der Machtkonsolidierung das politische Chaos der neunziger Jahre überwunden, welches den Einfluss der Zivilgesellschaft auf den politischen Prozess aufgrund fehlender Partizipationsmöglichkeiten negiert hatte. Die Duma, also das Parlament, war nun wieder in den politischen Entscheidungsprozess zurückgekehrt, doch ergab sich aufgrund der Etablierung von Edinaja Rossija keine kremlkritische Stimme und die Oppositionskräfte verblieben weiter ohne ernsthafte Geltung. Die Medienlandschaft wurde nun vom Kreml bestimmt und nicht mehr durch die Oligarchie, was letztendlich einen freien Meinungs- und Willensbildungsprozess weiterhin im Zweifel lässt.

Allerdings ist die Rahmenbedingung nicht mehr die einer totalitären Herrschaft, und auch die chaotischen Zustände unter Jelzin gehören der Vergangenheit an. Offiziell ist Russland eine föderale semi-präsidentielle, republikanische Demokratie.[314] So ist es der Bevölkerung möglich, sich zu vereinigen und zu organisieren (Art. 30 VRF) und seine Meinungen frei zu äußern (Art. 29 I VRF). Diese Elemente sind in der Praxis zwar teilweise weiter eingeschränkt,[315] werden jedoch gem. der Verfas-

---

[314] Vgl. http://www.constitution.ru/de/, zugegriffen am 18.04.2012.

[315] Zu beobachten hinsichtlich des Schwulengesetzes sowie des staatlichen Umgangs mit Demonstrationen. Vgl. Teevs, Christian: Diskriminierung in Russland. Erste Festnahmen wegen Schwulen-Gesetz in St. Petersburg, 06.04.2012, http://www.spiegel.de/politik/ausland/polizisten-in-st-petersburg-nehmen-schwule-demonstranten-fest-a-826173.html, zugegriffen am

sung zumindest theoretisch und damit einklagbar garantiert (Art. 17–64 VRF).[316]

Die Voraussetzungen zur Zivilgesellschaft haben sich also in Gegenüberstellung zur Sowjetunion grundlegend geändert, da sie sich im Zuge der Demokratisierung nicht mehr automatisch durch die gegebene Staatsform ausschließen.

So könnten also die theoretischen Rahmenbedingungen im Sinne gegebener Voraussetzungen die Existenz einer Zivilgesellschaft zulassen. Die Frage bleibt, ob oder inwiefern sich eine Zivilgesellschaft seit der Amtsübernahme Putins konstituiert hat. Dies lässt sich an der Sphäre professionalisierter bzw. organisierter Öffentlichkeiten überprüfen.

Diese Sphäre ist im Messbaren durch nichtstaatliche Organisationen (NGO's) gekennzeichnet. Die Gründungen dieser NGO's sind entsprechend den auch unter Jelzin existierenden theoretisch gegebenen Voraussetzungen zu 70 % vor 1999 zu verorten, und ihre Anzahl ist im internationalen Vergleich von zivilgesellschaftlichen Organisationsgraden als niedrig einzuordnen. Die Zusammensetzung des sog. „Dritten Sektors" Russlands, also der organisierter Öffentlichkeiten, ergibt gemäß einem Monitoring von 2009/2010 ein Bild vor allem nicht-kommer-zieller Organisationen (NKO's), welche die Zusammensetzung organisierter Öffentlichkeiten bestimmen. Dabei wirken über 60 % der Organisationen in mehr als einem Tätigkeitsbereich und bis zu 5 Tätigkeitsfeldern. So unterteilen sich die NGO's in fast zur Hälfte kulturell und karitativ ausgerichteten Organisationen. Das andere dominierende Tätigkeitsfeld ist mit knapp 40 % dem Bildungswesen sowie der Forschung zuzuordnen, dicht gefolgt vom Sport- und Freizeitbereich. Kleinsten Anteil stellen Organisationen im Bereich der Religion, der Wirtschafts- und Berufsverbände sowie der Gewerkschaften mit unter 6 %. Die im Rahmen der Fragestellung besonders relevanten politisch sensiblen NGO's werden mit 27 % durch Interessensvertreter der Bürger und Verbraucher repräsentiert.[317]

28.04.2012. / Schulze, Peter W.: Von der gelenkten zur souveränen Demokratie: Etappen der postsowjetischen Transformation, S. 88 ff.

[316] http://www.constitution.ru/de/part2.htm, zugegriffen am 18.04.2012.

[317]Mersijanowa, Irina und Jakobson, Lew: Das Engagement der Bevölkerung in der zivilgesellschaftlichen Praxis und dem Dritten Sektor Russlands. (Nach

Die breite Auffächerung der organisierten Öffentlichkeiten können im Sinne einer wiederzufindenden pluralistischen Öffentlichkeit als Indiz genommen werden, dass die Grundlage einer Public Sphere gegeben sein könnte. Dass 93,6 % der NGO's angeben, öffentliche Veranstaltungen durchzuführen, und die Zivilgesellschaft als medial berücksichtigt wahrgenommen wird,[318] bestärkt dieses Indiz und lässt die russische Zivilgesellschaft (Stand 2009) vielleicht als quantitativ unterentwickelt, aber dennoch als faktisch vorhanden kategorisieren.

Die quantitative Unterentwicklung bestätigt sich auch in Bezug auf den Wirkungskreis der meisten NGO's, die zu 70 % örtlich und zu 44 % regional arbeiten,[319] so dass einer nationalen Einflussebene der Zivilgesellschaft ein signifikanter Seltenheitsstatus attestiert werden kann.

Dies schlägt sich auch im Bild der Förderung und Unterstützung seitens des Kremls nieder, die – ähnlich wie in der Perestroika (siehe Kapitel 4.3) – einem Selektionsgedanken unterliegt, der kremlloyale Akteure stützt. Vergegenwärtigt man sich hinsichtlich des Leitgedankens der „Souveränen Demokratie", dass die ökonomischen Strukturen durchaus einer gewollten Demokratisierung im Sinne eines zu erreichenden internationalen Konkurrenzstatus aufgrund freien Wettbewerbes unterliegen, wiegt die Unterrepräsentation von Wirtschafts- und Berufsverbänden innerhalb der zivilgesellschaftlichen Strukturen schwer, da es den Modernisierungsgedanken insofern konterkariert, als diese Akteure der Zivilgesellschaft nicht besonders gefördert werden.

So ist der Fokus hinsichtlich der Thematisierung der Zivilgesellschaft zum Ende der zweiten Amtszeit Putins immer mehr aufgegeben worden. Das Thema Zivilgesellschaft, ohnehin mit der Schwierigkeit belastet, schwer bzw. präzise erfassbar zu sein, ist angesichts realpolitischer Umstände ab 2008 in den Hintergrund gerückt. So waren es neben den innenpolitischen Entwicklungen (Dumawahlen und der Wechsel im Präsidentenamt) vor allem die Finanzkrise und der Georgienkonflikt, der

---

Materialien des Monitorings zur Situation der Zivilgesellschaft). In: Russland-Analysen 208/2010, S. 8 ff.

[318] Ebenda.

[319] Ebenda.

die russische Politik auf Kosten des Themas Zivilgesellschaft einspannte.[320]

Um die Rolle der Zivilgesellschaft im aktuellen Russland vollständig erfassen zu können, muss der in diesem Kapitel dargestellte Teileindruck durch die Repressionen gegenüber der russischen Zivilgesellschaft ergänzt und darüber hinaus aufgezeigt werden, welche Konsequenzen sich aus den Defiziten im Umgang und Entwicklung mit der Zivilgesellschaft ergeben. Dazu wird im nächsten Kapitel das NGO-Gesetz als strukturgebende Rahmenbedingung hinsichtlich der zivilgesellschaftlichen Ebene im Zentrum der Betrachtung stehen und anschließend die Notwendigkeit einer funktionierenden Zivilgesellschaft ins Verhältnis zur aktuellen russischen Situation gesetzt.

6.3.1. Der repressive Umgang mit Zivilgesellschaft

Im Hinblick auf die „Souveräne Demokratie" wurde der Begriff der „kontrollierten Zivilgesellschaft" im Kontext gezielter Schaffung loyaler Kader insbesondere für Edinaja Rossia eingeführt (Kapitel 6.2), welche den Unterbau zur langfristigen, stabilen und kremldefinierten Politikvision darstellt. So kann die selektive Förderung von Teilen der Zivilgesellschaft bereits als Kennzeichen des kontrollierenden Charakters eingeordnet werden.

Im Rahmen der Partei der Macht sowie der zugehörigen Jugendorganisationen und der damit verbundenen Absicht der Schaffung einer nationalen Bourgeoisie zeigt sich der Versuch gezielter Initiierung einer loyalen Zivilgesellschaft. Der dahinter stehende theoretische Gedanke einer von oben intendierten Beeinflussung zivilgesellschaftlicher Entwicklung und somit ihrer Konstituierung wird um das praktische Element der Kontrolle erweitert, um mögliche Fehltendenzen aus Sicht des Kremls korrigieren zu können, aber auch um die gezielte Initiierung in der Praxis umsetzen zu können.

---

[320] Vgl. Rutland, Peter: Die Auswirkungen der globalen Finanzkrise auf Russland. In: Russland-Analysen 171/2008, S. 2 ff.

Die Grundlage zur Kontrolle der zivilgesellschaftlichen Entwicklung wurde 2006 durch das Vereinsgesetz und insbesondere das NGO-Gesetz festgeschrieben. Diese Gesetze trugen dann allerdings nicht zu einer notwendigen Rechtsklärung bei, sondern bewirkten zunächst eine Rechtsverwirrung, anhand derer bereits die erste Hürde bzgl. der Organisierung zivilgesellschaftlicher Strukturen installiert war.[321] Das NGO-Gesetz verfestigte diese Hürde, indem aus diesem schwer zu definierenden Rechtsraum hohe formale und auch finanzielle Barrieren zur Registrierung bzw. Gründung zivilgesellschaftlicher Organisationen geschaffen wurden, die es nun zu überwinden galt. So sind die häufigsten Ablehnungen formaler Grundlage, wobei auch eine inhaltliche, ideologische Grundlage der Ablehnung definiert ist, welche in der Praxis allerdings seltener als Ablehnungsgrund herangezogen wird. In der zu Grunde liegenden Definition spiegeln sich wiederum die Prinzipien der „Souveränen Demokratie" wider, da Ablehnungsgründe dann einschlägig sind, wenn eine Bedrohung der Souveränität, politischen Unabhängigkeit, territorialen Unantastbarkeit, nationalen Einheit und Identität, des kulturellen Erbes oder nationaler Interessen vorliegt.[322] Welcher Willkür dabei die Interpretation dieser Gründe unterliegt, zeigt das Beispiel der Ablehnung einer NGO, die sich für homosexuelle Rechtsfragen engagieren wollte.[323]

So wird Homosexualität in Russland als demografische Gefahr verstanden oder zumindest von offizieller Seite oft genug in dieser Hinsicht behandelt – und nach dieser Argumentation entsprechend abgelehnt.[324]

---

[321] Vgl. Nußberger, Angelika und Schmidt, Carmen: Vereinsleben auf Russisch oder Don Quichote und die russische Bürokratie. In: Russland-Analysen 138/2007, S. 2.

[322] Vgl. Nußberger, Angelika und Schmidt, Carmen: Vereinsleben auf Russisch oder Don Quichote und die russische Bürokratie. In Russland-Analysen 138/2007, S. 2 f.

[323] Ebenda.

[324] Vgl. Brammerloh, Susanne: Moskauer Duma debattiert umstrittenes Schwulengesetz. http://www.russland.aktuell.ru/moskau/stadtnews/moskauer_duma_debattiert_umstrittenes_schwulengesetz_1684.html, zugegriffen am 02.05.2012 / http://dip21.bundestag.de/dip21/btd/16/062/1606241.pdf, zugegriffen am 21.04.2012, S. 19. /

Entgegen der ursprünglich formulierten Ausrichtung, dass das NGO-Gesetz insbesondere auf ausländische NGO's gemünzt war, um nicht-russische Einflüsse auf die Entwicklung Russland zu minimieren,[325] wurde das NGO-Gesetz nicht nur diesbezüglich korrigiert,[326] sondern hat sich auch in der Praxis der Anmeldungen ausländischer NGO-Vertretungen als seltene Barriere gegenüber ausländischen NGO's erwiesen.[327] Allerdings wurde das NGO-Gesetz 2012 verschärft, so dass sich NGO's mit politischer Tätigkeit auf Grundlage von ausländischen Fördermitteln als ausländische Agenten registrieren müssen. Im Visier sind hier auch „traditionelle" russische Organisationen wie z. B. die Moskauer Helsinki-Gruppe.[328]

Das NGO-Gesetz geht aber darüber hinaus, bloße Gründungshürde zu sein. So ist dem Gesetz ebenso eine Anzeigen- und Berichtspflicht immanent. Das Gesetz sieht also nicht allein eine Kontrolle der Entstehung, sondern auch der tatsächlichen Arbeit der zivilgesellschaftlichen Akteure vor und kann diese entsprechend der Kontrollmöglichkeit als extremistisch einordnen und auf dieser Grundlage auflösen.[329] So wurden Mitte September 2010 landesweit NGO's von Staatsanwaltschaften einer Überprüfung unterzogen, ob sie sich im Einklang mit der Gesetzgebung befinden. Diese Skepsis des Staates in Kombination damit, dass die Mehrheitsbevölkerung eine „Watchdog-Funktion" der Zivilgesellschaft für unwichtig hält, zeigt den

---

http://www.tagesschau.de/ausland/homosexualitaet104.html, zugegriffen am 21.04.2012.

[325] Vgl. Ludwig, Michael: Ein Schritt zurück in die Sowjetunion. http://www.faz.net/aktuell/politik/ausland/russland-ein-schritt-zurueck-in-die-sowjetunion-1278268.html, zugegriffen am 02.05.2012.

[326] Vgl. Mrozek, Gisbert: Putin lässt NGO-Gesetz nachbessern. http://www.aktuell.ru/russland/politik/putin_laesst_ngo_gesetz_nachbessern_3001.html, zugegriffen am 02.05.2012.

[327] Vgl. Nußberger, Angelika und Schmidt, Carmen: Vereinsleben auf Russisch oder Don Quichote und die russische Bürokratie. In Russland-Analysen 138/2007, S. 3.

[328] Bowring, Bill: Gesetze und NGOs in Russland. In Russland-Analysen 252/13, S. 2 ff.

[329] Vgl. Nußberger, Angelika und Schmidt, Carmen: Vereinsleben auf Russisch oder Don Quichote und die russische Bürokratie. In Russland-Analysen 138/2007, S. 5.

schlechten Stand staatskritischer Zivilgesellschaftsstrukturen im aktuellen Russland.[330]

Die Rahmenbedingung für eine Zivilgesellschaft in Russland sind somit einerseits garantierte Grundrechte wie die Meinungsfreiheit, auf der anderen Seite wirkt der Staat hemmend und kontrollierend auf die Schnittstelle zwischen Zivilgesellschaft und den sich aus der anarchisch strukturierten Public Sphere ergebenden Organisationen, die die zivilgesellschaftliche Problemidentifikation in den politischen Prozess tragen sollen. Vor dem Hintergrund der Absicht, eine „kontrollierte Zivilgesellschaft" als Legitimationsbasis der Kremlpolitik installieren zu wollen, muss der gesetzlich festgeschriebene Repressionscharakter gegenüber der organisierten Dimension der Zivilgesellschaft als grundsätzlich bewusste Maßnahme zur Einschränkung zivilgesellschaftlicher Möglichkeiten angesehen werden.

Diesen als Rahmenbedingung existierenden Hürden für zivilgesellschaftliches Engagement folgt der tatsächliche Umgang mit kritischen Öffentlichkeiten. Als bekannteste Beispiele sind hier – neben dem bereits im Kontext der Machtkonsolidierung erwähnten Chodorkowski – die Aktivistinnen von Pussy Riot sowie der Blogger Alexej Nawalny zu nennen. Diese Akteure sind parallel zu den Massendemonstrationen gegen Putin als informelle, oppositionelle Vertreter aus der Öffentlichkeit im Sinne einer problemidentifizierenden und kremlkritischen Zivilgesellschaft in Erscheinung getreten. So kritisierte die Musik-Gruppe „Pussy Riot" mit ihrer öffentlichen Protestaktion in der Moskauer Christus-Erlöser-Kathedrale im Februar 2012 die mangelnde Säkularität und Homophobie in Russland.[331] Der Blogger Nawalny prangerte im Internet Korruption an und war im Kontext des Vorwurfes der Wahlmanipulation zur Dumawahl 2011 eine zentrale Figur in der Organisation der Anti-Putin-Proteste.[332] Diesen Vertretern einer kritischen Öffentlich-

---

[330] Vgl. Franck, Peter: Pilorama – Zivilgesellschaft im Sägewerk. In: Russland-Analysen Nr. 208/2010, S. 16 f.

[331] Vgl. von Gall, Caroline: Vorerst gescheitert: „Pussy Riot" und der Rechtsstaat in Russland. In Russland-Analysen 246/12, S. 2.

[332] Vgl. Windisch, Elke: Der Fall Nawalny. Moskaus Generalstaatsanwaltschaft legt Haftbeschwerde ein. http://www.tagesspiegel.de/politik/der-fall-nawalny-moskaus-generalstaatsanwaltschaft-legt-haftbeschwerde-ein/8516512.html, zugegriffen am 18.10.2013.

keit und somit Akteuren im Zeichen zivilgesellschaftlicher Funktion wurden Prozesse gemacht. Nawalny wurde der Tatbestand der Untreue im Kontext seiner Beraterfunktion des Staatskonzerns Kirowles vorgeworfen; er wurde zu 5 Jahren Haft sowie einer Geldstrafe verurteilt.[333] Die Aktivistinnen von Pussy Riot wurden wegen religiös motivierten Rowdytums angeklagt und schuldig gesprochen.[334]

Dieser Umgang mit kritischen Personen der Öffentlichkeit erinnert an den Chodorkowski-Prozess. Politisch motivierte Prozesse folgen als Antwort auf Kritik am russischen Staat. So legt der Kreml seinen repressiven Umgang auch im Jahr Dreizehn nach Putins erster Amtsübernahme nicht ab, sondern scheint diesen Kurs entgegen einer notwendigen Gewaltenteilung weiterhin verfolgen zu wollen.

6.3.2. Die Notwendigkeit einer (russischen) Zivilgesellschaft

Worin besteht die Notwendigkeit einer vollständigen und unkontrollierten Zivilgesellschaft?

Wladislaw Surkow bekennt sich zur Demokratie in Kombination mit einer Zivilgesellschaft, weil es sich um die stabilste Herrschaftsform handele,[335] da nur eine Gesellschaft bestehend aus freien Menschen effektiv und konkurrenzfähig sein kann.[336] Diese Aussage entspricht ebenfalls dem Prinzip der „Souveränen Demokratie", da sich der Stabilitätsgedanke dieses Konzepts in Kombination mit ökonomischer Wiedererstarkung hier wiederfinden lässt. In dieser Hinsicht ist das Bekenntnis Surkows zur Zivilgesellschaft aber dennoch eingeschränkt, da kremlkritische Akteure von diesem Bekenntnis exkludiert zu

---

[333] Ebenda.

[334] Vgl. http://www.spiegel.de/politik/ausland/pussy-riot-muessen-zwei-jahre-ins-straflager-a-850659.html, zugegriffen am 18.10.2013.

[335] Vgl. Schulze, Peter W.: Von der gelenkten zur souveränen Demokratie: Etappen der postsowjetischen Transformation, S. 78.

[336] Vgl. Schulze, Peter W.: Souveräne Demokratie: Kampfbegriff oder Hilfskonstruktion für einen eigenständigen Entwicklungsweg? – die ideologische Offensive des Vladislav Surkov, S. 303.

sein scheinen, vergegenwärtigt man sich die restriktiven staatlichen Rahmenbedingungen bzgl. der Zivilgesellschaft, aber auch die demokratischen Defizite, die sich insbesondere immer wieder bei den Wahlen gezeigt haben.

Es handelt sich nur dann um die stabilste Herrschaftsform, wenn der zu Grunde liegende Pluralismus sich entfalten kann und somit Macht- und Meinungsmonopole entweder an der Entstehung gehindert werden oder nach ihrer Entstehung aufgelöst werden können. Der Gedanke einer stabilen Langfristigkeit auf Kosten oppositioneller parlamentarischer und gesellschaftlicher Akteure bildet somit explizit ein solches zu verhinderndes Macht- und Meinungsmonopol ab. Die kontrollierte Zivilgesellschaft widerspricht dem Stabilitätsgedanken, da unterdrückte Meinungen im Diskurs sowie im politischen Prozess zur Instabilität im Sinne eines Aufbegehrens gegen die Ungerechtigkeiten führen können und damit die Unterdrückung jeglicher Meinung einer konsequenten Etablierung des demokratischen und zivilgesellschaftlichen Gedankens gegenübersteht. Bei diesen Ungerechtigkeiten handelt es sich letztlich um die in den Kapiteln zuvor benannten demokratischen Defizite. So hat Surkow Recht, wenn er Demokratie und entsprechende Partizipation durch Zivilgesellschaft als herrschaftsstabilisierende Faktoren nennt, da die Inklusion der Bevölkerung in den Herrschaftsprozess Instabilität insofern kompensieren kann, als machtkorrumpierende Tendenzen in ihrer Entstehung verhindert werden können und somit entsprechendes Aufbegehren gegen die als illegitim wahrgenommene Herrschaft präventiv vereitelt werden kann.

Dass der Kreml seinen autoritären Kurs zur Wiederherstellung staatlicher Handlungsfähigkeit in der Bevölkerung legitimieren konnte, zeigt, dass die russische Bevölkerung ein dementsprechendes Bedürfnis nach einem funktionierenden und versorgenden Staat hatte. Die Proteste im Rahmen der Dumawahl 2011 und nachfolgend auch der Präsidentschaftswahl Putins 2012 zeigen, dass dieser Kurs keine anhaltende Legitimation mehr zu haben scheint, da letztendlich die staatliche Handlungsfähigkeit nach der autoritär gestalteten Zentralisierung erreicht ist. Nun bedarf es nicht nur einer Abkehr vom autoritären Kurs, sondern vielmehr einer Auflösung der demokratischen

Defizite. Surkow erweiterte sein Bekenntnis um die Abkehr repressiver Instrumente zu Gunsten politischer Auseinandersetzung und ideologischen Überzeugungskampfes.[337] Hier besteht dann, die aktuellen Verhältnisse Russlands vor Augen, weiterhin der Verdacht des Lippenbekenntnisses[338], hervorgerufen durch die mangelhaften Umsetzungen der geäußerten Prinzipien von Demokratisierung statt Autorität.

An dieser Stelle sei mir eine übergeordnete Perspektive zur Kritik an Demokratiedefiziten erlaubt. So scheint es leicht von der Hand zu gehen, wenn Vertreter westlich-industrieller Demokratien die Politik Putins mahnen und ihm seine Verstöße gegen demokratische Grundprinzipien wie den Pluralismus (der Parteienlandschaft) vorwerfen. Es gilt hier allerdings zu beachten, dass, wie bereits erwähnt, erstens der Demokratisierungsprozess Russlands mit seinen 23 Jahren noch vergleichsweise jung ist und zweitens bei der Identifizierung demokratischer Defizite seitens „der westlichen Welt" vergessen wird, dass deren Demokratieentwürfe ebenfalls defizitär sind, was in ihrer moralischen Kritik gerne ausgespart wird. Die Situation der westlichen Demokratien, insbesondere der Varianten parlamentarischer Demokratie, liest sich mit einem kritischen Blick hinsichtlich Problemen wie Politik-, Parteien- oder gar Demokratieverdrossenheit ebenfalls kritisch. Der richtigerweise kritisierte Mangel an Pluralismus in Russland bekommt einen differenzierteren Stellenwert, wenn man bedenkt, dass im Sinne einer Postdemokratie allgemein anerkannten parlamentarischen Demokratien ebenfalls unterstellt werden kann, in einem ideell komprimierten Parteiensystem zunehmend alternativloser zu werden.

Dies lässt sich einerseits aus moderner Parteistruktur folgern, die sich ausgehend von der Führungsebene entgegen dem personellen und ideologischen Unterbau erweitert,[339] sowie

---

[337] Vgl. Schulze, Peter W.: Von der gelenkten zur souveränen Demokratie: Etappen der postsowjetischen Transformation, S. 79.

[338] Insbesondere gegenüber dem westlich-demokratischen Ausland zum Vorteil des Zuganges zu modernen Technologien. Vgl. Schulze, Peter W.: Souveräne Demokratie: Kampfbegriff oder Hilfskonstruktion für einen eigenständigen Entwicklungsweg? – die ideologische Offensive des Vladislav Surkov, S. 303.

[339] Vgl. Crouch, Colin: Postdemokratie. Frankfurt am Main, 2008, S. 92 f.

andererseits daraus, dass eine zunehmende Personalisierung im Wahlkampf die inhaltliche Positionierung zu minimieren droht. Diese in den Hintergrund rückenden Inhalte und die Motivation, möglichst alle Wähler erreichen zu wollen, dabei aber diese nicht überzeugen zu wollen, sondern ein Konzept der Anbiederung oder gar einer in Kauf genommenen Entpolitisierung der Wähler zu nutzen, bestärkt letztlich die Wahrnehmung der politikverdrossenen Teile der Bevölkerung eines zumindest stark eingeschränkten Pluralismus. Der entscheidende Unterschied ist, wie es zu diesem eingeschränkten Pluralismus gekommen ist. Während in etablierten parlamentarischen Demokratien ungesteuerte Mechanismen im Parteienwettbewerb und die innerparteilicher Konstitution zu Einschränkungen des Pluralismus führten, sind es in Russland bewusst vom Kreml gesteuerte Prozesse – sicherlich im Kontext eines jungen Demokratieversuches. Letztlich kann man aber feststellen, dass die in Kapitel 2.3 beschriebenen Grenzen von zivilgesellschaftlicher Funktion, also die Limitation des Wirkungsgrades zivilgesellschaftlichen Einflusses auf den politischen und ökonomischen Prozess, nicht nur in Russland einschlägig sind, sondern vielmehr auch den westlichen Demokratiemodellen immanent sind. Da sich meiner Meinung nach keine klare Trennlinie zwischen „Domination" und „Opression" ziehen lässt, wie Young es darstellt, ergibt sich für die Einordnung der Kritik am Umgang mit der russischen Zivilgesellschaft, dass Russland, nicht unähnlich westlichen Demokratien, ein systembedingter politischer Prozess zu attestieren ist, der Meinungskonsense aus der Zivilgesellschaft ignoriert. Die mangelhafte Durchlässigkeit zwischen politischem Prozess und Öffentlichkeit ist also keineswegs ein Sonderphänomen der defizitären russischen Demokratie, sondern eine systemimmanente Problematik aller kapitalistischen, parlamentarischen Demokratien. Der Unterschied in Russland liegt vielmehr in der Konstitution des parlamentarischen Prozesses,[340] der in seiner durch den Kreml forcierten Einseitigkeit

---

[340] Die Frage nach einer unabhängigen Medien- und Informationslandschaft, die in Russland deutlich negiert werden kann, stellt sich im geringeren Intensitätsgrad auch für westliche Demokratien. Vgl. Young, Rick (Regie): Big Sky, Big Money. In: Frontline Staffel 30 Episode 23 Avi-Datei. 60min. Virginia: Public Broadcasting Service (PBS), Erstausstrahlung 30.10.2012 auf PBS.

die fehlende Möglichkeit einer Ausgestaltung der russischen Parteienlandschaft abbildet.

So ist die mangelhafte Ausgestaltung der Opposition ein Grund für die Hemmung der Umsetzung eines notwendigen Politikwandels in Russland, das das Erbe der Sowjetunion und der neunziger Jahre noch immer nicht vollständig abstreifen konnte und in Gestalt von Parteien wie der KPRF und der LDPR mit Akteuren aufwartet, welche Russlands langfristigen Kurs durch anti-demokratische Rückwärtsgewandtheit gefährden könnten, sollten sie die Macht im Kreml erreichen. Diese ungenügende Ausgestaltung der russischen Parteienlandschaft ist allerdings auch auf die „Souveräne Demokratie" zurückzuführen, die in puncto Kremlsouveränität ungesteuerte Oppositionsbewegungen wie z. B. Jabloko in ihrer Entwicklung und ihrem Erfolg hemmt. Dies geschieht nicht nur durch institutionelle Repressionen, sondern auch durch geringen Zugang zu medialer Präsenz, die durch den Kreml definiert ist. Entsprechend dem Leitgedanken der „Souveränen Demokratie" wird dann ein kremlloyaler Akteur geschaffen, um eine Erweiterung der Parteienlandschaft zu simulieren, wie sich am Beispiel „Gerechtes Russland" zeigen lässt. Die Basis zur Erweiterung einer oppositionellen Dimension der russischen Politik wiederum kann nur aus der Zivilgesellschaft kommen, die ebenfalls auf Grundlage der „Souveränen Demokratie", durch die gezielte Initiierung der Kaderfrage und den kontrollierenden Charakter des Umgangs mit der organisatorischen Sphäre der Zivilgesellschaft, ihres Potentials beraubt wird, den politischen Prozess durch Innovation und Pluralismus zu bestärken.

Wie zuvor ausgeführt, ist diese Abkopplung des politischen Prozesses von der Zivilgesellschaft in seiner Wirkung, die Funktion der Zivilgesellschaft als Problemidentifikation und Katalysator von Meinungskonsensen zu negieren, den etablierten Demokratien ebenfalls vorzuwerfen. Colin Crouch gibt im Rahmen seiner Überlegungen zur Postdemokratie zu bedenken, dass der Einfluss externer Akteure zunimmt und diesen privilegierten Eliten der größere Einfluss auf den politischen Prozess zugesprochen werden muss als der Wählerschaft.[341] Zivilgesell-

---

[341] Vgl. Crouch, Colin: Postdemokratie. Frankfurt am Main, 2008, S.13.

schaft wird in diesem Rahmen zwar nicht gezielt zur Legitimation initiiert,[342] wie es in Russland gemäß dem Kreml laufen soll, doch werden kritische Öffentlichkeiten zumindest teilweise ignoriert, was letztlich ein Defizit bzgl. der Rückkopplung des politischen Prozesses zur Bevölkerung darstellt und somit eine Partizipationslücke abseits der Wahlen repräsentiert.

In diesem Sinne kann die Wahrnehmung des Kremls hinsichtlich der Systemkritik gegenüber Russland nachvollziehbar werden, dass westliche Kritik nicht an universalen demokratietheoretischen Maßstäben ausgerichtet ist, sondern realpolitische Interessenspolitik sein könnte, da die Autoren der Kritik ihre eigenen Demokratiedefizite verschweigen.[343] So ist die differenzierte Thematisierung anti-demokratischer Entwicklungen und Elemente in Russland nicht unangebracht, doch wäre ihr Gewicht deutlich höher, wenn dabei die allgemeinen Krisentendenzen in etablierten Demokratien nicht verschwiegen würden. Dabei wäre es dann notwendig, Russland zuzugestehen, sich in einem Findungsprozess zu befinden, welcher nicht zwangsläufig auf ebenfalls defizitäre westliche Demokratiemodelle hinauslaufen muss.

Trotz dieser allgemeinen und staatenübergreifenden demokratietheoretischen Kritik muss in Anlehnung an die in Kapitel 5.3 angeführte Transformationstheorie abschließend festgestellt werden, dass Russland seine eigene Demokratisierungsphase vor dem Hintergrund der Aufrechterhaltung autoritärer Instrumente schwer abschließen kann und im Bereich der Wahlen bereits Rückschritte gemacht zu haben scheint. Die Konsolidierungsphase steht sogar außerhalb der russischen Möglichkeiten, sollte Russland seinen Umgang mit Opposition und Zivilgesellschaft aufrechterhalten.

---

[342] Wobei auch an dieser Stelle durchaus von selektiver Unterstützung sowie von gezielter öffentlicher Kritik seitens der Parteien gegenüber zivilgesellschaftlichen Organisationen ausgegangen werden kann.
[343] Dies gilt weniger für ausländische NGO's, die im besten Fall alle Demokratiedefizite kritisieren.

6.3.3. Das neue Protestpotential der russischen Zivilgesellschaft

Wie im Kontext des repressiven Umganges mit zivilgesellschaftlichen Akteuren (Kapitel 6.3.1.) scheint sich ein Bedürfnis nach zivilgesellschaftlicher Meinungsäußerung und Protest über gegebene Verhältnisse ergeben zu haben. Die entscheidende Frage in diesem Kontext ist, warum sich insbesondere die gegen Putin gerichteten Proteste erst im Zuge der Dumawahlen im Dezember 2011 ergeben haben. Warum nicht schon viel früher, z. B. anlässlich der Etablierung seiner autoritären Maßnahmen, der bereits früher erhobenen Vorwürfe von Wahlmanipulation, dem Umgang mit Chodorkowski oder der Exklusion von Kasparow?

Eine Erklärung könnte die Veränderung des Informationszuganges in der russischen Bevölkerung durch das Internet sein. So ist der Protest sicherlich auch durch die Möglichkeiten des Internets gekennzeichnet, welches in der Lage ist, ein Vakuum der kritischen Meinungsäußerung zu füllen. Die russische Internet-Community hat sich zwischen 2007 und 2011 verdoppelt und ist die Basis für die Protestorganisation sowie für einen schnellen Informationszugang, der z. B. Informationen über die Wahlmanipulation im Dezember 2011 schnell verbreiten konnte.[344] Das Internet ist auch die Grundlage für neue oppositionelle Persönlichkeiten wie den in Kapitel 6.3.1. erwähnten Blogger Nawalny, dessen Erfolg u. a. daran abzulesen ist, dass der Ausdruck „Partei der Diebe und Gauner" für Edinaja Rossija inzwischen weit verbreitet ist.[345] Der Einbezug des Mediums Internet, bereits bei den Revolten der Arabischen Revolution ein zentrales Element, unterscheidet die Situation Russlands entscheidend von den vorigen Verhältnissen.

---

[344] Vgl. Gathmann, Moritz: Opposition in Russland. Raus aus den Blogs, raus auf die Straße. http://www.tagesspiegel.de/medien/opposition-in-russland-raus-aus-den-blogs-raus-auf-die-strasse/5968978.html, zugegriffen am 02.05.2012.

[345] Vgl. Donath, Klaus-Helge: Blogger Alexei Nawalny. Die neue Kultfigur der Opposition. http://www.taz.de/Blogger-Alexei-Nawalny/!83527/, zugegriffen am 02.05.2012.

Die Verhältnisse sind aber darüber hinaus auch durch die Finanzkrise von 2008 verändert worden. Dass Wirtschaftskrisen politische Systeme destabilisieren und sinkender Wohlstand die Protestbereitschaft verstärkt, ist weitestgehend unumstritten. Die politischen Auswirkungen der Finanzkrise 2008 auf die Russische Föderation unterscheiden sich jedoch erheblich von denen auf die transatlantische Welt. Während die wirtschaftliche Verunsicherung in Europa und den USA systemkritische sowie populistische Bewegungen und Parteien hervorgebracht hat, erlebt Russland ein Déjà-vu: Die Krise entzündet sich dort abermals weniger am Wohlstandsverlust als am dahinter vermuteten Politikversagen. Russische Proteste richten sich daher nicht gegen das politische oder gar das ökonomische System, sondern gegen dessen zentralen Akteur: Wladimir Putin.[346]

Eine Erklärung dieses Phänomens findet sich in der russischen Historie: In Russland werden kapitalistische Wirtschaftsstrukturen und damit verbundene Krisen anders als in der westlichen Hemisphäre wahrgenommen. So hat sich in Russland die freie Marktwirtschaft nicht vergleichbar etablieren können. Dies geht nicht alleine auf die sowjetischen Erfahrungen mit einer zentralistisch gesteuerten Planwirtschaft zurück, in der wirtschaftliches Versagen und ein damit einhergehender Wohlstandsverlust ausschließlich mit den Machthabenden assoziiert wurde. Vielmehr setzte sich dieses Phänomen auch nach dem Zusammenbruch der Sowjetunion in den 1990er Jahren, wie in Kapitel 5.2 beschrieben, fort. Die freie Marktwirtschaft wird in diesem historischen Kontext von der russischen Bevölkerung keineswegs mit Wohlstand assoziiert. War es zu Zeiten der Sowjetunion der zentralistische Akteur KPdSU, der losgelöst von der Bevölkerung die Wirtschaft bestimmte, waren in den 1990er Jahren die Oligarchen die wirtschaftsbestimmenden Akteure, während der Wohlstand für die Bevölkerung insgesamt gering blieb. Diese sah sich einem undurchsichtigem Wirtschaftssystem ausgesetzt, welches keineswegs durch die gewählten Volksvertreter definiert wurde, sondern einmal mehr

---

[346] Vgl. Franke, Marcus: Putin- statt Systemkritik. http://www.demokratie-goettingen.de/blog/putin-statt-systemkritik, zugegriffen am 18.10.2013.

einer unerreichbaren Elite vorbehalten war. Eine Kritik des Systems erschien unter diesen Umständen sinnlos.[347]

Die Machtkonsolidierung Putins mit dem damit einhergehenden Wohlstandsgewinn für signifikante Teile der Bevölkerung und die damit zunächst verbundene Akzeptanz der Methoden Putins scheint sich in den letzten Jahren Schritt für Schritt aufzulösen. Hierbei könnte einschlägig sein, dass die globale Finanzkrise ab 2008 den wirtschaftlichen Aufschwung Russlands unterbrach, der bis dato mit unerwartet hohen Wachstumsraten aufwarten konnte. Es gelang dem Land zwar, durch eine angepasste Geld- und Währungspolitik einer erneuten Hyperinflation vorzubeugen und sich einen Spielraum zur wirtschaftspolitischen Reaktion auf die Krise zu verschaffen.[348] Ebenfalls zur Stabilisierung trug die starke Bankenaufsicht bei, welche als Resultat der eigenen Wirtschaftskrise von 1998 weiterhin Bestand hat.

Doch Russland kann keinesfalls als Gewinner der Krise betrachtet werden. Die börsennotierten russischen Unternehmen mussten in der Finanzkrise einen Werteverlust von 60 % hinnehmen, die angestrebten Inflationsraten wurden zu Krisenbeginn deutlich verfehlt und knapp die Hälfte der Bevölkerung ist nach wie vor davon bedroht, in die Armut abzurutschen.

Hier zeigt sich jedoch ein eklatanter Unterschied zur westlichen Krisenerfahrung, da die russische Bevölkerung nicht im größeren Maße über Aktien an den Unternehmen beteiligt ist und kaum in Kreditverpflichtungen gegenüber den Banken steht.[349] Diese Skepsis gegenüber einer privaten Teilnahme am Markt erklärt sich neben dem geringen Eigenvermögen vor allem aus den beschriebenen negativen Erfahrungen der 1990er Jahre.

In der Krise wurde jedoch offenbar, dass eine wirtschaftliche Unabhängigkeit über Putins Modernisierungspolitik nicht umgesetzt werden konnte. Es ergab sich erneut das Bild eines dro-

---

[347] Vgl. Schulze, Peter W.: Von der gelenkten zur souveränen Demokratie: Etappen der postsowjetischen Transformation, S. 67.
[348] Vgl. Deuber, Gunter und Schwabe, Andras: Reformtuning und tatsächlicher Fortschritt: Russlands Wirtschaftspolitik. In: Russland-Analysen 251/2013, S. 2.
[349] Ebenda.

henden Politikversagens, welches in der Erinnerung der russischen Bevölkerung noch überaus präsent war. Der erste Reflex der Bevölkerung war daraufhin, ihr Geld in Sicherheit zu bringen. Viele Menschen räumten zu Beginn der Krise schlichtweg ihre Konten.[350] Dieser passiven und direkten Reaktion zu Beginn der Wirtschaftskrise folgte Ende 2011 mit den Anti-Putin-Demonstrationen ein aktiver Protest gegen die Machtelite. Die Massenproteste sind seitdem primär auf den autoritären Kurs Putins ausgerichtet. Die im Vorfeld der Dumawahlen 2011 gesunkenen Umfragewerte von Putins Regierungspartei „Einiges Russland" sowie der anschließende Verlust der Zweidrittelmehrheit im Parlament zeigten bereits zu diesem Zeitpunkt einen Vertrauensverlust in den Putinschen Weg.

Und dieser Vertrauensverlust hält auch in Putins zweiter Präsidentschaft an. In Teilen der Bevölkerung wird diese keineswegs als ersehnter Neuanfang wahrgenommen, sondern als Fortsetzung politischen Versagens missbilligt und mit Massenprotesten beantwortet. In deren Kern geht es zwar nicht um die ökonomische Situation, welche aufgrund der historischen Erfahrungen mit Verfehlungen der Machtelite gleichgesetzt wird. Doch hat die veränderte ökonomische Lage Russlands das politische Klima in der Bevölkerung insofern entscheidend mitgeprägt, als der Kreml an Vertrauen eingebüßt hat. Das wiederum war es, was die zuvor gegebene Akzeptanz bzgl. des autoritären Kurses Putins auflöste und die Massenproteste gegen Putin ermöglicht haben könnte.

So kommen sicherlich mehrere Faktoren zusammen, warum sich die Proteste gerade zur Dumawahl 2011 formiert haben. Die veränderten Rahmenbedingungen, durch das Internet und die Wahrnehmung scheiternder (Modernisierungs-)Politik in der Finanzkrise offenbar geworden, bilden aber signifikante Unterschiede ab, die die Situation aus der Perspektive der russischen Bevölkerung verändert haben müssen. Der Politikkurs Putins hat sich, wie beschrieben, kaum bis gar nicht verändert; Pussy Riot und Nawalny sind nicht die ersten Opfer politisch motivierter Prozesse, die Dumawahl 2011 nicht die erste in

---

[350] Vgl. http://www.spiegel.de/wirtschaft/folgen-der-finanzkrise-russlands-wirtschaft-geraet-in-den-abwaertssog-a-590914.html, zugegriffen am 20.07.2013.

Manipulationsverdacht stehende Wahl und die Möglichkeit zum Pluralismus auf einem ähnlich niedrigen Niveau wie all die Jahre zuvor.

7. Fazit

Das historische Erbe der russischen Zivilgesellschaft ist primär die Prägung und der Mantel des Totalitarismus, der bürgerliche Freiheiten und kritische Meinungen zu verhindern wusste und jegliche Entwicklung in diese Richtung unterbinden konnte.

Dies wäre eine oberflächliche Feststellung, die zwar bereits den entscheidenden Punkt der Lähmung zivilgesellschaftlichen Potentials umreißt, jedoch mit den Erkenntnissen dieser Arbeit pointiert werden muss. Entscheidend für die russische Historie ist, dass die Gesellschaft zu gewissen Zeitpunkten in der Lage war aufzuatmen. So wurde der Totalitarismus in Chruschtschows Tauwetter gelockert, doch reichte dies nur zu einer „Redefreiheit in der Küche" in Kombination mit einer elitären Version einer Entstalinisierung und nicht zum Ansatz einer Zivilgesellschaft. Es folgte die Frustration der Stagnation mit einhergehendem Wohlstandsverlust unter Breschnew. Die Rahmenbedingung für die Zivilgesellschaft blieb konstant ein systematisches Ausschlussprinzip zivilgesellschaftlicher Möglichkeiten, welches seine Grundlage in der totalitären Dimension des Stalinismus hatte und letztendlich bis in die Anfangsphase von Gorbatschows Perestroika wirkte.

Die Perestroika bildet in der herangezogenen russischen Historie den ersten Zeitpunkt ab, an dem zivilgesellschaftlichen Möglichkeiten attestiert werden können. So war diese als Revolution kategorisiert, aber als Reform zur wirtschaftlichen Erholung gedacht, die letztendlich zum Machtverlust der sowjetischen Elite führte und somit zum Zusammenbruch der Sowjetunion elementar beitrug. Die beschriebene Landschaft von Klubs und die Öffnung des Systems mit der Möglichkeit zur Partizipation und der Konsequenz der Eigendynamik der sich evolvierenden Perestroika waren auch Resultat der Handlungen von sich organisierenden Öffentlichkeiten und bestärkten die Wahrnehmung, zivilgesellschaftlichen Einfluss zu besitzen – eine prägende Determinante im Selbstverständnis der russischen Öffentlichkeiten. Es folgte der Umbruch; es sollte die Demokratie folgen.

Es kam die Depression der neunziger Jahre. Aus der Partizipation der Öffentlichkeit am Umbruch der politischen Verhältnisse, somit der zivilgesellschaftlichen Aufgabe, korrigierend auf den politischen Prozess einzuwirken, ging eine vermeintliche Demokratie hervor. Diese Demokratie, nur im theoretischen Rahmen existierend, aber in der Praxis ohne Partizipationsmöglichkeiten, da die Oligarchie und die regionalen Eliten den politischen Prozess bestimmten, bedeutete einen weiteren Bruch der Hoffnung. Dies verstärkte sich insbesondere durch den enormen Wohlstandsverfall Russlands in den neunziger Jahren, der sogar eine Rückkehr zur Tauschwirtschaft im Rahmen des sog. Kiosk-Kapitalismus bedeutete. Die Erwartungen, die sich im Laufe der Perestroika entwickelten, wandelten sich erneut in ein Frustrationspotential, welches anhand der ökonomischen und politischen Perspektivlosigkeit ein genuines Hemmnis zivilgesellschaftlicher Entwicklung darstellte. Die totalitären Determinanten von Meinungsverbot und Ein-Parteien-Diktatur negierten die Zivilgesellschaft nicht mehr, die neuen politischen Verhältnisse bzw. präziser die politische Praxis verhinderten aber die Möglichkeiten, den politischen Prozess zu beeinflussen. Die ökonomische Situation verhinderte zusätzlich die Selbstbestimmung der Bevölkerung, da ein großer Teil derselben sich auf das Überleben konzentrieren musste. Der politische Meinungs- und Willensbildungsprozess wurde in der Praxis versagt, obwohl er in der Theorie hätte möglich sein sollen – die Theorie, für die sich während der Perestroika Öffentlichkeiten engagiert hatten.

Die betrachtete russische Historie der Zivilgesellschaft ist – im alten Millennium – durch eine sich aufschaukelnde Wellenbewegung gekennzeichnet, die in ihrer ersten Phase durch den Totalitarismus Stalins geprägt ist, Chruschtschow anschließend den Samen der Freiheit sät, welchem unter Breschnew das Tageslicht versagt wird, um letztlich in der Perestroika zu keimen und dann in den neunziger Jahren, statt Früchte zu tragen, erneut mit Erde zugedeckt wird. Diese Metaphorik gibt die Voraussetzungen zum Ende des vergangenen Jahrtausends insofern wieder, als die Unsicherheit im Sinne enttäuschter Zuversicht durch die ungewollten und unerwarteten Änderungen politischer Verhältnisse die russische Bevölkerung entscheidend prägte. Damit fehlte dem zivilgesellschaftlichen Engagement nicht nur der entscheidende und erfolgreiche Erfahrungsfaktor, sondern darüber hinaus hatte dies eine Minimierung der Bereitschaft zu politischem Engagement im Sinne einer problemidentifizierenden Zivilgesellschaft zur Folge.

Der Machtwechsel von Jelzin zu Putin bedeutete in der Wahrnehmung der Bevölkerung die Rückkehr des starken Staates und des Wohlstandes. Putins Machtkonsolidierung stellte die Handlungsfähigkeit wieder her und mit Edinaja Rossija folgte ein Element, welches für die Bevölkerung eine Partizipationsmöglichkeit darstellte. Der Zuspruch zu Putins Kurs, Russland wirtschaftlich und politisch auf die Weltbühne zurückzuführen, legitimierte seine Politik und lässt sich in Wahl- und Umfrageergebnissen wiederfinden. Die Folgen des sowjetischen Totalitarismus und des Chaos der neunziger Jahre wirkten sich aber nicht nur auf die Bereitschaft der Bevölkerung zu zivilgesellschaftlichem Engagement aus, sondern bestimmten auch die Perspektive des Kremls auf die Beteiligung der Bevölkerung am politischen Prozess.

Im Leitgedanken der „Souveränen Demokratie" spiegelt sich ein Verständnis von Demokratie und Zivilgesellschaft wieder, welches durch die historischen Fehlentwicklungen Russlands gekennzeichnet ist. Der Souveränitätsgedanke in Kombination mit der Vorstellung stabiler Langfristigkeit gründet sich aus den Erfahrungen und den Erinnerungen an instabile Verhältnisse und der Angst vor kommunistischen Rückkehrern. Dabei wirkt dieser exkludierend gegenüber kremlfremden Akteuren, die als Bedrohung dieser politischen Langfristigkeit wahrgenommen werden. Vor allem während der ersten Amtszeit Putins erfuhr dessen Kurs eine hohe Akzeptanz in der Bevölkerung, die diese Befürchtung weitgehend teilte, sich dem Kurs Putins unterordnete und daraufhin wenige bis keine Ansprüche stellte, den politischen Prozess beeinflussen zu wollen.

Die Vorstellung, anhand der Lösung der Kaderfrage und mit der Gründung der Partei Edinaja Rossija loyale zivilgesellschaftliche Kräfte zu initiieren sowie die Prämisse einer „kontrollierten Zivilgesellschaft" zeigen das geringe Vertrauen in einen eigenständigen und unabhängigen russischen Pluralismus in der Bevölkerung. Der neue russische Weg soll nicht nur autark zu ausländisch-ideologischen Einfluss begangen werden, sondern auch den oppositionellen Faktoren im Inland wird misstraut. Neben der Erklärung, die das Interesse des Kremls am Machterhalt in den Vordergrund rückt, wird hier aber auch die Erklärung einschlägig, dass die regionalen Eliten und Oligarchen aus der Erfahrung der neunziger Jahre vom politischen Prozess exkludiert werden sollten und dementsprechend der Kreml oppositionelle Strukturen immer auch in der Gefahr sah, von diesen alten Kräften gesteuert zu sein.

Die beabsichtigte Top-Down-Initiierung von Zivilgesellschaft des Kremls lässt sich also nicht ausschließlich als Herrschaftssicherung interpretieren, sondern erklärt sich auch aus den historisch determinierten Voraussetzungen, die Anfang des Jahrtausends gegeben waren. Dabei formuliert der Kreml explizit, nicht die westlichen Demokratiemodelle adaptieren zu wollen, sondern einen eigenen russischen Weg zur Demokratie gehen zu wollen.

Diese russische Transformationsversion lässt sich unter westlich-wissenschaftlichen Erkenntnissen bzgl. Demokratisierung kritisieren; diese grundsätzliche Kritik ignoriert aber realpolitische und realgesellschaftliche Verhältnisse, innerhalb derer die Demokratisierung stecken geblieben ist, sowie das bereits in der Theorie bestehende Defizit, dass Zivilgesellschaft keinen vollständigen Einfluss auf politische und gesellschaftliche Prozesse haben könne. Der Kreml wiederum ignoriert ebenfalls die Erkenntnisse aus seiner eigenen Historie. So sind die Parallelen der „Souveränen Demokratie" zur Perestroika augenscheinlich, da beide Leitgedanken sich auf eine wirtschaftliche Modernisierung fokussieren und dabei die Demokratisierung der Bevölkerung hintanstellen bzw. lediglich die theoretischen Voraussetzungen schaffen, während die Überzeugung von der Richtigkeit des eigenen Kurses als zentrales Element verbleibt, welches den Umgang mit der Bevölkerung definiert. Dieser Kurs, den politischen Prozess, aber auch die Konstitution der Zivilgesellschaft kontrollieren zu wollen, kann nur auf freiheitlich-demokratischen Defiziten basieren, und aufgrund dieser Defizite wird dieser Kurs auf kurz oder lang scheitern, wenn er nicht maßgeblich korrigiert wird.

In diesem Sinne zeigt der Umgang mit (den Akteuren) öffentlicher Kritik seit den Dumawahlen 2011, dass der Kreml nicht dazu bereit zu sein scheint, Kritik am eigenen Kurs demokratisch-zivilgesellschaftlich zu verarbeiten. So mag es beim Beispiel des Bloggers Nawalny aufgrund seines zweifelhaften nationalistischen Hintergrundes[351] eine Skepsis gegenüber dessen politischen Zielen geben, doch ist die erneute Strategie, anhand politischer Prozesse oppositionelle Akteure zu entfernen, die Fortsetzung anti-demokratischer Politik, welche eine freiheitliche Atmosphäre des öffentlichen Raumes nicht entstehen lässt. So kann man positiv attestieren, dass sich der Richter Albert Prytkow vom Gericht in Kirow zugunsten Nawalnys und damit gegen die politische Motivation des Prozesses entschieden und seine Strafe zur Bewährung umgewandelt hat,[352] aber es bleibt, dass der Kreml, wie auch im Falle des Prozesses gegen „Pussy Riot", repressiv auf unbequeme und ambitionierte Akteure der Zivilgesellschaft reagiert. Dieser Kurs verstärkt sich in den letzten Jahren eher, als dass er sich auflösen würde. Dies steht entgegen der Aussage von Surkow aus Putins zweiter Legislaturperiode, repressive Mittel durch Kooperation mit der Zivilgesellschaft ersetzen zu wollen. Inwiefern dies der Hintergrund sein kann, dass Surkow im Mai 2013 sein Amt als Vizepremier niederlegte oder niederlegen musste, bleibt Spekulation. So verteidigte dieser Putins harten Kurs noch kurz zuvor, was der Spekulation sogar entgegenstehen würde.[353]

Russland lässt sich ohne Frage der Versuch zu einer eigenen Art von Demokratie zugestehen, insbesondere wenn man die angesprochenen Defizite der etablierten Demokratiemodelle in Betracht zieht, doch lässt sich den Tendenzen der vergangenen Jahre schwer Positives abgewinnen, um zur Erkenntnis zu

---

[351] So rief Nawalny offen zur Tötung von „dark-skinned Caucasus militants" auf. Vgl. Berry, Ellen: Rousing Russia with a Phrase, 09.12.2011. http://www.nytimes.com/2011/12/10/world/europe/the-saturday-profile-blogger-aleksei-navalny-rouses-russia.html?_r=1&, zugegriffen am 21.10.2013.

[352] Vgl. http://www.sueddeutsche.de/politik/kreml-gegner-in-russland-gericht-setzt-haftstrafe-fuer-nawalny-zur-bewaehrung-aus-1.1795941, zugegriffen am 21.10.2013.

[353] Vgl. http://www.dradio.de/dlf/sendungen/infoabend/2102297/, zugegriffen am 21.10.2013.

kommen, Russland wäre auf einem guten Weg zu irgendeiner Form freiheitlicher Demokratie. Der Kreml muss sein Verständnis von Zivilgesellschaft als einem eigenen Schmelztiegel legitimierender und loyaler Kräfte ändern sowie die partizipatorischen Defizite auflösen, um nicht Gefahr zu laufen, die selbst formulierten Ziele stabiler langfristiger Politik zu verlieren. Denn diese Art und Weise des Umgangs mit der Bevölkerung treibt die Protestierenden durchaus wieder in die Arme rückständiger nationalistischer und kommunistischer Kräfte, die es laut Kreml und der „Souveränen Demokratie" vielleicht ursprünglich galt zu isolieren bzw. in ihrem Einfluss auf den politischen Prozess zu minimieren.

Namensverzeichnis

Adschubei, Alexej (1924–1993): Adschubei war der Schwiegersohn Chruschtschows und weitergehend sein Berater. Er wurde 1961 Mitglied des Zentralkomitees der KPdSU.

Andropow, Jurij (1914–1984): Andropow war ein sowjetischer Politiker. Er war von 1967–1982 Leiter des KGB und wurde im Anschluss Generalsekretär des Zentralkomitees der KPdSU.

Beresowski, Boris (1946–2013): Beresowski war ein russischer Unternehmer. Er wird zu den sog. Oligarchen gerechnet und war 1996 maßgeblich an der Wiederwahl von Boris Jelzin beteiligt. Beresowski war als der Hauptaktionär von ORT einer der größten Medienunternehmer Russlands. Er musste 2000 aufgrund eines Konfliktes mit Präsident Putin ins Exil.

Berija, Lawrenti (1899–1953): Berija war ein sowjetischer Politiker und ab 1938 Leiter der Geheimdienste der UdSSR. Ihm wird eine Schlüsselrolle bei den sog. Stalinschen Säuberungen zugesprochen. Er wurde im Rahmen des Aufstiegs Chruschtschows verhaftet und erschossen.

Breschnew, Leonid (1906–1982): Breschnew war ein sowjetischer Politiker. Er war von 1964 bis 1982 Parteichef der KPdSU. 1966 nahm er den seit Stalin abgeschafften Titel des Generalsekretärs des Zentralkomitees der KPdSU an.

Bucharin, Nikolai (1888–1938): Bucharin war ein russischer Revolutionär und Politiker und ein marxistischer Theoretiker. Er spielte eine entscheidende Rolle in der Oktoberrevolution und unterstützte später Stalin bei der Entfernung Trotzkis und Kamenews aus dem Politbüro. Ab 1928 opponierte er gegen Stalin, wurde aber nicht wie Trotzki und andere Linke aus der Partei entfernt.

Bulganin, Nikolai (1895–1975): Bulganin war ein sowjetischer Politiker. Er war von 1953 bis 1955 Verteidigungsminister und anschließen bis 1958 Ministerpräsident der UdSSR. Bulganin wird dem zweiten und auch dem dritten Triumvirat nach Stalins Tod zugeordnet.

Chodorkowski, Michail (1963–): Chodorkowski war ein russischer Unternehmer. Er wird der sog. Oligarchie zugeordnet und war der Vorstandsvorsitzende des Ölkonzerns Yukos. Chodorkowski wurde 2003 festgenommen und 2005 wegen schweren Betruges und Steuerhinterziehung zu 9 Jahren Haft verurteilt (in Revision auf 8 Jahre reduziert).

Chruschtschow, Nikita (1894–1971): Chruschtschow war ein sowjetischer Politiker. Er war von 1953 bis 1964 Parteichef der KPdSU und von 1958 bis 1964 Regierungschef der UdSSR. Chruschtschow füllte das Machtvakuum nach Stalins Tod und initiierte die Entstalinisierung.

Gorbatschow, Michail (1931–): Gorbatschow war ein sowjetischer Politiker. Er war der letzte Generalsekretär des Zentralkomitees der KPdSU und von März 1990 bis zum Zusammenbruch der UdSSR im Dezember 1991 Staatspräsident der Sowjetunion. Er leitete den Reformversuch der Perestroika ein.

Gussinski, Wladimir (1952–): Gussinski war ein russischer Medienunternehmer. Er wird zur sog. Oligarchie gerechnet. Anfang der neunziger Jahre wurde er Gründer und Eigentümer der „Most-Bank" und Präsident der Medienholding „Media-Most" (Kanal 4 bzw. NTW). 1996 schloss er sich mit seinem eigentlichen Erzfeind Beresowski zusammen, um die Wiederwahl von Jelzin zu ermöglichen.

Habermas, Jürgen (1929–): Habermas ist ein deutscher Philosoph und Soziologe. Er gehört zur zweiten Generation der „Frankfurter Schule" und setzte deren „Kritische Theorie" fort.

Jelzin, Boris (1931–2007): Jelzin war ein russischer Politiker. Er war von 1991 bis 1999 der erste russische Präsident der Geschichte. Er wurde 1989 in den Obersten Sowjet gewählt und bildete dort die Führung einer Opposition, die entscheidend an der Eigendynamik der Perestroika beteiligt war.

Kamenew, Lew (1883–1936): Kamenew war ein russischer Revolutionär und Politiker. Er ging als kurzzeitiges Staatsoberhaupt aus der Oktoberrevolution hervor und spielte eine tragende Rolle in der frühen Sowjetunion. Er wurde im Kontext der Auseinandersetzung zwischen Stalin und Trotzki als ebenfalls kritisches Element entfernt, indem ihm 1934 eine Beteiligung am „Kirow-Attentat" vorgeworfen wurde. Nachdem er bereits Ämter und Mitgliedschaften verloren hatte, wurde er 1934 verhaftet und 1936 zu Tode verurteilt und hingerichtet.

Kaganowitsch, Lasar (1893–1991): Kaganowitsch war ein sowjetischer Politiker. Er galt als ein enger Vertrauter Stalins und war von 1930 bis 1957 Vollmitglied des Politbüros der KPdSU. Er gilt als einer der mächtigsten Parteiführer unter Stalin.

Kirow, Sergei (1886–1934): Kirow war ein sowjetischer Politiker. Er wurde am 01.12.1934 ermordet. Das Attentat auf ihn bildete die Grundlage für den „Großen Terror" Stalins, da nun die Hintermänner zur Streckung gebracht werden sollten, was letztlich zu einer Willkür von Verhaftungen führte.

Kossygin, Alexei (1904–1980): Kossygin war ein sowjetischer Politiker. Er war Bürgermeister von Leningrad und Mitglied im Zentralkomitee der KPdSU sowie dessen Politbüro. Nach Chruschtschows Tod wurde er Ministerpräsident der UdSSR. Er galt als Wirtschaftsexperte und versuchte die sowjetische Wirtschaft zu reformieren.

Lenin, Wladimir (1870–1924): Lenin war ein russischer Politiker, Revolutionär und marxistischer Theoretiker. Er gilt als Begründer der Sowjetunion.

Luschkow, Juri (1936): Luschkow ist ein russischer Politiker. Er war von 1992 bis 2010 Oberbürgermeister von Moskau und unterstützte Putins ersten Präsidentschaftswahlkampf. Er wurde 2010 von Präsident Medwedew mit der offiziellen Begründung eines Vertrauensverlustes entlassen.

Malenkow, Georgi (1901–1988): Malenkow war ein sowjetischer Politiker. Er war von 1953 bis 1955 Vorsitzender des Ministerrates der UdSSR. Er wird dem ersten Triumvirat nach dem Tod Stalins zugeordnet.

Medwedew, Dmitri (1965–): Medwedew ist ein russischer Politiker. Er wurde von Putin Ende der neunziger Jahre in die Präsidialverwaltung Moskaus geholt und war zudem Vorsitzender des Aufsichtsrates von Gazprom. 2005 wurde er erster stellvertretender Ministerpräsident und 2008 Nachfolger Putins im Präsidentenamt. Seit 2012 ist er russischer Ministerpräsident.

Mikojan, Anastas (1895–1978): Mikojan war ein sowjetischer Politiker. Er war ein Unterstützer des Aufstiegs Stalins und war unter diesem Volkskommissar für Binnen- und Außenhandel. Unter Malenkow wurde er Handelsminister, schlug sich aber schnell auf die Seite Chruschtschows und wurde unter diesem stellvertretender Ministerpräsident.

Molotow, Wjatscheslaw (1890–1986): Molotow war ein sowjetischer Politiker. Er war von 1934 bis 1941 Vorsitzender des Rates des Volkskommissare sowie 1939 bis 1949 Volkskommissar für Auswärtige Angelegenheiten. Er wurde 1953 sowjetischer Außenminister und ist dem ersten Triumvirat nach Stalins Tod zuzuordnen. 1957 verlor er seinen Posten im Machtkampf mit Chruschtschow.

Nawalny, Alexei (1976–): Nawalny ist Anwalt und oppositioneller Aktivist. Er ist als Blogger und Publizist im Kampf gegen Korruption in Russland aktiv. Er gilt als eine Führungsfigur der Anti-Putinproteste, beginnend im Dezember 2011.

Putin, Wladimir (1952–): Putin ist ein russischer Politiker. Er wurde 1999 von Jelzin zum Ministerpräsidenten ernannt und folgte ihm 2000 als Präsident. Nach seiner zweiten Legislaturperiode wurde er 2008 erneut Ministerpräsident. 2012 wurde er trotz Massenprotesten gegen ihn erneut zum Präsidenten gewählt.

Rykow, Alexei (1881–1938): Rykow war ein sowjetischer Politiker und Revolutionär. Er war von 1924 bis 1930 Vorsitzender des Rates der Volkskommissare. Nachdem er sich zunächst an der Seite Stalins gegen Trotzki positionierte, stellte er sich mit Bucharin gegen Stalin und verlor in diesem Kontext seine Posten.

Schukow, Georgi (1896–1974): Schukow war Offizier in der Roten Armee und ein sowjetischer Politiker. Er wird dem dritten Triumvirat zugeordnet und soll eine entscheidende Rolle bei der Verhaftung Berijas gespielt haben.

Stalin, Josef (1878–1953): Stalin war ein sowjetischer Politiker und Revolutionär. Er war von 1922 bis 1952 Generalsekretär des Zentralkomitees der KPdSU und wandelte auf Grundlage seines Personenkultes die Sowjetunion in eine totalitäre Diktatur.

Surkow, Wladislaw (1964–): Surkow ist ein russischer Politiker. Er gilt als sog. Chefideologe des Kremls. Auf ihn geht die „Souveräne Demokratie" zurück. Er wurde Ende 2011 zum Vize-Ministerpräsidenten ernannt. Von diesem Posten trat er im Mai 2013 zurück und ist seit September 2013 in der Funktion des persönlichen Beraters des Präsidenten tätig.

Tomski, Michail (1880–1936): Tomski war ein sowjetischer Gewerkschaftsfunktionär, Politiker und Revolutionär. Er stellte sich zusammen mit Bucharin und Rykow gegen Stalin. Er erschoss sich am 22.08.1936 im Kontext einer drohenden Verhaftung und wurde posthum 1938 wegen Hochverrats verurteilt.

Trotzki, Lew (1879–1940): Trotzki war ein russischer Politiker, Revolutionär und marxistischer Theoretiker. Er war ein entscheidender Vertreter des kommunistischen Internationalismus und stellte sich gegen den unter Stalin aufkommenden totalitären Nationalismus. 1926 wurde Trotzki aus Politbüro und KPdSU ausgeschlossen und 1927 ins Exil verbannt. Er fiel am 20.08.1940 einem Attentat zu Opfer, in dessen Folge er wenige Tage später starb.

Tschernenko, Konstantin (1911–1985): Tschernenko war ein sowjetischer Politiker. 1984 wurde er als Nachfolger des verstorbenen Andropow neuer Generalsekretär des Zentralkomitees der KPdSU. Er verstarb nach nur 13-monatiger Amtszeit.

Woroschilow, Kliment (1881–1969): Woroschilow war ein sowjetischer Politiker. Er war von 1953 bis 1960 Vorsitzender des Präsidiums des Obersten Sowjets.

Young, Iris Marion (1949–2006): Young war eine amerikanische Politikwissenschaftlerin und Philosophin. Ihre Schwerpunkte lagen dabei auf Gender Studies sowie Gerechtigkeits- und Demokratietheorien.

Glossar

Autoritarismus – Der Autoritarismus ist eine Herrschaftsform. Er zeichnet sich durch eine fehlende politische Partizipation sowie einen eingeschränkten Pluralismus aus. Der Autoritarismus ist von Demokratie und Totalitarismus abzugrenzen, da er weder die Legitimation und Partizipation einer Demokratie erreicht, noch den Terror oder den allumfassenden Herrschaftsumfang eines Totalitarismus.

Delovaja Rossija – „Unternehmerisches Russland" ist ein Dachverband von kleinen und mittelständischen Unternehmen. Er konstituierte sich im Herbst 2001.

Dissident – (vom lat. dissidere: „nicht übereinstimmen", „getrennt sein" oder „widersprechen") Der Begriff bezeichnet systemkritische Menschen, die sich gegen den Staat engagieren. Der Begriff wird insbesondere für Oppositionelle im kommunistischen Herrschaftsbereich benutzt und meint da vorwiegend Künstler und Intellektuelle, die sich für Bürgerrechte engagieren.

Duma – Duma bzw. Staatsduma bezeichnet das Parlament in der Russischen Föderation und ist das Gegenstück zum Föderationsrat, dem föderalen Repräsentativorgan des russischen Staates.

Edinaja Rossija – „Einiges Russland" ist eine Partei in Russland. Sie wurde am 01.12.2001 gegründet und charakterisiert sich selbst als konservativ. Sie ist aus einer Fusion der Parteien „Einheit" (Jedinstwo) und „Vaterland – Ganz Russland" (Otetschestwo) hervorgegangen. Die Partei ist seit ihrer Gründung die stärkste Kraft in Russland und legitimiert den von Putin verfolgten politischen Kurs Russlands.

Entstalinisierung – Als Entstalinisierung bezeichnet man den Prozess, der insbesondere von Chruschtschow nach Stalins Tod eingeleitet wurde. Es handelt sich dabei sowohl um die Thematisierung des stalinistischen Terrors als auch um die Reform willkürlicher Gesetzgebung, die der Legitimation dieses Terrors und Aufrechterhaltung der totalitären Herrschaft gedient hatte. Größter Kritikpunkt ist, dass die Entstalinisierung zum Wohle des Machterhalts fast ausschließlich in der Elite vorangetrieben wurde, wo sie zudem als politisches Druckmittel herhalten musste.

Gelenkte Demokratie – Die „gelenkte Demokratie" ist die Charakterisierung einer Herrschaftsform. Sie wird insbesondere auf das postsowjetische Russland angewandt. Hier wird der Begriff sowohl für die neunziger Jahre in Bezug auf die Oligarchie benutzt als auch für das Russland unter Putin. Die Begriffskonstruktion meint eine Herrschaftsform, angesiedelt zwischen Demokratie und Autoritarismus, in der demokratische Institutionen wie Parlamente oder Wahlen Bestand haben, aber eine Kontrolle von oben unterliegen.

Gerechtes Russland – „Gerechtes Russland" ist eine russische Partei. Sie entstand 2006 aus einer Vereinigung der Parteien „Rodina", „Russische Rentnerpartei" und „Russische Partei des Lebens". Sie sieht sich selbst als sozialdemokratisch, wird aber als kremlnah eingestuft und soll im Leitbild der „Souveränen Demokratie" das linke Gegenstück zu „Edinaja Rossija" sein.

Gerontokratie – Die Gerontokratie ist eine Herrschaftsform. Sie bedeutet eine Herrschaft der Alten, in der die Machtposition vorrangig durch das Alter der Akteure bestimmt ist.

Glasnost – (russ.: „Offenheit") Glasnost wurde von Gorbatschow als Schlagwort verwendet, um die Atmosphäre seines Reformversuches zu beschreiben. Gemeint war eine gesteigerte Transparenz des Machtapparates gegenüber der Bevölkerung und damit auch die Möglichkeit zu offener Kritik.

Helsinki-Konferenz – Die „Konferenz über Sicherheit und Zusammenarbeit in Europa" (KSZE) war in Zeiten des Kalten Krieges ein Versuch zur Diplomatie zwischen Ost und West. Die erste Konferenz fand 1973 in Helsinki statt und wurde 1975 mit der sog. Schlussakte von Helsinki besiegelt.

Intelligenzija – Die Intelligenzija meint eine gesellschaftliche Schicht, die als gebildet beschrieben wird, aber darüber hinaus auch eine aktive Teilnahme am öffentlichen Leben vorweisen kann. In Bezug auf die Zivilgesellschaft sind mit der Intelligenzija die Menschen gemeint, die über die Ressourcen verfügen, öffentliche Meinungskonzentrationen für den politischen Prozess zu übersetzen.

Jabloko – Die „Russische Demokratische Partei Jabloko" ist eine russische Partei. Es handelt sich um eine sozialliberale Partei. Die Partei wurde 1993 gegründet und ist als oppositionell in Erscheinung getreten, wobei die Partei um ihre Einzüge ins Parlament immer mehr kämpfen musste.

Jedinstwo – „Einheit" war eine russische Partei, die in den neunziger Jahren angetrat und dem Präsidenten Jelzin zuzuordnen war.

Kulaken – Der russische Begriff Kulak meinte zunächst wohlhabende Bauern. Unter Stalin waren letztendlich selbstständige Bauern gemeint, die von ihm als Klassenfeinde eingestuft wurden und im Rahmen der Zwangskollektivierung der Landwirtschaft 1929 bis 1932 verfolgt wurden. Sie waren auch im "Großen Terror" der dreißiger Jahre eine verfolgte Bevölkerungsgruppe.

KPdSU – Der Begriff „Kommunistische Partei der Sowjetunion" wird seit 1952 benutzt. Er meinte aber stets die Kommunistische Partei, die aus der Oktoberrevolution hervorging und zunächst „Sozialdemokratische Arbeiterpartei Russlands" hieß. Nach der Oktoberrevolution wurde sie in „Kommunistische Partei Russlands" umbenannt. Sie war das Zentrum der Ein-Parteien-Diktatur der Sowjetunion.

KPRF – Die Kommunistische Partei der Russischen Föderation sieht sich als Nachfolger der verbotenen KPdSU. Die Partei hatte insbesondere in den neunziger Jahren enorme Wahlerfolge, indem sie die Rückkehr zu einem erneuerten Sozialismus propagierte.

LDPR – Die Liberal-Demokratische Partei Russlands ist eine nationalistisch-populistische Partei und wurde 1989 als LDPSU gegründet und 1992 in LDPR umbenannt. Sie spricht sich für eine Bevorzugung von Russen gegenüber Minderheiten ein und vertritt rechtextreme Positionen. Sie war in den Neunzigern neben der KPRF die stärkste Kraft bei den Dumawahlen.

NGO – Der Begriff „Non-Government-Organization" meint Nichtregierungsorganisationen, die als zivilgesellschaftliche Interessensverbände zustande kommen. Sie sind von staatlichen Organisationen abzugrenzen, sind in der Regel sozial- oder umweltpolitisch aktiv und im Gegensatz zu Wirtschaftsunternehmen nicht profitorientiert.

Nomenklatura – Die Nomenklatura bezeichnet eine privilegierte Klasse in sozialistischen Ländern und umfasst Menschen in den jeweiligen Führungspositionen im Staat.

Oberster Sowjet – (russ. „Oberster Rat") Der Oberste Sowjet war das höchste Legislativorgan der Sowjetunion. Ihm oblag die verfassungsändernde Gesetzgebung sowie die Wahl des Präsidiums der Obersten Sowjets, des Ministerrates und der Generalstaatsanwaltschaft.

Oligarchie – Die Oligarchie ist eine Herrschaftsform. Der Begriff bedeutet die „Herrschaft von Wenigen" und wird insbesondere auf das Russland der neunziger Jahre angewandt. Er meint in diesem Zusammenhang die Unternehmer mit politischem Einfluss.

ORT – ORT ist das öffentliche russische Fernsehen, welches zunächst in der Hand des Oligarchen Beresowski war, bevor es im Kontext der Auseinandersetzung mit Putin in eine kremlnahe Holding überführt und 2002 in „Perwy Kanal" umbenannt wurde.

Otetschestwo – Die Partei „Vaterland – Ganz Russland" ist dem Moskauer Oberbürgermeister Luschkow zuzuordnen und fusionierte 2001 mit „Einheit" zu Edinaja Rossija. Sie war in den Neunzigern aus dem Zusammenschluss von Luschkows Bewegung „Vaterland" und der Bewegung „Ganz Russland" entstanden.

Perestroika – (russ. „Umbau, Umgestaltung, Umstrukturierung") Der Begriff „Perestroika" meint den von Gorbatschow initiierten Versuch der Reformierung der Sowjetunion. Hierbei steht allerdings keine Demokratisierung der Gesellschaft, sondern eine Modernisierung der Wirtschaft im Vordergrund.

Pluralismus – Der Begriff „Pluralismus" beschreibt eine gleiche Verteilung von Macht in der Gesellschaft und steht der Idee eines Machtzentrums entgegen. Unter Meinungspluralismus versteht man die Anerkennung anderer Meinungen und damit die Koexistenz verschiedener Meinungen ohne Unterdrückung.

Polis – Als Polis bezeichnete Aristoteles eine Gemeinschaft von Bürgern. So kann der Begriff der Zivilgesellschaft bis zu Aristoteles Texten zurückverfolgt werden.

Politbüro – Das „Politische Büro des Zentralkomitees" war das höchste politische Führungsgremium der KPdSU.

Public Sphere – Der Begriff stammt von Iris Marion Young und beschreibt einen frei zugänglichen, kommunikativen Raum innerhalb einer Gesellschaft. Die Public Sphere soll dabei die Grundlage für einen freien gesellschaftlichen Diskurs sein, der als Sammelbecken von Meinungen die Ausgangsposition für Zivilgesellschaft bestimmt.

Rat der Volkskommissare (Ministerrat) – Der „Rat der Volkskommissare" war das oberste Exekutivorgan der Sowjetunion und damit die Regierung. Er wurde 1946 in Ministerrat umbenannt. Im Rat der Volkskommissare wurden die einzelnen Ressorts zugeteilt, wie z. B. „Innere Angelegenheiten" (Innenministerium), Finanzen, Arbeit, Justiz etc.

Reformen – Eine Reform wird vom Staat im Staat ausgeführt und verändert dabei nicht den Charakter des Machtsystems. Eine Reform modernisiert und passt dabei veraltete Verwaltungs- und Sozialstrukturen an neue gesellschaftliche Bedingungen an. Reformen können von der Bevölkerung angestoßen werden, doch verbleibt ihre Umsetzung auch in ihrer Wahl der Ausgestaltung im politischen Prozess.

Repression – Der Begriff der „Repression" meint eine politische Unterdrückung seitens des Staates. Diese Unterdrückung kann verschiedenste Formen annehmen, die sich grundsätzlich als Verstöße gegen die allgemeinen Menschenrechte äußern.

Revolution – Im Gegensatz zu Reformen ist die Revolution systemüberwindend. Eine Revolution schafft dabei neue Verhältnisse zwischen Staat und Gesellschaft. Sie wird dabei von größeren Teilen der Bevölkerung getragen (als Gegensatz zum Putsch).

Samizdat – Der russische Begriff „Samizdat" bezeichnet die Verbreitung von alternativer, nichtkonformer Literatur über informelle Kanäle.

Stalinismus – Stalinismus wird in dieser Arbeit als Begriff zur Beschreibung der Herrschaft Stalins benutzt und meint damit den ideologischen Dogmatismus in Kombination mit dem Personenkult und die totalitäre Ausrichtung der Herrschaft mit dem Mittel der Massenrepressionen.

Tauwetter-Periode – Die Begriffskonstruktion der „Tauwetter-Periode" beschreibt die unter Chruschtschow einsetzende Phase der Lockerung der totalitären Herrschaft. In diesem Zusammenhang wird auch von der sog. „Redefreiheit in der Küche" gesprochen. Es handelte sich um eine Reduktion der Massenrepressionen, allerdings nicht um eine Aufgabe des Herrschaftsumfanges.

Top-Down-Initiierung – Mit dem Begriff „Top-Down-Initiierung" ist die Umsetzung ausgehend von einer staatlichen Institution gemeint.

Totalitarismus – Der Totalitarismus ist eine Herrschaftsform, die davon gekennzeichnet ist von einem Machtzentrum auszugehen sowie einen allumfassenden Herrschaftsumfang auf der Basis einer totalen Herrschaftsausübung mit grenzenloser Mittelwahl erreichen zu wollen.

Transformation – Der in dieser Arbeit verwendete Begriff der Transformation ist der Transformationstheorie entlehnt und bezeichnet die Wandlung eines autoritären Staates hin zur Demokratie.

Tschekist – Der Begriff „Tschekist" leitet sich aus der Abkürzung WeTscheKa ab, welche für die „Außerordentliche Allrussische Kommission zur Bekämpfung von Konterrevolution, Spekulation und Sabotage" steht. Ein Tschekist ist ein Mitarbeiter der Geheimdienste in der Sowjetunion.

Volksdeputiertenkongress – Der Volksdeputiertenkongress war gemäß der sowjetischen Verfassung von 1977 höchstes gesetzgebendes Organ der Sowjetunion.

Widerstand – Der politische Begriff des Widerstandes beschreibt die Abwehr gegen staatliche Tyrannei, Willkür- und Unrechtsherrschaft und legitimiert sich aus der normativ begründeten Herleitung der Illegitimität von Herrschaft.

ZK – Das Zentralkomitee der KPdSU war ein Parteigremium, welches die Kaderpolitik bestimmte. In der Anfangszeit handelte es sich beim ZK um das kollektive Führungsorgan der Partei. Diese Funktion gab es aber an das Politbüro ab und wurde in der Entscheidungskompetenz vom Sekretariat des ZK abgelöst, so dass ihm die Funktion eines Parteiplenums blieb.

Chronologie
der Rahmenbedingungen
für die russische Zivilgesellschaft

Oktober 1917: *Die Bolschewiki um Lenin, Trotzki und Stalin beginnen die gewaltsame Übernahme des postzaristischen Russlands und errichten die Diktatur des Proletariats.*

10.03.1921: *Verbot der Fraktionsbildung auf dem X. Parteitag der KPdSU.*

27.03.1922–02.04.1922: *Auf dem XI. Parteitag wird das Amt des Generalsekretärs beschlossen und durch Josef Stalin besetzt.*

21.01.1924: *Lenin stirbt und hinterlässt ein Machtvakuum.*

April 1925: *Auf der XIV. Parteikonferenz wird Stalins „Sozialismus in einem Lande" zur offiziellen Leitlinie der Kommunistischen Partei erklärt.*

Oktober 1926: *Ausschluss Trotzkis und Kamenews aus dem Politbüro.*

November 1927: *Ausschluss Trotzkis, Kamenews und Sinowjews aus der KPdSU.*

Dezember 1927: *Auf dem XV. Parteitag wird die gesamte Opposition ausgeschlossen.*

17.01.1928: *Verbannung Trotzkis nach Alma-Ata.*

Januar 1929: *Ausweisung Trotzkis aus der Sowjetunion in die Türkei.*

08.05.1945: *Kapitulation Nazideutschlands.*

05.10.1952–14.10.1952: *XIX. Parteitag der KPdSU.*

05.03.1953: *Josef Stalin stirbt.*

März 1953: *Malenkow wird als Vorsitzender des Ministerrates Nachfolger Stalins. Unter seiner Führung bildet sich das erste Triumvirat, zu dem außerdem Molotow und Berija gehörten.*

26.06.1953: *Aus der Verhaftung Berijas folgt das zweite Triumvirat, bestehend aus Malenkow, Bulganin und Chruschtschow.*

07.09.1953: *Chruschtschow wird erster Sekretär des ZK.*

08.02.1955: *Aus dem Rücktritt Malenkows entsteht das dritte Triumvirat, bestehend aus Chruschtschow, Bulganin und Schukow.*

(14.02.1956–)25.02.1956: *Beginn der „Entstalinisierung" mit der „Geheimrede" auf dem XX. Parteitag der KPdSU.*

27.03.1958: *Chruschtschow beerbt Bulganin als Vorsitzenden des Ministerrates und vereint somit wieder die beiden höchsten Ämter in der Sowjetunion.*

1960: *Reduktion der institutionell-totalitären Struktur durch die Auflösung des zentralistischen MWD's in föderale Objekte zur „inneren Sicherheit".*

Oktober 1962: *Kubakrise.*

14.10.1964: *Chruschtschow muss den Posten als erster Sekretär des ZK an Breschnew abtreten. Kossygin wird sein Nachfolger als Vorsitzender des Ministerrates.*

29.03.1966–08.04.1966: *Auf dem XXIII. Parteitag wird Breschnews Amt des ersten Sekretärs des ZK zum wiedereingeführten Amt des Generalsekretärs umbenannt und die „Restalinisierung" forciert.*

Juli 1966: *Wiedereinführung eines gesamtsowjetischen Innenministeriums, des Allunionsministeriums zur Sicherstellung der öffentlichen Ordnung.*

1968: *Rückbenennung des Innenministeriums in MWD.*

01.08.1975: *Unterzeichnung der Helsinki-Schlussakte.*

10.11.1982: *Leonid Breschnew stirbt.*

12.11.1982: *Andropow übernimmt das Amt des Generalsekretärs*

16.06.1983: *Andropow wird Vorsitzender des Präsidiums des Obersten Sowjets.*

09.02.1984: *Tod Andropows nach nur 15-monatiger Regierungszeit.*

Februar 1984: *Tschernenko wird Andropows Nachfolger.*

10.03.1985: *Tschernenko stirbt nach 13-monatiger Amtszeit.*

11.03.1985: *Gorbatschow übernimmt das Amt des Generalsekretärs.*

25.02.1986–06.03.1986: *Auf dem XXVII. Parteitag stellt Gorbatschow Perestroika und Glasnost als neue Parteilinie vor.*

Juli 1988: *Auf der XIX. Parteikonferenz wird das Programm zur Reform des Rechtswesen angenommen.*

Dezember 1988: *Erste Verfassungsnovelle schafft den Kongress der Volksdeputierten, das Komitee für Verfassungsaufsicht und reformiert den Obersten Sowjet.*

Dezember 1989: *Die zweite Verfassungsnovelle legt den Ausbau der Stellung des Komitees für Verfassungsaufsicht fest.*

März 1990: *Schaffung des Präsidentenamtes und Änderung des Eigentumsgesetzes. Entmachtung der KPdSU im Rahmen der dritten Verfassungsnovelle.*

Dezember 1990: *Institutionelle Umgestaltung zu Gunsten des Präsidentenamtes innerhalb der vierten Verfassungsnovelle.*

12.06.1991: *Boris Jelzin gewinnt die Wahl zur ersten russischen Präsidentschaft.*

18.08.1991–21.08.1991: *KP-Funktionäre versuchen während des Augustputsches, die Macht zurückzuerlangen.*

Dezember 1991: *Auflösung der Sowjetunion durch Unabhängigkeitserklärungen der Teilrepubliken.*

21.09.1993: *Boris Jelzin löst auf Grundlage eines Dekretes den Kongress der Volksdeputierten sowie den Obersten Sowjet auf.*

03.10.1993: *Aufstand des Volksdeputiertenkongresses mit Besetzung des Weißen Hauses und anschließender Stürmung.*

12.12.1993: *Erste Wahlen zur Duma und zum Föderationsrat.*

16.06.1996–03.07.1996: *Boris Jelzin wird als Präsident wiedergewählt.*

1998: *Finanzkrise auf Grundlage des Platzens einer Spekulationsblase durch GKO's.*

09.08.1999: *Jelzin ernennt Wladimir Putin zum neuen Ministerpräsidenten.*

01.10.1999: *Die russische Armee marschiert in Tschetschenien ein.*

19.12.1999: *Duma-Wahlen, die erstmals eine Mehrheit für die amtierende Regierung bedeutete.*

31.12.1999: *Jelzin legt sein Präsidentenamt nieder. Putin übernimmt als Ministerpräsident dessen Amtsgeschäfte.*

26.03.2000: *Wladimir Putin wird zum Präsidenten gewählt.*

13.05.2000: *Putin erlässt ein Präsidentendekret zur Schaffung 7 föderaler Distrikte und ihrer jeweiligen Präsidentenvertreter zur Installierung der „Vertikalen der Macht".*

28.07.2000: *Treffen zwischen Putin und den mächtigsten Oligarchen.*

01.12.2001: *Edinaja Rossija wird als Fusion von Edinstwo und Otetschestwo gegründet.*

01.01.2002: *Gesetz zur Neuordnung der Zusammensetzung des Föderationsrates.*

25.10.2003*: Festnahme Michail Chodorkowskis.*

07.12.2003: *Duma-Wahlen mit einer absoluten Mehrheit für Edinaja Rossija.*

14.03.2004: *Wladimir Putin wird als Präsident wiedergewählt.*

Dezember 2004: *Gesetz zur Ernennung der föderalen Vertreter seitens des Präsidenten.*

18.05.2005: *Gesetz zur Reform der Wahlen*

Mai 2005: *Chodorkowski wird zu 9 Jahren Haft wegen Steuerhinterziehung und schweren Betruges verurteilt.*

Dezember 2006: *Vereins- und NGO-Gesetz werden verab-schiedet.*

26.04.2007: *Gesetz zur Reform des Parteiengesetzes.*

02.12.2007: *Duma Wahlen mit einer Zweidrittelmehrheit für Edinaja Rossija.*

02.03.2008: *Dmitri Medwedew wird zum russischen Präsiden-ten gewählt. (Vereidigung am 07.05.2008)*

08.05.2008: *Putin wird als Ministerpräsident gewählt.*

04.12.2011: *Duma-Wahlen: Edinaja Rossija verliert trotz Wahlsieges erhebliche Stimmenanteile. Vorwürfe von Wahlma-nipulation entfachen Massenproteste vorrangig gegen Putin.*

21.02.2012: *Protestaktion der Aktivistinnen von Pussy Riot in der Moskauer Kathedrale.*

04.03.2012: *Putin wird erneut als Präsident Russlands gewählt.*

17.08.2012: *Pussy-Riot-Aktivistinnen werden wegen „Rowdy-tums aus religiösem Hass" zu 2 Jahren Haft verurteilt.*

20.07.2012: *Erweiterung des NGO-Gesetzes wird vorgeschla-gen und tritt am 21.11.2012 in Kraft.*

18.07.2013: *Nawalny wird wegen Veruntreuung zu 5 Jahren Haft verurteilt.*

19.07.2013: *Nawalny wird vorläufig aus der Haft entlassen.*

20.12.2013: *Chodorkowski wird im Rahmen einer Amnestie aus dem Gefängnis entlassen.*

Literaturverzeichnis

Monografien, Sammelbände, Lehrbücher, Lexika und Aufsätze:

Beichelt, Timm und Kraatz, Susanne: Zivilgesellschaft und Systemwechsel in Rußland. In: Merkel, Wolfgang: Systemwechsel 5. Zivilgesellschaft und Transformation, Opladen 2000.

Bondarew, Jurij: Vergiss wer du bist, München 1962.

Bos, Ellen: Die Rolle von Eliten und kollektiven Akteuren in Transitionsprozessen. In: Merkel, Wolfgang: Systemwechsel 1. Theorien, Ansätze und Konzeptionen, Opladen 1994.

Bowring, Bill: Gesetze und NGOs in Russland. In: Russland-Analysen 252/13.

Brie, Michael: Rußland: Das Entstehen einer „delegierten Demokratie". In: Merkel, Wolfgang und Sandschneider, Eberhard und Segert, Dieter: Systemwechsel 2. Die Institutionalisierung der Demokratie, Opladen 1996.

Brunner, Georg: Politische Soziologie der UdSSR. Teil II, Wiesbaden 1977.

Buhbe, Mathes und Gorzka, Gabriele: Russland heute. Rezentralisierung des Staates unter Putin, Wiesbaden 2007.

Carr, Edward Hallet: Die Russische Revolution. Lenin und Stalin 1917–1929, Stuttgart 1980.

Crouch, Colin: Postdemokratie. Frankfurt am Main, 2008.

Demirovic, Alex: Demokratie und Herrschaft. Aspekte kritischer Gesellschaftstheorie, Münster 1997.

Deuber, Gunter und Schwabe, Andras: Reformtuning und tatsächlicher Fortschritt: Russlands Wirtschaftspolitik. In: Russland-Analysen 251/2013.

Ennker, Benno: Politische Herrschaft und Stalinkult 1929–1939. In: Plaggenborg, Stefan: Stalinismus. Neue Forschungen und Konzepte, Berlin 1998.

Franck, Peter: Pilorama – Zivilgesellschaft im Sägewerk. In: Russland-Analysen Nr. 208/2010.

Friedrich, Carl Joachim unter Mitarbeit von Brzezinski, Zbigniew: Totalitäre Diktatur, Stuttgart 1957.

Friedrich, Carl Joachim und Brzezinski, Zbigniew: Die allgemeinen Merkmale totalitärer Diktatur. In: Jesse, Eckhard: Totalitarismus im 20. Jahrhundert. Eine Bilanz der internationalen Forschung, Baden-Baden 1999.

Goehrke, Carsten: Russischer Alltag. Eine Geschichte in neun Zeitbildern vom Frühmittelalter bis zur Gegenwart. Band 3: Sowjetische Moderne und Umbruch, Zürich 2005.

Götz, Roland: Die Wirtschafts- und Gesellschaftsstruktur der UdSSR als Determinante der Perestroika, Köln 1994.

Gorbachev, Mikhail: Perestroika. New Thinking for Our Country and the World, New York 1987.

Gorbatschow, Michail: Erinnerungen, Berlin 1995.

Gorbatschow, Michail: Glasnost. Das neue Denken, Hamburg, Gütersloh 1989.

Gorbatschow, Michail: Perestroika. Die zweite russische Revolution. Eine neue Politik für Europa und die Welt, München 1987.

Gramsci, Antonio: Gefängnishefte. 6.–7. Heft, Hamburg, Berlin 1992.

Holtmann, Everhard unter Mitarbeit von Brinkmann, Heinz Ulrich und Pehle, Heinrich: Politik Lexikon, 2. Auflage München, Wien 1994.

Habermas, Jürgen: Faktizität und Geltung. Beiträge zur Diskurstheorie des Rechts und des demokratischen Rechtsstaates, 4. Auflage, Sinsheim 1994.

Igrunov, Vjačeslav: Öffentlichkeitsbewegungen in der UdSSR: Vom Protest zum politischen Bewußtsein. In: Segbers, Klaus: Perstrojka. Zwischenbilanz, Frankfurt am Main 1990.

Klein, Ansgar: Der Diskurs der Zivilgesellschaft. Politische Hintergründe und demokratietheoretische Folgerungen, Opladen 2001.

Kremer, Ilja: Die Sowjetunion und Russland nach 1985: Von der Oktoberrevolution zur Oktoberkrise. In: Zürcher Beiträge zur Sicherheitspolitik und Konfliktforschung. Heft Nr. 30, Zürich 1993.

Krumm, Reinhard: Ist die russische Gesellschaft zur Modernisierung bereit. Ergebnisse einer soziologischen Untersuchung. In: Russland-Analysen Nr. 205/2010.

Lewin, Moshe: Gorbatschows neue Politik. Die reformierte Realität und die Wirklichkeit der Reformen, Frankfurt am Main 1988.

Luchterhandt, Otto: Rechtsformen und Staatskrise in der Perestrojka. In Segbers, Klaus: Perestroika passé? Eine Zwischenbilanz, Opladen 1992.

Medwedew, Roy: Chruschtschow. Eine politische Biographie, Stuttgart, Herford 1984.

Meissner, Boris: Die Sowjetunion im Umbruch: historische Hintergründe, Ziele und Grenzen der Reformpolitik, Stuttgart 1988.

Merkel, Wolfgang: Institutionalisierung und Konsolidierung der Demokratie in Ostmitteleuropa. In: Merkel, Wolfgang; Sandschneider, Eberhard und Segert, Dieter: Systemwechsel 2. Die Institutionalisierung der Demokratie, Opladen 1996.

Mersijanowa, Irina und Jakobson, Lew: Das Engagement der Bevölkerung in der zivilgesellschaftlichen Praxis und dem Dritten Sektor Russlands. (Nach Materialien des Monitorings zur Situation der Zivilgesellschaft). In: Russland-Analysen 208/2010.

Michaleva, Galina: Zurück zum Einparteienstaat? In: Russland-Analysen Nr. 115/2006.

Mommsen, Margareta: Glasnost in der UdSSR. Von system-immanenter „Kritik und Selbstkritik" zum systemüberwinden-den öffentlichen Diskurs. In: Rytlewski, Ralf: Politik und Ge-sellschaft in sozialistischen Ländern (PVS-Sonderheft 20), Op-laden 1989.

Mommsen, Margareta: Putins „gelenkte Demokratie": „Vertika-le der Macht" statt Gewaltenteilung. In: Buhbe, Mathes und Gorzka, Gabriele: Russland heute. Rezentralisierung des Staates unter Putin, Wiesbaden 2007.

Mommsen, Margareta: Surkows „Souveräne Demokratie" – Formel für einen russischen Sonderweg? In: Russland-Analy-sen Nr. 114/2006.

Münkler, Herfried: Widerstandslehren. In: Nohlen, Dieter und Schultze, Rainer-Olaf: Lexikon der Politik. Band I: Politische Theorien, München 1995.

Nohlen, Dieter und Schultze, Rainer-Olaf: Lexikon der Politik. Band I: Politische Theorien, München 1995.

Nußberger, Angelika und Schmidt, Carmen: Vereinsleben auf Russisch oder Don Quichote und die russische Bürokratie. In: Russland-Analysen 138/2007.

Nußberger, Angelika: Verfassungsmäßigkeit der jüngsten Re-formen im Russland. In: Russland-Analysen Nr. 57/2005.

Nußberger, Angelika: Wahlgesetz als Steuermechanismus: Zu den neuen rechtlichen Grundlagen der Duma-Wahlen im De-zember 2007. In: Russland-Analysen 146/07.

Orlov, Jurij: Apell zum Schutze der Helsinkigruppe. In: Doku-mente der Moskauer Helsinki-Gruppe: Texte der „Fördergruppe zur Erfüllung der Beschlüsse von Helsinki in der UdSSR", Frankfurt am Main 1977.

Orlow, Jurij: Ein russisches Leben, München, Wien 1992.

Plaggenborg, Stefan: Der Aufstieg Stalins bis 1928/29. In: Peter, Antonio und Maier, Robert: Die Sowjetunion im Zeichen des Stalinismus, Köln 1991.

Reese-Schäfer, Walter: Politisches Denken heute. Zivilgesellschaft, Globalisierung und Menschenrechte. 2. Auflage München 2007.

Reese-Schäfer, Walter: Politische Theorie der Gegenwart in fünfzehn Modellen, München 2006.

Russisches Unabhängiges Institut für Soziale und Nationale Probleme/Institut für komplexe Sozialforschung an der Russischen Akademie der Wissenschaften: 10 Jahre russische Reformen, in: Gorzka Gabriele/Schulze Peter W. (Hrsg.): Russlands Perspektive – ein starker Staat als Garant von Stabilität und offener Gesellschaft?, Bremen 2002.

Rutland, Peter: Die Auswirkungen der globalen Finanzkrise auf Russland. In: Russland-Analysen171/2008.

Ryshkow, Wladimir: Systemerhalt durch „Modernisierung". In: Russland-AnalysenNr. 205/2010.

Sacharow, Andrej: Mein Leben, München 1991.

Sandschneider, Eberhard: Systemtheoretische Perspektiven politikwissenschaftlicher Transformationsforschung. In: Merkel, Wolfgang: Systemwechsel 1. Theorien, Ansätze und Konzeptionen, Opladen 1994.

Saslawskaja, Tatjana: Die Gorbatschow-Strategie. Wirtschafts- und Sozialpolitik in der UdSSR, Wien 1989.

Schewzowa, Lilia: Das System. Wie das Tandem Putin-Medwedjew einigen wenigen Macht und Reichtum sichert und die Zukunft Russlands verspielt in: FAZ, Frankfurt am Main, 25.09.2009.

Schneider, Eberhard: Das politische System der Russischen Föderation. Eine Einführung, 2. Auflage Wiesbaden 2001.

Schneider, Eberhard: Rußland auf Demokratiekurs? Neue Parteien, Bewegungen und Gewerkschaften in Rußland, Ukraine und Weißrußland, Köln 1994.

Schröder, Henning: Auftakt zum Präsidentenwechsel? Überlegungen zur Regierungsumbildungen in Russland. In: Russland-Analysen 142/2007.

Schröder, Hans Henning: Modernisierung „von oben". Medwedews zweiter Bericht zur Lage der Nation. In: Russland-Analysen Nr. 192/2009.

Schulze, Peter W.: Souveräne Demokratie: Kampfbegriff oder Hilfskonstruktion für einen eigenständigen Entwicklungsweg? – die ideologische Offensive des Vladislav Surkov. In: Buhbe, Mathes und Gorzka, Gabriele: Russland heute. Rezentralisierung des Staates unter Putin, Wiesbaden 2007.

Schulze, Peter W.: Von der gelenkten zur souveränen Demokratie: Etappen der postsowjetischen Transformation. In: Schneider-Deters, Winfried; Schulze, Peter W. und Timmermann, Heinz: Die Europäische Union, Russland und Eurasien. Die Rückkehr der Geopolitik, Berlin 2008.

Simon, Gerhard und Simon, Nadja: Verfall und Untergang des sowjetischen Imperiums, München 1993.

Stykow, Petra: „Einiges Russland": Die „Partei der Macht" als Staatspartei? In: Russland-Analysen Nr. 115/2006.

Tchernina, Natalia: Die Bevölkerung Rußlands in der Transformationsphase. Soziale Exklusion und Adaptionsstrategien. In: Berichte des Bundesinstituts für ostwissenschaftliche und internationale Studien, Köln 1998.

Thaa, Winfried: Die Wiedergeburt des Politischen: Zivilgesellschaft und Legitimationskonflikt in den Revolutionen von 1989, Opladen 1996.

Von Gall, Caroline: Vorerst gescheitert: „Pussy Riot" und der Rechtsstaat in Russland. In Russland-Analysen 246/2012.

Wagenlehrer, Günther: Die ideologische Basis der Perestrojka. In: Adomeit, Hannes und Höhmann, Hans-Hermann und Wagenlehrer, Günther: Die Sowjetunion unter Gorbatschow, Stuttgart 1990.

Wehner, Markus: Stalinismus und Terror. In: Plaggenborg, Stefan: Stalinismus. Neue Forschungen und Konzepte, Berlin 1998.

Wiest, Margarete: Stärkung oder Schwächung des Demokratieprinzips? Der Föderationsrat unter Putin. In. Fritz, Erich G.: Russland unter Putin: Weg ohne Demokratie oder russischer Weg zur Demokratie? Oberhausen 2005.

Yakovlev, Andrei: Proteste in Russland. Lehren aus der Geschichte *oder* Kann sich Geschichte wiederholen? In: Russland-Analysen 233/2012.

Young, Iris Marion: Inclusion and Democracy, New York 2000.

Online- und Videoquellen:

Ballin, André: Nationale Projekte: Russland auf dem Weg der Gesundung? (07.04.2006) http://www.aktuell.ru/russland/politik/nationale_projekte_russland_auf_dem_weg_der_gesundung_3087.html, zugegriffen am 30.03.2012.

Berry, Ellen: Rousing Russia with a Phrase. (09.12.2011) http://www.nytimes.com/2011/12/10/world/europe/the-saturday-profile-blogger-aleksei-navalny-rouses-russia.html?_r=1&, zugegriffen am 21.10.2013.

Brammerloh, Susanne: Moskauer Duma debattiert umstrittenes Schwulengesetz. http://www.russland.aktuell.ru/moskau/stadtnews/moskauer_duma_debattiert_umstrittenes_schwulengesetz_1684.html, zugegriffen am 02.05.2012.

Donath, Klaus-Helge: Blogger Alexei Nawalny. Die neue Kultfigur der Opposition.
http://www.taz.de/Blogger-Alexei-Nawalny/!83527/, zugegriffen am 02.05.2012.

Franke, Marcus: Putin- statt Systemkritik.
http://www.demokratie-goettingen.de/blog/putin-statt-systemkritik, zugegriffen am 18.10.2013.

Gathmann, Moritz: Interview mit russischen Netzexperten. Die Regierung hat das Potenzialdes Internets unterschätzt.
http://www.tagesspiegel.de/medien/interview-mit-russischem-netzexperten-die-regierung-hat-das-potenzial-des-internets-unterschaetzt/5968980.html, zugegriffen am 02.05.2012.

Gathmann, Moritz: Opposition in Russland. Raus aus den Blogs, raus auf die Straße.
http://www.tagesspiegel.de/medien/opposition-in-russland-raus-aus-den-blogs-raus-auf-die-strasse/5968978.html, zugegriffen am 02.05.2012.

Hoffmann, Christiane: Der Fall Litwinenko. Beresowskij kennt die Gefahr. (04.12.2006)
http://www.faz.net/aktuell/politik/ausland/fall-litwinenko-beresowskij-kennt-die-gefahr-1383722.html, zugegriffen am 05.03.2012.

http://www.dradio.de/dlf/sendungen/infoabend/2102297/, zugegriffen am 21.10.2013.

http://dip21.bundestag.de/dip21/btd/16/062/1606241.pdf, S. 19, zugegriffen am 21.04.2012.

http://m.faz.net/aktuell/politik/ausland/russland-medwedjew-entlaesst-moskaus-buergermeister-11040172.html, zugegriffen am 17.12.1010.

http://mediathek.daserste.de/daserste/servlet/content/3466452?pageId=487872&moduleId=329478&categoryId=&goto=1&show=, zugegriffen am 25.01.2010.

http://www.constitution.ru/de/, zugegriffen am 18.04.2012.

http://www.constitution.ru/de/part2.htm, zugegriffen am 18.04.2012.

http://www.handelsblatt.com/unternehmen/industrie/russlands-oligarchen-reich-mit-rauen-methoden-seite-2/2991918-2.html, zugegriffen am 05.03.2012.

http://www.kremlin.ru/news/19825.

http://www.spiegel.de/politik/ausland/0,1518,44824,00.html, zugegriffen am 05.03.2012.

http://www.spiegel.de/politik/ausland/0,1518,660896,00.html, zugegriffen am 15.01.2010.

http://www.spiegel.de/politik/ausland/pussy-riot-muessen-zwei-jahre-ins-straflager-a-850659.html, zugegriffen am 18.10.2013.

http://www.spiegel.de/politik/deutschland/russland-spanien-schwarzgeld-des-medienzaren-gussinski-eingefroren-a-115510.html 02.02.2001, zugegriffen am 05.03.2012.

http://www.spiegel.de/wirtschaft/folgen-der-finanzkrise-russlands-wirtschaft-geraet-in-den-abwaertssog-a-590914.html, zugegriffen am 20.07.2013.

http://www.sueddeutsche.de/politik/kreml-gegner-in-russland-gericht-setzt-haftstrafe-fuer-nawalny-zur-bewaehrung-aus-1.1795941, zugegriffen am 21.10.2013.

http://www.sueddeutsche.de/politik/streit-um-die-menschenrechte-merkel-und-putin-liefern-sich-schlagabtausch-1.652365, zugegriffen am 12.07.2012.

http://www.tagesschau.de/ausland/autobahnmoskau104.html, zugegriffen am 17.12.2010.

http://www.tagesschau.de/ausland/homosexualitaet104.html, zugegriffen am 21.04.2012.

http://www.tagesschau.de/ausland/luschkow118.html zugegriffen, am 17.12.2010.

http://www.tagesspiegel.de/politik/der-wunschkandidat-jelzins-wurde-von-der-duma-mit-knapper-mehrheit-abgesegnet/86880.html, zugegriffen am 05.03.2012.

Jastram, Carl-Günther Wilhelm: Die „Leningrader Affäre". Ein Beitrag zur Säuberungspraxis in der UdSSR 1949 bis 1953, Hamburg 2011. http://ediss.sub.uni-hamburg.de/volltexte/2012/5484/pdf/Dissertation.pdf, zugegriffen am 03.02.2012.

Ludwig, Michael: Ein Schritt zurück in die Sowjetunion. http://www.faz.net/aktuell/politik/ausland/russland-ein-schritt-zurueck-in-die-sowjetunion-1278268.html, zugegriffen am 02.05.2012.

Interview to Channel One and Associated Press news agency, 4. 09.2013, in: http://eng.kremlin.ru/news/5935.

Minchenko, Jewgenij: Consulting, Vladimir Putin's Big Government and the "Politburo 2.0", in: http://www.minchenko.ru /en/news/news-en_28.htm, zugegriffen am 3.10.2012.

Mitchell, Paul (Regie): Putin, Russia and the West. Part 1 Taking Control Avi-Datei, 60 min (Ausschnitt von Minute 8:44 bis 12:35), London: British Broadcasting Corporation (BBC), Erstausstrahlungsdatum 19.01.2012 auf BBC 2.

Mrozek, Gisbert: Putin lässt NGO-Gesetz nachbessern. http://www.aktuell.ru/russland/politik/putin_laesst_ngo_gesetz_nachbessern_3001.html, zugegriffen am 02.05.2012.

Redaktion Hamburger Abendblatt Online: Schröder: „Putin lupenreiner Demokrat. (23.11.2004) http://www.abendblatt.de/politik/deutschland/article290532/Schroeder-Putin-ist-lupenreiner-Demokrat.html, zugegriffen am 12.07.2012.

Schewzowa, Lilja: Kreml oder Demokratie – Wladimir Putins Russland, der Westen und die neue deutsche Ostpolitik, in: http://www.monde-diploma-tique.de/pm/2013/02/08. monde-Text.artikel,a0049.idx,12.

Schröder, Alwin: Modernisierung. Medwedew fordert Russlands Rückkehr als Weltmacht. (12.11.2009) http://www.spiegel.de/politik/ausland/0,1518,660896,00.html, zugegriffen am 15.01.2010.

Teevs, Christian: Diskriminierung in Russland. Erste Festnahmen wegen Schwulen-Gesetz in St. Petersburg. (06.04.2012) http://www.spiegel.de/politik/ausland/polizisten-in-st-petersburg-nehmen-schwule-demonstranten-fest-a-826173.html, zugegriffen am 28.04.2012.

Windisch, Elke: Der Fall Nawalny. Moskaus Generalstaatsanwaltschaft legt Haftbeschwerde ein. http://www.tagesspiegel.de/politik/der-fall-nawalny-moskaus-generalstaatsanwaltschaft-legt-haftbeschwerde-ein/8516512.html, zugegriffen am 18.10.2013.

Young, Rick (Regie): Big Sky, Big Money. In: Frontline Staffel 30 Episode 23 Avi-Datei. 60min. Virginia: Public Broadcasting Service (PBS), Erstausstrahlung 30.10.2012 auf PBS.

Weiterführende Websites und andere Medien

1. Russland-Analsen
   (http://www.laenderanalysen.de/russland/)

   Die Russland-Analysen bieten regelmäßig kompetente Einschätzungen aktueller politischer, wirtschaftlicher, sozialer und kultureller Entwicklungen in Russland. Sie machen das Wissen, über das die wissenschaftliche Forschung in reichem Maße verfügt, für Politik, Wirtschaft, Medien und die interessierte Öffentlichkeit verfügbar. Autoren sind internationale Fachwissenschaftler und Experten. Die Russland-Analysen werden gemeinsam von der Forschungsstelle Osteuropa an der Universität Bremen und der Deutschen Gesellschaft für Osteuropakunde herausgegeben.

2. Russland Heute (http://russland-heute.de/)

   Russische Zeitung in deutscher Sprache. Die Zeitung gilt als vom Kreml finanziert, kann allerdings für einen differenzierten Blick nicht nur die Kreml-Perspektive darbieten.

3. Nowaja Gaseta (http://en.novayagazeta.ru/)

   Die Nowaja Gaseta ist im Gegensatz zur „Russland Heute" eine kremlkritische Zeitung, die sowohl in Russisch, aber auch in Englisch zur Verfügung steht. Es handelt sich um eine investigative, 3-mal wöchentlich erscheinende Zeitung, die mehrfach ausgezeichnet wurde und sich immer wieder Repressionen seitens des Kremls ausgesetzt sieht.

4. Russland RU (http://russland.ru/)

> Russland RU ist die erste deutschsprachige russlandbezo-
> gene Internetzeitung und stand zunächst als „Das Moskauer
> Stadtjournal" zur Verfügung, ehe sie sich im Herbst 2002 in
> Russland RU umbenannte. Die Zeitung verfolgt nach eige-
> nen Angaben das Kredo, Nachrichten gegen den Main-
> stream der deutschen Presse zu verfolgen, und stellt sich
> daher thematisch breit auf.

5. Russland-Aktuell (http://www.aktuell.ru/russland/news/)

> Unabhängige Internetzeitung aus Moskau, die über aktuelle
> Geschehnisse in und um Russland berichtet und in deut-
> scher Sprache zur Verfügung steht. Sie ist ideal, um sich
> einen schnellen Überblick zu verschaffen, da es sich meist
> um kurze Artikel handelt. Russland Aktuell ist aus einem
> Streit der kleinen deutsch-russischen Presseagentur RUFO
> mit oben genannter Zeitung Russland RU hervorgegangen.

6. The blog of Navalny in English
   (http://archive.is/20120714214741/http://navalny-
   en.livejournal.com/)

> Der englischsprachige Blog des oppositionellen Aktivisten
> Alexei Nawalny. Er wurde zur zentralen Figur während der
> Massenproteste gegen Wladimir Putin.

7. Putin, Russia and the West (2012)

> BBC-Dokumentation in 4 Teilen, die im ersten Teil (Taking Control) die Machtkonsolidierung Putins und den daraus resultierenden Kurs gegen die Oligarchie beleuchtet und in den weiteren Teilen Russlands Verhältnis zum sog. „Nahen Ausland", den Georgien-Konflikt sowie ihre Ausrichtung der Außenpolitik beleuchtet.

8. Putin's Kiss (2011)

> Eine Dokumentation über die Kaderschmiede des Kremls, die Jugendorganisation von Edinaja Rossija „Nashi".

9. Ich, Putin – Ein Portrait (2012)

> Die ARD-Dokumentation zeigt ein Portrait des russischen Präsidenten, welches neben seinem beruflichen auch den „menschlichen" Alltag zeigt.

Zu den Autoren

PD Prof. h.c. Dr. Peter W. Schulze

Geboren im Dezember 1942; Studium der Politischen Wissenschaft und Geschichte in Berlin, London/LSE und der Stanford University, CAL/USA von 1965 bis 1969; Diplom (1970), Promotion (1974) Habilitation (1985) in Politische Wissenschaften; erneute (Um)Habilitation in Göttingen 2003. Lehrtätigkeit an der FU Berlin, an amerikanischen Colleges und der UC Berkeley mit Unterbrechungen von 1970 bis 1987; langjährige Tätigkeiten als Leiter von Außenbüros des Forschungsinstitutes der Friedrich Ebert Stiftung in Berkeley, London und Moskau. Leiter des FES in Russland vom September 1992 bis 2003. Seit 2004 Honorarprofessor für Vergleichende Lehre unter besonderer Berücksichtigung osteuropäischer Transformationsprozesse am Institut für Politikwissenschaft der Georg August Universität Göttingen.

Zahlreiche Publikationen zur Außen- und Innenpolitik der Sowjetunion, zum Kalten Krieg, zur Transformation von Gesellschaften und zur Entwicklung des postsowjetischen Neuen Russlands.

Marcus Franke

Geboren 1981, hat Sozialwissenschaften mit dem Schwerpunkt „Zivilgesellschaft und gesellschaftlicher Diskriminierung" an der Universität in Göttingen studiert. Im Rahmen seiner Diplomarbeit, die mit dem Preis der Besten Abschlussarbeit des Sommersemesters 2012/13 ausgezeichnet wurde, forschte er über die Entwicklung der russischen Zivilgesellschaft.

Er ist selbst seit 2010 in verschiedenen Projekten zivilgesellschaftlich engagiert und lebt in Göttingen.

Aus dem aktuellen Verlagsprogramm

www.oezb-verlag.de

Krisztán Csaplár-Degovics, Miklós Mitrovits,
Csaba Zahorán
**After Twenty Years. Reasons and Consequences of the
Transformation in Central and Eastern Europe**

Broschur, 14 x 21 cm, 420 Seiten, 34,90 €
ISBN 978-3-940452-29-0

Herbert und Elsbeth Weichmann
**Alltag im Sowjetstaat
Macht und Mensch, Wollen und Wirklichkeit
in Sowjet-Rußland**

Broschur, 14 x 21 cm, 202 Seiten, 19,90 €
ISBN 978-3-940452-21-4

Niko Rollmann (Hg.)
**Reise durch den Untergrund der Städte
Architektur, Geschichte und Konstrukt**

Gebunden, 14 x 21 cm, 534 Seiten, 49,90 €
mit 56 Abbildungen und Fotos
ISBN 978 3-942437-00-4

Edition
BIBLIOGRAPHIEN ZUR GESCHICHTE UND KULTUR
EUROPAS, Band IV

Alfred Bischoff (Hg.)
Tallinn
Auswahlbibliographie zur Geschichte,
Politik und Kultur seit 1918

Gebunden, 14 x 21 cm, 526 Seiten, 69,90 €
ISBN 978-3-942437-04-2

UNSERE BÜCHERSTUBE
IM LESSING-HAUS IN BERLIN

Nikolaikirchplatz 7, 10178 Berlin-Mitte
(Nikolaiviertel, Nähe S-Bf. Alexanderplatz)
Öffnungszeiten: Di–Sa 11.00–18.00 Uhr

Wir bieten Ihnen Bücher und DVD's
zu den folgendenThemen an:

Osteuropa, DDR-Geschichte,
Kultur und Politik Deutschlands nach 1990,
Deutsche Geschichte des 19. und 20. Jahrhunderts,
Europäische Reiseliteratur und Berlin